neue frau
herausgegeben von
Angela Praesent

Veronica Doubleday

DIE KLUGE, DIE BEDRÜCKTE, DIE UNABHÄNGIGE

Drei Frauen in Afghanistan

Deutsch von Petra Post und Andrea von Struve

rororo

Rowohlt

Die englische Originalausgabe erschien 1988 unter dem Titel
«Three Women of Herat» bei Jonathan Cape, London
Deutsche Erstausgabe
Umschlagentwurf Isa Petrikat-Velonis

Veröffentlicht im Rowohlt Taschenbuch Verlag GmbH,
Reinbek bei Hamburg, Februar 1989

Satz: Poliphilus (Lasercompe Monotype), LibroSatz, Kriftel
Druck und Bindung: Clausen & Bosse, Leck
Printed in Germany
1280-ISBN 3 499 12388 6

Den Menschen von
Afghanistan zugeeignet

Inhalt

AFGHANISTAN
افغانستان
UDSSR
CHINA
Mashhad
Mazari-Sherif
Herat
Kabul
Peshawar
N
IRAN
Kandahar
0 80 160 240 320 km.
PAKISTAN

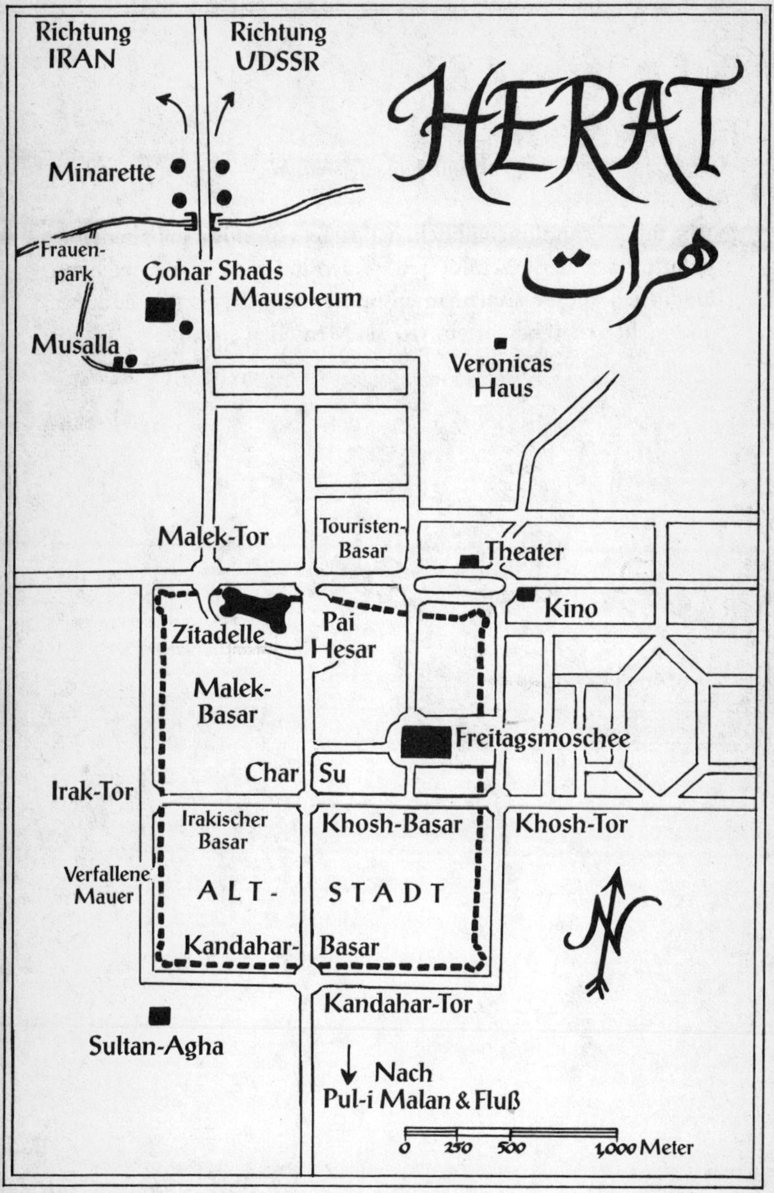
HERAT
هرات
Richtung
IRAN
Richtung
UDSSR
Minarette
Frauen-
park
Gohar Shads
Mausoleum
Musalla
Veronicas
Haus
Malek-Tor
Touristen-
Basar
Theater
Kino
Zitadelle
Pai
Hesar
Malek-
Basar
Freitagsmoschee
Char
Su
Irak-Tor
Irakischer
Basar
Khosh-Basar
Khosh-Tor
Verfallene
Mauer
ALT-
STADT
Kandahar-
Basar
Kandahar-Tor
Sultan-Agha
Nach
Pul-i Malan & Fluß
0
250
500
1,000 Meter

Vorbemerkung der Autorin

Wie unter Ethnologen üblich, habe ich es für nötig gehalten, die Identität der hier geschilderten Frauen unkenntlich zu machen, indem ich alle Personennamen und einige Ortsnamen änderte und nicht genau beschrieb, wo die Menschen wohnten.

Hinter dem Schleier

Als wir Herat erreichten, war die Nacht hereingebrochen. Unser klappriger Kleinbus, das einzige öffentliche Verkehrsmittel von der iranischen Grenze an, überladen mit Touristen und Afghanen, die sich im Gang drängten, ratterte langsam dahin. Kleine Lichtpunkte glitzerten vor uns in der Ferne. Dann, ganz plötzlich, ragten aus der Dunkelheit die Umrisse von vier hohen Minaretten auf, die Überreste der prachtvollen Moschee einer Universität aus dem fünfzehnten Jahrhundert. Die Straße führte zwischen ihnen hindurch, über eine alte Brücke, eine pinienbestandene Allee entlang zum Westtor der einst von Mauern umgebenen Stadt.

1973 begann unser einjähriger Aufenthalt in Herat. Mein Mann John begann sein musikwissenschaftliches Forschungsprojekt, und ich begleitete ihn, kam zum erstenmal mit Afghanistan in Berührung. Aus dieser Begegnung mit Herat und dem afghanischen Volk sollte sich im Laufe der Zeit eine tiefe Freundschaft entwickeln.

Unser Fahrer ließ uns in einer Seitenstraße des Touristenbasars aussteigen. Wir widerstanden dem aufdringlichen Werben eines Hotelbesitzers, der dafür gesorgt hatte, daß unser Bus direkt vor seiner Eingangstür zum Stehen kam, und ließen unseren ansehnlichen Berg an Gepäckstücken auf einem Handkarren zu einem anderen Hotel transportieren. Da wir die letzten acht Monate als Englischlehrer im Iran verbracht, dort Persisch gelernt und unseren Afghanistanaufenthalt vorbereitet hatten, führten wir erheblich mehr Gepäck mit als andere westliche Besucher.

«Sie sprechen Persisch? Aus Teheran?» fragte uns der Kofferträger, der dies sofort an unserem Singsang erkannte.

In der schummrigen, geheimnisumwitterten Atmosphäre des Basars fühlte ich mich um Jahrhunderte zurückversetzt. Das Pflaster fühlte sich unter meinen Füßen rauh und uneben an, und die Straße war nur spärlich beleuchtet. Es herrschte so gut wie kein Verkehr: es gab nur wenige Autos, überwiegend Handwagen, Fahrräder und *gadis* – malerische, bimmelnde Pferdekarren, die mit Federn und roten Troddeln farbenprächtig geschmückt waren. Anstelle von Motorenlärm hörte man das Klingeln von Schellen und das Klappern von Hufen. Obwohl es schon recht spät war, hatten einige Läden noch geöffnet. Etwas erhöht liegend, wirkten sie wie Schatzkammern, bis zur Decke vollgestopft und mit einer Wunderlampe erhellt. An keinem Gebäude konnte man gerade Linien oder rechte Winkel entdecken, und die Mauern aus natürlichen Materialien wie sonnengetrockneten Lehmziegeln, Holz oder Gips waren verwittert und von der Zeit gerundet.

Ein paar Männer liefen noch geschäftig umher. Sie trugen alle die traditionellen langen Hemden, Pluderhosen und wuchtigen weißen Turbane, die Wohlhabenderen flotte Lammfellmützen aus Astrachan. Einige waren in prächtige, gestreifte Kaftane mit extrem lang herabhängenden, angedeuteten Ärmeln gehüllt.

Nirgends sah ich Frauen. Diese blieben zu Hause, hinter hohen Mauern verborgen.

Ich blieb stehen, um einen Ladenbesitzer, der in stoischer Haltung inmitten seiner Waren saß, zu bewundern. Seine Erscheinung faszinierte mich. Er hatte, wie ich später feststellen sollte, die typischen heratischen Gesichtszüge: dunkle, schrägliegende Augen, ein schmales Gesicht und eine ausgeprägte Adlernase. Über ihm baumelte eine verlorene Gaslampe, die seinen weißen Turban und seinen unbeweglichen Kopf anstrahlte und die kräftigen Farben der um ihn herum aufgestapelten Früchte zur Geltung brachte: Limonen, Honig- und Wassermelonen, grüne und blaue Trauben, Aprikosen, Auberginen und kleine grüne Gurken.

Zementstufen führten zum Eingang unseres Hotels im ersten Stock hinauf. In der Backstube darunter arbeiteten noch einige Männer, die mich mit ihren flinken, rhythmischen Bewegungen an Tänzer erinnerten. Ihre Gesichter glänzten vor Schweiß, während sie geschickt auf einem Brett die ovalen Fladen formten und an die heißen Innenwände des Lehmofens klatschten.

Wir mußten uns an einem Bettler vorbeizwängen, der auf einem Steinvorsprung direkt vor der Bäckerei schlief. Dieser Anblick versetzte mir einen Stoß: meine ersten ungeordneten Eindrücke von Herat schienen in diesem einen Bild zu verschmelzen. Mir wurde klar, daß ich die augenfällige Not mit dem ästhetischen Genuß an dieser fremden, exotischen Umgebung in Einklang bringen mußte. In ihrer Armut blieben die Menschen einer archaischen Lebensweise verhaftet, die ihnen zwar die häßlichen Auswüchse unseres modernen Lebens, denen ich so bedenkenlos entflohen war, ersparte, in der es aber an den grundlegendsten Versorgungseinrichtungen fehlte. Der tief entspannte Gesichtsausdruck des alten Mannes und die Tatsache, daß man ihn dort duldete, beruhigten mich jedoch.

Die Umstellung dauerte ein paar Tage. Nach den hupenden Autos, den Verkehrsstaus und dem hektischen Treiben in iranischen Städten genoß ich das geruhsamere Leben auf Herats Straßen. Männer blieben stehen, grüßten einander höflich – mit einer Hand auf dem Herzen – und schlenderten gemächlich weiter. Sie saßen in den Läden, tranken Tee und hielten ein Schwätzchen, als gehöre ihnen die Ewigkeit. Die Atmosphäre war herzlich und gastfreundlich. Man schmückte sich mit teuren Uhren, warf aber selten einen Blick darauf. Statt dessen wurde der Tagesablauf vom Stand der Sonne bestimmt und von den fünf Rufen zum Gebet – bei Sonnenaufgang, am Mittag, am Nachmittag, bei Sonnenuntergang und am späten Abend. Ganz unbefangen nahmen die Männer ihre Waschungen vor, knieten nieder und beteten in einer Ecke ihrer Läden – ein Ritual, das wie selbstverständlich in den Alltag integriert war.

Die Welt der Frauen blieb mir verschlossen. Sehr wenig Heraterinnen hatten Gelegenheit, in Stadtviertel vorzudringen, in denen sich Touristen aufhielten. Sie bewegten sich lautlos und unauffällig; tief verschleiert, wirkten sie unnahbar und gesichtslos. Als ich zum erstenmal einen *burqa* sah, war ich entsetzt. Ich empfand diesen Schleier als einengend, erstickend und anonym. Gesicht und Körper wurden von ihm gänzlich bedeckt, nur ein kleines Maschengitter für die Augen blieb frei. Im Iran hatten viele Frauen den Tschador getragen, ihn aber nur locker, oft lässig umgelegt und ihr Gesicht gezeigt. Der *burqa* verhinderte jede Möglichkeit eines individuellen Ausdrucks, des Spiels der Augen und der Mimik.

Heratische Männer behaupteten, sie könnten sich auch von einer verschleierten Frau ein Bild machen, und auch ich bekam im Laufe der Zeit einen Blick für die Feinheiten, die einen persönlichen Stil ausmachen. Man nahm die Art der Schuhe und den Schnitt und Stoff der Hose, die unter dem Saum des *burqa* hervorschaute, wahr. Man konnte Haltung, Gang und sogar die Figur einer Frau abschätzen, vor allem wenn der Schleier raffiniert und dicht gefältelt war. Wohlstand und modischen Geschmack konnte man an der Qualität der Kleidung, besonders der des Schleiers selbst, ablesen. Aber anfangs begriff ich diese Verhüllung lediglich als Einschränkung der Bewegungsfreiheit und der Persönlichkeit von Frauen.

Ich hatte keine Möglichkeit, Frauen zu begegnen. Hin und wieder sah ich sie durch die Basare der Altstadt laufen, ohne je zu verweilen, als seien sie dort nur geduldet. Gruppenweise glitten sie vorüber, in vom Wind geblähten Schleiern; ihre Nasen ragten wie Schnäbel unter den Tüchern hervor. Sie wirkten auf mich wie düstere, flügellose, blinde Vögel, unfähig, ihr Ziel zu erreichen.

Dieses erste Jahr in Herat verbrachte ich als einzige Frau in einer reinen Männerwelt. John führte sein Forschungsprojekt durch und arbeitete nur mit männlichen Amateur- und Berufsmusikern zusammen. Ich begleitete ihn manchmal zu Musikveranstaltungen oder zu Besuchen bei Musikern zu Hause. Ich unterstützte ihn bei der Transkription und Übersetzung von heratischen Liedern und versuchte, mit Hilfe eines einheimischen Lehrers, der uns auch Persischunterricht erteilte, die Tonbandaufnahmen zu entschlüsseln. Später nahm ich bei einem heratischen Künstler Unterricht in Miniaturmalerei, scheute weder Schnee noch glühende Hitze, um zu seinem Atelier in der Neustadt zu gelangen. Es machte mir großen Spaß, und ich arbeitete mit viel Elan an den komplizierten Mustern.

Allmählich fand ich mich in Herat zurecht. Die Wahrzeichen der Stadt wurden zum vertrauten Anblick: die hoch aufragende, mächtige Zitadelle im Nordwesten; die große Freitagsmoschee mit ihrem frisch renovierten Kachelmosaik; die verfallenen Mauern, die einst die Stadt von allen vier Seiten umschlossen hatten, riesige, steil aufragende Schutzwälle aus getrocknetem Lehm; die vier alten Basare, die am Char Su aufeinandertrafen und die Altstadt in vier labyrinthartige Wohnbezirke zerschnitten. Nördlich und östlich der Altstadt lagen die neu errichteten Vororte, die Verwaltungsgebäude der Provinzregierung, Schulen, Banken, ein Theater, ein Kino und das kürzlich entstandene Touristenviertel – alles zusammen als Neustadt bekannt.

Herat ist ein geschichtsträchtiger Ort. Die berühmteste Epoche fiel in die Zeit der Timuridenherrschaft, die sich von 1397, als Tamerlans Sohn Schah Rukh Herat zu seiner Hauptstadt erklärte, bis zum Tode seines Nachfolgers Sultan Hussein-i-Baiqara im Jahre 1506 erstreckte. 1381 hatte Tamerlan Herat eingenommen und die Stadtmauern zerstört, aber Schah Rukh, der friedvollere Absichten als sein Vater verfolgte, verhalf der Stadt zu kultureller Blüte. Viele bedeutende Bauwerke und religiöse Kultstätten stammen aus dieser Zeit, zum Beispiel das Mausoleum von Schah Rukhs Frau Gohar Shad und die Minarette der zerfallenen Musalla-Anlage. Ein goldenes Zeitalter der Literatur, Philosophie, Kunst und Wissenschaft ging mit der Eroberung der Stadt durch die Uzbeken und den nachfolgenden Kämpfen zwischen Uzbeken, Persern und Afghanen um die Vorherrschaft zu Ende.

Obwohl die meisten Herater nicht viel über die beachtlichen Errungenschaften der Timuriden wußten, so empfanden sie doch Stolz angesichts der traditionsreichen Vergangenheit ihrer Stadt. In ihren Sitten und Gebräuchen, ihren Glaubenspraktiken, in Geschichten und Liedern, in Stilelementen und Design hielten sie diese lebendig. Sie besuchten und verehrten die geweihten Schreine der Heiligen und Dichter, die überall in der Stadt und im Tal ringsherum verstreut waren. Strategisch günstig, in einer Oase gelegen, galt Herat jahrhundertelang als wirtschaftliches, politisches und kulturelles Zentrum. Von Alexander dem Großen gegründet, wurde die Stadt von Eroberern wie Dschingis Khan oder Tamerlan etliche Male verwüstet, aber immer wieder neu aufgebaut.

Die Geräusche und Gerüche der Stadt wurden mir allmählich vertraut. Ich erinnere mich noch gut an das Klimpern und Klappern der Pferdekarren und das Geschrei der Kutscher, wenn sie die Fußgänger aus dem Weg scheuchten; an den langgezogenen, beschwörenden Ruf, der zur Gebetszeit von den Moscheen hallte; an den melodiösen Singsang der Straßenhändler; an das Plärren afghanischer Unterhaltungsmusik aus Kassettenrecordern oder Lautsprechern in Geschäften und Teehäusern. Dann der Duft von Pinien, die die meisten Straßen säumten, und der beißende Rauch von Pinienholz, der zur Abenddämmerung durch die Stadt wehte, wenn die Frauen draußen in ihren Höfen kochten; der Gestank von abgestandenem Urin und Exkrementen in den Gassen, da es kein Abwassersystem gab und man offene Latrinen benutzte; der Geruch von Pferdemist, frisch gebackenem Brot, aromatischen Gewürzen, von widerlich süßen Naschereien, die von Süßwarenhändlern zubereitet wurden.

Wir mieteten ein Haus in einem Wohnviertel im Norden der Stadt. Dort war die Luft sauberer, und in nächster Umgebung lagen grüne Kleefelder, ein Kanal und beschauliche Dörfer. Unser Vermieter wohnte nebenan. Einmal kam seine Frau durch das Tor, das die beiden Grundstücke verband; halb hinter einem wallenden Schleier verborgen, klopfte sie schüchtern an unsere Hintertür. Ich hatte sie schon oft gesehen, wenn sie die Kuh auf unserem Gelände melken ging, aber wir hatten kaum ein Wort miteinander gewechselt. Ich besaß kein geeignetes Zimmer, in dem ich Frauen hätte empfangen können, und ich spürte ihre Besorgnis, mein Mann könnte jeden Moment auftauchen. So nahm ich sie mit in die Küche, wo ich weiter meine Zwiebeln schälte, und versuchte, mich mit ihr zu unterhalten. Aber schon kurz darauf murmelte sie eine Entschuldigung und zog sich zurück. Erst viel später wurde mir klar, daß ich ihr hätte einen Stuhl anbieten müssen und somit gegen die Grundregeln der Gastfreundschaft verstoßen hatte. Ich war gar nicht auf die Idee gekommen, daß sie mir einen Antrittsbesuch hatte abstatten wollen!

Ähnlich peinlich verliefen Begegnungen mit der Frau, die gewöhnlich unsere Wäsche abholte. Sie stand oft nervös am Tor, aus Angst, ein Mann könnte sie sehen, wenn sie ihren Schleier zurückschlug, um mit mir zu sprechen. Ich hätte sie hereinbitten müssen, aber das wußte ich nicht.

Heratische Frauen wirkten damals fremdartig und unnahbar auf mich. Ich fühlte mich in ihrer Gegenwart unbehaglich und suchte deshalb nicht ihre Gesellschaft. Wenn wir bei einer heratischen Familie zu Gast waren, saß ich bei den Männern, aß mit ihnen gemeinsam und wurde wie sie von unsichtbaren Händen umsorgt. Tabletts mit Essen und Tee wurden von Männern und Kindern hereingetragen; die Frauen bekamen wir nie zu Gesicht. Bei unserer Ankunft riefen die Männer *«kas nabasheh!»* – «Laßt euch nicht sehen!» –, so wie es üblich war, wenn fremde Männer das Haus betraten.

Das Besuchszimmer befand sich immer in der Nähe des Vordereingangs und hatte kein Fenster zum Innenhof, wo die Frauen hockten und arbeiteten oder sich ausruhten. Diese tadellosen Räume dienten nur der Bewirtung von Gästen. Die Wände waren mit religiösen Bildern, bestickten Wandbehängen oder gerahmten Fotografien von Männern in steifen Posen geschmückt. Oft lief ein Regal ringsherum, auf dem in sicherer Entfernung von Kinderhänden wunderschöne russische Schalen oder Teekannen mit blauem Blumenmuster aufbewahrt wurden. Wir saßen gewöhnlich auf dem Fußboden auf Matratzen, während Rücken und Arme auf großen Kissen oder langen Nackenrollen ruhten, von makellos reinen, mit Stickereien versehenen Bezügen geschützt.

Gegen Ende eines Besuchs schlug der Gastgeber dann vor, daß ich mich zu den Frauen gesellte, die mich kennenlernen wollten. Erst jetzt fanden sie etwas Muße, zusammenzusitzen und Tee zu trinken, nachdem sie zuvor die ganze Zeit im verborgenen für uns gewirkt hatten. Ich folgte dem Hausherrn über den Hof zu einem bescheidener ausgestatteten Wohnraum, dem Familienzimmer, dessen Türvorhang schmuddelig, dessen Bodenbelag aus gestreiftem Baumwollgewebe verblichen und abgetreten und dessen Wände mit Fingerabdrücken und Kratzern übersät waren. Die Matratzen und Kissen waren meist alt und mit strapazierfähigem Material bezogen, im Gegensatz zu den Samtstoffen und feinen Stickereien, die den Gästen vorbehalten blieben.

Wenn sie mich zu ihren Frauen führten, entspannten sich meine Gastgeber sichtlich, lachten und scherzten; sie verweilten gerne im Familienzimmer. Sie stellten mir die Mütter, Ehefrauen, Schwestern und Schwägerinnen vor, nahmen die Kinder auf den Arm, schmusten mit ihnen und zeigten sich von ihrer liebevollsten Seite. Nach den langen, vergleichsweise förmlich verlaufenen Stunden wirkte das richtig erfrischend auf mich.

Auf diese Weise gewann ich Einblick in das Leben der afghanischen Frauen, das sich in äußerster Abgeschirmtheit abspielte, und war nicht mehr nur Ehrengast in männlicher Runde. Trotzdem empfand ich diese ersten Begegnungen mit den Frauen als anstrengend und sogar demütigend, da ich unweigerlich mit Fragen überhäuft wurde und mich einer Mischung aus Entzücken, Bewunderung und Spott ausgesetzt sah.

«Schau doch mal, wie schön ihre Haut ist – so weiß! Seid ihr alle so blaß?» fragten sie mich zum Beispiel. Ein heller Teint wurde als Schönheitsmerkmal empfunden, dunkle Haut hingegen mit Bauern, Nomaden und Arbeitern in Verbindung gebracht.

«Was für schöne Hände! Wie weiß und weich!» riefen sie voller Neid aus. «Guck dir mal unsere an – richtig häßlich.»

Sie streckten mir ihre Hände entgegen, die vom Scheuern rußiger Pfannen und durch den ständigen Gebrauch grober Seife schwarz und rauh waren. Ich hörte, wie sie untereinander erzählten, daß ich nicht arbeitete, sondern Maschinen benutzte. Und ich fühlte mich herabgesetzt, als sei Hausarbeit eine Tugend und ich nur faul und unwissend.

Oft wollten sie mir auch unter den Rock schauen und andere Stellen meines Körpers erkunden. Trug ich Schlüpfer? Kichernd zeigten sie mir ihre unter den locker fallenden Hosen. Unterwäsche galt als die neuste Mode. Könnten sie mal meinen BH sehen? Trügen wir alle Büstenhalter? Ihre Brüste hingen lose unter ihren Kleidern, und jüngere Frauen holten sie ständig zum Stillen hervor. Inzwischen versorgte man Bräute mit Büstenhaltern aus Kabul oder dem Iran – reichbestickte Modelle, die die Brüste zu spitzen Kegeln formten.

«Schau dir mal diesen Stoff an!» raunten sie einander ungläubig zu und befühlten meine groben Jeans mit unverhohlenem Widerwillen.

Ich blickte an mir hinunter, und es fiel mir schwer, zu erklären, weshalb dieses verblichene, abgewetzte Kleidungsstück bei uns als modisch galt. Sie kleideten sich leicht und geschmackvoll, in farbenprächtige, mit Blumenornamenten bedruckte Stoffe: leicht taillierte Gewänder über seidenen, weißen, manchmal durchscheinenden Hosen mit breiter Spitzenbordüre, die gegen das Licht die Umrisse des Beins erkennen ließen, wenn die Trägerin im Türrahmen stand. Selbst zu Hause bedeckten sie mit großer Sorgfalt den Kopf, hüllten sich in einen *qadifeh*, einen langen, mit Spitzen eingefaßten Chiffon-Schal. Unter ihren Tüchern trugen alle ihr langes Haar zu Zöpfen geflochten.

«Besitzt du keinen Goldschmuck?» fragten sie mitleidig, ohne ihre Mißbilligung gegenüber meinem geizigen Ehemann zu verbergen. Sie alle schmückten sich mit Gold oder Amethysten, mit Halsketten, Medaillons, Armreifen und Ringen. Neben ihnen fühlte ich mich wie ein Bauerntrampel.

«Hast du keine Kinder?» lautete stets eine ihrer ersten Fragen, die ich allmählich zu fürchten begann. Ich wünschte mir Kinder, aber die Umstände, nicht zuletzt die Tatsache, daß ich im Ausland lebte, hatten mich gezwungen, diesen Wunsch zurückzustellen. Manchmal erkundigten sie sich angesichts meines Alters und meiner Kinderlosigkeit, wie lange ich denn schon verheiratet sei, und gelegentlich fragten sie sich verwundert, ob John und ich überhaupt in das Geheimnis der Liebe eingeweiht seien. Gewöhnlich erklärte ich ihnen dann, ich nähme Tabletten, um nicht schwanger zu werden.

Sie interessierten sich lebhaft für Empfängnisverhütung. Ich traf keine einzige Heraterin, die mich nicht daraufhin ansprach. Viele ältere Frauen hielten es für sündig, in die göttliche Vorsehung einzugreifen. Sie drängten mich, die Tabletten abzusetzen. Andere, von zahlreichen Schwangerschaften und dem Aufziehen der Kinder ausgelaugt, baten mich inbrünstig um Informationen. Sie waren bereit, jedes Mittel auszuprobieren, um eine Schwangerschaft zu verhindern. Es erstaunte alle, daß ich mit

Mitte Zwanzig noch immer kinderlos war und verhütete, ohne je ein Kind ausgetragen zu haben.

«Willst du warten, bis du dreißig bist?» fragte mich eine Frau ungläubig und brachte mich sehr in Verlegenheit. Dreißig! In diesem Alter hatte eine heratische Frau bereits erwachsene Söhne und Töchter. Kindersegen verhalf zu Ehre und Ansehen: sie konnten nicht verstehen, weshalb ich darauf verzichtete. In Herat heirateten Mädchen sehr früh, oft schon mit vierzehn Jahren und in der Regel nicht später als mit achtzehn, und sie bekamen sofort Kinder. Ich, die ich kaum Erfahrung mit Säuglingen hatte, fühlte mich neben diesen Teenager-Müttern recht unbeholfen und töricht. Schließlich fand ich eine Antwort, die ihnen plausibel erschien und sie zufriedenstellte. Ich erklärte, daß ich so weit weg von zu Hause und meiner Mutter sei und niemanden hätte, der mir helfen könnte. Ich wußte, daß sie junge Mütter tatkräftig unterstützten und somit mein verwaistes Schicksal tief bedauerten.

Häufig wurde ich der Frauen auch überdrüssig. Neben ihrer lebhaften Neugier besaßen sie eine ausgeprägte Neigung zu jammern und zu stöhnen. Ihre Klagen drehten sich um zwei einander bedingende Probleme: Krankheit und die Einschränkungen, die ihnen ihre Isolation auferlegte. Sie beschwerten sich über Rückenschmerzen, allgemeine Abgespanntheit und zahlreiche andere Leiden, manchmal auch darüber, daß ihre Ehemänner sie nicht zum Arzt gehen ließen. Hin und wieder baten sie mich um Medizin und gesundheitliche Ratschläge, aber ich mußte sie enttäuschen. Ich konnte nur mein Mitgefühl anbieten, und meine Geduld wurde häufig auf eine harte Probe gestellt.

Einige Frauen beklagten sich ausdrücklich über die ihnen aufgezwungene zurückgezogene Lebensweise, die sie als *qeit* – «Eingesperrtsein», «Gefangenschaft» – bezeichneten.

«Mein Mann ist gemein. Er läßt mich nirgendwo hingehen», stöhnten sie zum Beispiel. «Manche Ehemänner sind in Ordnung; ihre Frauen können kommen und gehen, wie sie wollen.

Meiner läßt mich nicht mal meine Mutter besuchen. Ich habe es satt, immer hier zu sitzen!»

Ich begriff langsam, daß durch die Absonderung und Verschleierung jeder kleinste Schritt einer Frau uneingeschränkter männlicher Kontrolle unterworfen war. Die Abschirmung der Frau diente der Erhaltung ihres guten Rufes, der Familienehre und des Machtmonopols der Männer.

Ironischerweise schimpften viele Frauen auch über ihre Kinder, obwohl sie mich im selben Atemzug wegen meiner Kinderlosigkeit rügten. Die Belastungen und Pflichten ihrer Mutterschaft zermürbten sie, und ihre ungezogenen und quengelnden Kinder brachten sie schier um den Verstand.

Nach solchen Besuchen fühlte ich mich häufig wie erschlagen, ihr Spott verletzte mich, und von ihren Fragen schwirrte mir der Kopf. Es störte mich, in ihren Augen nur eine Kuriosität darzustellen und nicht um meiner Persönlichkeit willen akzeptiert zu werden. Es dauerte eine Weile, bis unsere Gegensätzlichkeiten nicht mehr ins Gewicht fielen und sich tiefere Freundschaften entwickelten.

Insgesamt verbrachten wir zwei volle Jahre in Herat, 1973 und 1976, und einige Wochen in der dazwischenliegenden Zeit. Als wir 1976 zum zweitenmal nach Herat kamen, war der Entschluß in mir gereift, mich aus der Welt der Männer zurückzuziehen und statt dessen das Leben heratischer Frauen zu erforschen. Obwohl mir Männer höflich und mit Respekt begegneten, erlebte ich ihre Gegenwart zunehmend als verunsichernd und fühlte mich fehl am Platz. Die Wärme und Freundschaft, die mir Frauen entgegenbrachten, zog mich an und weckte in mir Neugier auf ihr verborgenes Dasein.

Nur widerstrebend gab ich mein Studium der Miniaturmalerei auf. Doch es hielt mich zu sehr in meinen eigenen vier Wänden gefangen und reduzierte mich auf die ausschließliche Gesellschaft von Männern im Atelier. Statt dessen begann ich, mich mit Stickereien zu beschäftigen, einer weiblichen Kunst, deren dekorative Muster viel mit den Ornamenten der Miniaturmalerei gemeinsam hatten. Jetzt, da ich mich auch mehr für Musikethnologie interessierte, erkannte ich, welch unschätzbaren Wert eine Parallelstudie über die Musik von Frauen für Johns Projekt haben würde, zumal ihm dieser Bereich völlig unzugänglich war. Da meiner Ansicht nach eine praktische Herangehensweise die größten Erfolgsaussichten versprach, beschloß ich, die Lieder der Heraterinnen zu erlernen und gleichzeitig ihre Lebensumstände zu studieren und zu beschreiben.

Welche Konsequenzen ergaben sich daraus für mich? Ich konnte nicht länger nur Zaungast bleiben: ich hatte mich für die Welt der Frauen entschieden und war fest entschlossen, mich auch wirklich darauf einzulassen. Das bedeutete, die Einschränkungen, die Frauen auferlegt wurden, zu akzeptieren. Wenn ich mich über Bräuche wie Verschleierung empörte, würde dies die Unterschiede zwischen uns nur verstärken, statt uns einander näherzubringen. Als mir eine Freundin vorschlug, einen Tschador zu tragen, wagte ich diesen Schritt ohne moralische Bedenken, denn ich wollte mich dieser Erfahrung bewußt aussetzen. Meine Verschleierung in der Öffentlichkeit bewirkte eine subtile, aber entscheidende Veränderung in mir, sie schuf eine Aura von Genügsamkeit und Zurückgezogenheit. Der Schleier tarnte mich als Einheimische, ermöglichte es mir, an vielen Ausflügen mit anderen Frauen teilzunehmen, ohne unnötige Aufmerksamkeit zu erregen, und gleichzeitig verhalf er mir zu einer willkommenen Privatsphäre. Außerdem war es faszinierend und lehrreich festzustellen, daß Unsichtbarkeit einen unwiderstehlichen Reiz ausübte.

Das Leben der Moslemfrau vollzieht sich fast ausschließlich hinter Schleiern, Wänden und verhängten Türen, gänzlich von der Außenwelt abgeschirmt. In vielen Häusern Herats gibt es sogar eine kleine Wand vor dem Innenhof, der die Familie vor den Blicken eintretender Gäste verbirgt. Die Verschleierung und

Abschirmung von Frauen hat sich zum festen Bestandteil islamischer Kultur entwickelt, obgleich der Koran dies an keiner Stelle ausdrücklich vorschreibt. Es gibt lediglich das Gebot, sich unauffällig zu kleiden. Die Auslegung des Korans wechselt von Gesellschaft zu Gesellschaft. Der *burqa* wird vor allem in urbanen Gebieten Afghanistans, Pakistans und Nordindiens getragen. Er stellt die extremste Form der Verschleierung dar, da er völlige Anonymität in der Öffentlichkeit mit sich bringt. Nomadinnen und Landbewohnerinnen tragen Schleier ähnlich dem iranischen Tschador, der das Gesicht frei läßt.

Meine «Abschirmung» war natürlich bei weitem nicht so streng. Ich verbarg mein Gesicht nicht vor Männern; mein Mann schränkte meine Bewegungsfreiheit nicht ein; ich sprach weiterhin ungezwungen mit den Männern der Familien, die ich besuchte – als eine Art «Ehrenschwester» oder «Ehrentochter» –, und ich empfing männliche Besucher, die allerdings nur das Haus betraten, wenn John anwesend war. Aber ich ging immer seltener zu den öffentlichen Treffen der Männer und zog es vor, das Leben aus der weiblichen Perspektive zu erfahren.

Es gab eine Menge zu lernen. Meine ganze Kommunikation mit afghanischen Frauen fand auf persisch statt; ich kannte sehr wenige Herater, die Englisch sprachen. Ich mußte lernen, wie man sich anmutig begrüßt und bedankt und wie man gute Wünsche ausspricht. Ich mußte die soziale Rangordnung durchschauen, mußte darauf achten, wohin ich mich setzte und wie ich einen Raum betrat oder verließ. Die komplizierten afghanischen Umgangsformen galten für Frauen und Männer gleichermaßen, doch erlaubten sie den Frauen weniger, mir gegenüber Zugeständnisse zu machen. Das Verhalten der Herater wurde stark von Konventionen bestimmt. Es war sehr wichtig, was andere dachten, und man war bemüht, keinen Anstoß zu erregen. Ich mußte auf diese sozialen Zwänge Rücksicht nehmen.

Mit der Eingewöhnung stellten sich unerwartete Veränderungen meines eigenen Verhaltens ein. Ganz instinktiv wendete ich schon bald den «bösen Blick» ab, wenn ich etwas lobte oder bewunderte – so wie wir auf Holz klopfen –, und ich lernte, das Schicksal nicht herauszufordern, indem ich von der Zukunft sprach, ohne den Zusatz «so Gott will» anzuhängen. Ich entdeckte auch, daß ich wie selbstverständlich von Gott sprach, der ständig in Unterhaltungen erwähnt wurde, eine unsichtbare Macht, die manchmal auf dramatische Weise eingriff, jedoch stets «zu unserem Besten». Ich schrumpfte zu einem winzigen Erdenbürger. Wie hatte ich je annehmen können, ich könnte den Lauf meines Schicksals selbst bestimmen?

Die Musik der Herater zu erlernen machte Spaß und stellte zugleich eine Herausforderung für mich dar. Die Frauen spielen im allgemeinen nur ein Instrument, die *daireh*, eine Handtrommel, ähnlich einem Tamburin, mit am Rahmen befestigten Schellen und Ringen, die beim Singen und Tanzen den Rhythmus angibt. Ihre Gesangstechnik unterscheidet sich wesentlich von der unseren, sie zeichnet sich durch eine näselnde, gepreßte Stimme aus. Die Melodieführung ist frei, von Ornamenten belebt, und bei den improvisierten Texten schöpft man aus einem breiten Repertoire allseits bekannter Vierzeiler. Neben den technischen Schwierigkeiten brachten meine Studien auch persönliche Spannungen mit sich, denn der weibliche Verhaltenskodex schrieb genau vor, wo und wann musiziert werden durfte.

Allmählich lernte ich die Stärke und Selbständigkeit heratischer Frauen schätzen und erkannte, wie arrogant und naiv unsere westliche Vorstellung von mohammedanischen Frauen ist. Wie sieht dieses Klischee aus? Versklavte Frauen, die sich schämen, ihren Körper zu zeigen; Frauen, die wie Vieh gegen eine beliebige Anzahl Kamele eingetauscht werden; Frauen, zu Rückständigkeit und Unterwürfigkeit verdammt, die zehn Schritte hinter ihren Männern herlaufen, unfähig, eigene Gedanken zu entwickeln oder Entscheidungen zu fällen; Frauen in Harems, spärlich bekleidet, ganz der Willkür gelangweilter Sultane ausgeliefert. Dieses Sammelsurium an Zerrbildern von Ausbeutung und Unterdrückung basiert in Wirklichkeit nur auf Halbwahrheiten und mißverstandenen oder verdrehten Tatsachen. Verwestlichte moslemische Frauen, die sich, nur hinter einem Gesichtsschleier verborgen, in London vollbepackt durch das Einkaufsgewühl von Harrods kämpfen, haben ebensowenig mit Heraterinnen gemeinsam wie die schillernden, durch Herat ziehenden Hippies mit vom Alltagsleben ernüchterten und abgespannten Londoner Pendlern, die in einem überfüllten, schmutzigen britischen Vorortzug vor sich hin dösen.

Den Ausgangspunkt meiner Studien bildete eine Reihe von Fragen: Wie stark unterscheiden sich Lebenseinstellung, Sitten und Bräuche der Frauen von denen der Männer? Welche Freiheiten und welche Macht hatten Frauen – wenn überhaupt – und welchen Beschränkungen waren sie unterworfen? Wie dachten sie selbst über ihre Abschirmung? Auf welchen Gebieten konnten sie ihre Kreativität ausleben – singen, tanzen, Geschichten erzählen, sticken – und in welchem kulturellen Kontext spielten sich diese Aktivitäten ab? Diesen und ähnlichen Fragen werde ich in meinem Buch auf den Grund gehen. Im allgemeinen akzeptierten Frauen die Trennung der Geschlechter und die Rollenverteilung, begehrten jedoch gegen zu extreme Beschneidungen ihrer persönlichen Freiheit auf. Manche hatten die Kraft und das Glück, über ihr Leben und ihre sozialen Kontakte selbst bestimmen zu können, andere waren weniger begünstigt und rieben sich in einem aussichtslosen Kampf auf. Aufgrund ihres eingeschränkten Lebens und des dadurch bedingten begrenzten Erfahrungshorizonts blieben zwangsläufig potentielle Talente unentdeckt. Man sollte allerdings nicht vergessen, in welch engem, konventionellem Rahmen sich das Leben der Männer bewegte: man hatte sich den herrschenden Autoritäten zu beugen, den traditionellen Werten zu folgen, in des Vaters Fußstapfen zu treten.

Wie steht es mit den jüngsten Ereignissen in Afghanistan?

Man fragt mich oft, was sich seit dem sowjetischen Einmarsch für die Frauen geändert hat. Die sowjetfreundliche Regierung behauptet, daß sie weitreichende Reformen bezüglich der Frauenrechte durchgeführt habe, aber die großartigen Versprechungen wurden nicht eingelöst. Im Gegenteil, der allmähliche Prozeß weiblicher Emanzipation, der im letzten Jahrhundert einsetzte, ist durch die radikalen Umwälzungen des Krieges unterbrochen worden. Die Männer und Frauen Afghanistans leben jetzt unter ständiger Bedrohung durch Versorgungsmangel, Bombardierungen, Schikanen seitens der Soldaten und der Geheimpolizei, Ausgangssperren – in einem Klima des Hasses und der Angst, ganz zu schweigen von der Zerstörung ganzer Dörfer und landwirtschaftlicher Gebiete. Die Frauenfrage ist hinter dem dringlicheren Überlebens- und Befreiungskampf zurückgetreten oder zu einem ideologischen Schlagabtausch verkümmert. Die afghanischen Frauen erleben sich mehr denn je als Gefangene patriarchalischer Machtstrukturen, die ihnen vom fundamentalistischen Islam und von einer rücksichtslosen Besatzungsmacht gleichermaßen aufgezwungen werden.

Gleichwohl verändern sich Geisteshaltungen und Traditionen nur langsam. Deshalb gibt es auch noch Bereiche, in denen Frauen eine gewisse Macht und Verantwortung innehaben. Frauen sind das Zentrum des Familienclans, der wiederum die Grundlage des Gemeindelebens darstellt. Sie suchen für ihre Söhne die Bräute aus und fördern soziale Verbindungen, die der ganzen Familie zugute kommen. Afghanische Mütter genießen ein beachtliches soziales Ansehen. Ihre Söhne lieben und respektieren sie und holen ihren Rat ein, anders als im Westen, wo sich Frauen ihrer minderwertigen Stellung als «Nur-Mütter» schämen müssen. Bekommt eine Frau in Afghanistan ein Kind, so erhält sie den ehrenvollen Titel «Mutter von . . .»

Viele Menschen im Westen bemitleiden die mohammedanischen Frauen, ohne wirklich Bescheid zu wissen, und malen sich deren Schicksal in den schwärzesten Farben aus. Tatsächlich aber erfahren afghanische Frauen nicht den Schock und die Isolation westlicher Mütter, wenn sie plötzlich ihr Leben völlig umstellen müssen, sich zu Hause eingesperrt fühlen und wegen der Ansprüche der Kinder, des Bergs schmutziger Windeln, des ständig klingelnden Telefons, der Stundenpläne und des anstehenden Abendessens nicht zum Atemholen kommen. Die afghanische Großfamilie dagegen stellt ein dichtes Netzwerk gegenseitiger Hilfe und Unterstützung dar.

Vor dem Krieg wurden Frauen in Afghanistan ohne Angst alt, denn sie konnten auf die Versorgung durch jüngere Familienmitglieder zählen. Ein hohes Alter brachte Status und Würde mit sich, keineswegs Verachtung oder Spott. Die Alten mußten nicht fürchten, in ein Heim abgeschoben und dort von speziell dafür ausgebildeten Fremden gewaschen, gefüttert und vor den Fernseher gesetzt zu werden. Als weibliches Familienoberhaupt beaufsichtigten alte Frauen die Arbeit der jüngeren, gaben Rat, hörten sich die Neuigkeiten der Gäste an und wiegten Säuglinge in den Schlaf. Sie waren weder überflüssig noch unerwünscht. Die Frauen alterten auf natürliche Weise, ohne dem Druck der Medien, immer jugendlich und schlank zu bleiben, nachgeben zu müssen.

In Afghanistan erfuhr ich auch, welche Bereicherung es bedeuten kann, sich von Männern abzugrenzen, ein Vorteil, den man vielleicht erst zu schätzen weiß, wenn man es erlebt hat. Afghanische Frauen besitzen ein Anrecht auf ihr eigenes soziales und kulturelles Leben, was durchaus positiv zu bewerten ist. Feministinnen im Westen haben sich mittlerweile ebenfalls Freiräume geschaffen – Greenham Common ist das beste Beispiel dafür –, aber diese neuen separatistischen Bewegungen tendieren zu extrem männerfeindlichen Positionen; und natürlich ist ihr Wir-Gefühl nicht mit den engen, aus langer Tradition gewachsenen Banden zwischen Mohammedanerinnen zu vergleichen. Trotzdem, der Gemeinschaftsgeist, die Lagerfeuer und das gemeinsame Singen in Greenham Common schufen eine Atmosphäre, die mich an Afghanistan erinnerte.

Auch nach dem Krieg haben sich die Lebensumstände der meisten afghanischen Frauen nicht verbessert: die gesellschaftliche Macht liegt nach wie vor in den Händen der Männer. Ehe-, Scheidungs- und Erbrecht diskriminieren sie weiterhin. Das Leben der Frauen bleibt auf die häusliche Sphäre beschränkt. Die Mühsal der Kinderversorgung und -erziehung ist ihnen allein überlassen, und jede Mutter weiß, wie anstrengend und fordernd diese Aufgabe sein kann, selbst wenn die Pflichten gleichmäßig verteilt sind. Die verschiedenen Arten des Schleiers behindern jeden einzelnen Schritt, der noch zusätzlich von den Männern kontrolliert wird. Die durch Armut und den Mangel an Bildung gekennzeichneten Lebensbedingungen werden durch die Machtlosigkeit angesichts der Kriegswirren und eines äußeren Feinds zusätzlich verschärft.

Ich hatte ursprünglich geplant, über Frauen im allgemeinen zu schreiben, aber später, lange nachdem ich Afghanistan verlassen hatte, beschloß ich, mich auf meine drei engsten Freundinnen zu konzentrieren. Jede spielte eine wichtige Rolle für mein Verständnis von Herat und meine Auseinandersetzung mit den Bewohnerinnen dieser Stadt. Obwohl sie aus den unterschiedlichsten sozialen Milieus stammten, glaube ich, daß sie sich gegenseitig ergänzten. Sie spiegelten die verschiedenen Aspekte meiner Suche nach einer eigenen Identität in einem fremden Land wider.

Mariam vermittelte mir die komplizierten sozialen Regeln des Familienlebens und die Rituale und Glaubensgrundsätze der Schiiten. Ihre Ausgeglichenheit wirkte beruhigend auf mich. Durch sie erfuhr ich, welche Funktionen und welchen Einfluß die Frauen innerhalb der Gemeinschaft ausübten. Unsere Freundschaft entwickelte sich aus meiner innigen Beziehung zu ihrer Familie. Zuerst kannte ich nur ihren Vater und ihre Brüder, alle hervorragende Musiker, und entdeckte dann, wie humorvoll, aufgeschlossen und herzlich die Frauen waren. Ich besuchte sie sehr gerne, weil ich mich dort ganz zu Hause fühlen konnte. Mariam hatte für mein Interesse an den Frauen Verständnis; sie bezog mich in die Familienaktivitäten mit ein und erklärte mir alles Wissenswerte über Gepflogenheiten und wichtige Ereignisse.

Mutter von Nebi faszinierte mich aufgrund ihres ungewöhnlichen und schmerzvollen Schicksals. Sie hatte unter einer ernsten seelischen Krankheit, die man auf Besessenheit zurückführte, gelitten und war schließlich durch einen Geistheiler davon befreit worden. Später wurde sie seine Schülerin und arbeitete als Seherin für Frauen, die sie mit ihren Problemen aufsuchten. Mit ihrem Clan, ursprünglich Bauern, zog sie in den sechziger Jahren in die Stadt, um ihren Lebensstandard zu verbessern. In unserem letzten Jahr in Herat waren wir direkte Nachbarn, und ich besuchte Mutter von Nebi regelmäßig. Sie lebte in strikter Zurückgezogenheit. An ihr beobachtete ich, wie verhängnisvoll sich die erzwungene Isolierung auf die Psyche einer Frau auswirken kann.

Shirin war meine Musiklehrerin. Obwohl ich sie viel kürzer kannte als Mariam oder Mutter von Nebi, wurden wir sehr gute Freundinnen. (Mutter von Nebi trug ihren Titel, wie es der Brauch vorsah, während Mariam innerhalb der Familie immer noch ihren Mädchennamen benutzte und Shirin ihren als professionelle Sängerin beibehielt.) Von allen drei Freundinnen hatte Shirin wohl den stärksten Einfluß auf mich, wahrscheinlich, weil sie für meine Gesangsausbildung verantwortlich war. Sie stammte aus einem berühmt-berüchtigten Clan, der als die «Minstrels» bekannt war. Als Musiker standen sie in harter Konkurrenz zu Mariams Familie. Ihre Schülerin zu werden war ein gewagter Schritt, den sich nur eine Außenseiterin wie ich erlauben konnte. Eine heratische Frau hätte nie bei ihr Unterricht nehmen können: die Auftritte der Minstrel-Frauen auf Hochzeiten verstießen derart gegen die Regeln des Anstands, daß sie als leichte Mädchen verschrien waren. Als ich Shirin als Mitglied ihres Ensembles auf Hochzeiten begleitete, war schließlich auch mein Ruf in Herat gefährdet.

Ich behaupte nicht, daß diese drei Frauen eine repräsentative Gruppe von Heraterinnen, schon gar nicht aller afghanischer Frauen, darstellen; dafür sind ihre Lebensgeschichten, besonders die von Mutter von Nebi und von Shirin, viel zu außergewöhnlich. Genausowenig kann Herat als Mikrokosmos afghanischer Kultur verstanden werden. Afghanistan umfaßt eine Vielzahl von ethnischen Gruppen und Sprachkreisen, setzt sich aus Bauern, Nomaden und Stadtbewohnern zusammen. Obwohl Herat 1976 mit rund 250 000 Einwohnern schon eine recht bedeutende Stadt war, nahm sie immer eine Sonderstellung ein. Weit von der Hauptstadt entfernt und bis vor kurzem nur auf dem Landweg zu erreichen, wird Herat von anderen Afghanen oft als Außenposten des Iran betrachtet, die Provinz Herat fast als ein anderes Land. Während die Mehrzahl der Afghanen dem orthodoxen sunnitischen Glauben angehört, lebt in Herat eine wohlhabende Minderheit von Schiiten (die größte islamische Sekte im Iran, wohin nach dem Krieg viele von ihnen flüchteten) – ein weiterer Grund, Herat als «anders» oder «fremdartig» zu empfinden.

Selbst innerhalb von Herat existierte eine große kulturelle Vielfalt, und es gab Gemeinden, zu denen ich keinen oder nur wenig Zugang besaß. Nicht alle weiblichen Lebensbereiche finden in diesem Buch Beachtung, zum Beispiel werden die Vorkämpferinnen der Frauenbewegung nicht erwähnt, eine interessante Gruppe junger, emanzipierter Lehrerinnen, annähernd die einzigen Frauen, die in der öffentlichen, männlichen Sphäre arbeiteten. Sie ließen sich nicht länger ausschließen und zogen es vor, unverheiratet und damit ungehindert ihrem Berufsleben nachzugehen. Mein Hauptinteresse galt jedoch der traditionellen Kultur, besonders der Musik, und das führte mich automatisch in die ärmeren, weniger privilegierten gesellschaftlichen Kreise.

Meine drei Freundinnen verbanden gewisse Gemeinsamkeiten. Alle hatten eine Beziehung zur Musik: Mariams und Shirins Familien hatten seit Generationen Berufsmusiker und -musikerinnen hervorgebracht, und Mutter von Nebi war eine begabte Amateurin. Alle drei waren mit Waisen verheiratet, weshalb sie in ihrem vertrauten Familienkreis bleiben konnten und nicht unter die Aufsicht einer Schwiegermutter gerieten. Meine Freundinnen wurden relativ früh alleinverantwortliche Familienoberhäupter. Obwohl sie sich in ihrer Persönlichkeit und ihrem Familienhintergrund erheblich voneinander unterschieden, glichen sie im wesentlichen dem Großteil der afghanischen Frauen: sie waren Ehefrauen, Mütter und gläubige Anhängerinnen des Islam.

Alle Frauen und Männer in Afghanistan kennen den *atan*, einen Gruppentanz, den man auf Hochzeiten oder an Feiertagen aufführt. Die Tanzenden bilden einen Kreis und bewegen sich gegen den Uhrzeigersinn, beugen sich herab, verneigen sich zur Mitte hin und klatschen dabei im Takt, dann drehen sie sich wieder nach außen und heben die Arme zu einer anmutigen Pose. Schritt, schließen, Schritt, schließen . . . sie tanzen, verneigen sich und klatschen, lehnen sich wieder nach außen, die Arme emporgereckt, die Handgelenke locker, die Köpfe stolz aufgerichtet.

Ich wünschte, ich könnte meine drei Freundinnen gemeinsam tanzen sehen – wie sie es in Wirklichkeit nie getan haben –, um den Anfang ihrer Geschichten zu feiern. Ich stelle mir vor, wie ich für sie trommle, wie ich fröhlich auf der *daireh* spiele. Wir sind zusammen in einem Innenhof in Herat, unsere bloßen Füße berühren den warmen Lehmboden, die strahlende Sonne wirft steile Schatten auf eine Hauswand. Wir sind von Frauen, Mädchen und Kindern umgeben, alle schlagen begeistert den synkopischen Tanzrhythmus. Es ist ein schmerzvoller Traum, denn seit dem Ausbruch des Krieges habe ich zu allen dreien jeden Kontakt verloren. Ich weiß nicht, wo sie sind, ob sie noch leben, und vermisse sie von ganzem Herzen.

Jede ist auf ihre Weise grazil, doch Mariam ist vielleicht am hübschesten, mit ihren schräg liegenden Augen und der schmalen Taille. Ich sehe sie mit höchster Konzentration tanzen, ganz selbstbewußt, fließend und einfühlsam. Ich sehe Mutter von Nebi hinter ihr, die sich ihr freudig anschließt. Die zierliche Frau tanzt voller Energie, die Zöpfe fliegen, sie schwenkt ihr Kleid von einer Seite zur andern. Sie läßt sich zur Mitte fallen, stampft mit den Füßen auf, versucht, die ganze Aufmerksamkeit auf sich zu lenken. Ich sehe meine liebe Shirin, fett, lachend, voller Selbstvertrauen. Sie bewegt sich trotz ihrer Fülle leichtfüßig, ermuntert die Mädchen, lauter zu klatschen, reißt die andern mit. Sie tanzt ohne Anstrengung, schüttelt kokett ihre Hände, die braunen Augen blitzen übermütig.

Ich spiele schneller und schneller, mit steigender Intensität, und die Tänzerinnen folgen meinem Rhythmus. In diesem Traum herrscht völlige Harmonie: Ich trommle, und sie tanzen, klatschen gemeinsam im Mittelpunkt des Kreises. Sie weisen zur Erde hinab und wieder hinauf gen Himmel. Ihre Arme werden zu Flügeln; ihre durchsichtigen, weißen Schals blähen sich wie Daunen im Wind. Wir verschmelzen.

MARIAM

Erste Begegnung

Mariams Vater Latif Khan war wie seine Vorfahren Musiker und eine anerkannte Autorität auf dem Gebiet der klassischen afghanischen Musik. Alle anderen Musiker in Herat brachten ihm Respekt entgegen und achteten sein Wissen und seine Erfahrung. Deshalb stellte er natürlich für meinen Mann auch eine Hauptinformationsquelle dar, und durch ihn lernte ich schließlich Mariam und die übrigen Frauen der Familie kennen.

Ich erinnere mich noch sehr gut an meinen ersten Eindruck von ihm, als er während des Ramadan einen überfüllten Konzertraum betrat. Er war ein gutaussehender, stattlicher Mann Anfang Sechzig, würdevoll und weltmännisch, mit einem seidenen Turban und einem wallenden, gestreiften *chapan*-Mantel bekleidet – eine eindrucksvolle Erscheinung. Köpfe drehten sich nach ihm um, als er sich einen Weg durch die Menge bahnte und im Vorbeigehen hier und da einen Freund begrüßte, während von der Bühne aus der Sänger die Hand aufs Herz legte und sich in Latifs Richtung verbeugte. Als ich ihn später einmal auf dem Basar traf, wurde mir bewußt, welches Aufsehen wir erregten, er als Berühmtheit und ich als Ausländerin: die Leute starrten uns an, als wir uns begrüßten, und er hielt meine Hand lange fest, genoß es, mit mir in der Öffentlichkeit gesehen zu werden.

Ich traf Mariam zum erstenmal Anfang März 1974, als wir zu einem Musikabend bei ihrem Vater eingeladen waren. Ich hatte Latif Khan und seine Söhne schon bei verschiedenen öffentlichen Veranstaltungen erlebt, sie aber noch nie zu Hause besucht. Sie wohnten in einem überwiegend schiitischen Viertel der Altstadt, unweit des Basars. Die Mehrheit der Stadtbevölkerung gehörte der orthodoxen sunnitischen Sekte an und umfaßte sowohl reiche und mächtige Familien als auch eine mittellose Arbeiterschicht. Es gab jedoch auch eine starke schiitische Minderheit, die sich aus wohlhabenden Ladenbesitzern, Geschäftsleuten und Handwerkern zusammensetzte.

Die Spaltung zwischen Sunniten und Schiiten geht auf die Kämpfe um die Nachfolge des Propheten Mohammed im ersten Jahrhundert des Islam zurück. Die schiitische Glaubensrichtung hängt einer messianischen Lehre an und huldigt dem Andenken der Märtyrer, die in der entscheidenden Schlacht von Karbala fielen. In der Vergangenheit gab es in Herat immer wieder Spannungen zwischen den verschiedenen Sekten, und viele Sunniten begegneten den Schiiten nach wie vor mit Argwohn und offener Feindseligkeit. Als Musiker und Schiit befand sich Latif Khan in zweifacher Hinsicht in einer prekären Situation. Es herrschten noch immer religiöse Vorurteile gegenüber dem Berufsstand des Musikers: einige Mullahs lehrten, Musik sei Teufelswerk und bringe die Menschen vom Gebet und einem untadeligen Lebenswandel ab. Auch sein stolzes und respekteinflößendes Auftreten, so wußte er, würde die Leute nicht davon abhalten, ihn wegen seines schiitischen Glaubens oder seines «unreinen Broterwerbs» mit Schmähungen zu überhäufen.

Da dies unser erster Besuch bei Latif Khan war, wartete sein Sohn Karim an der Straßenecke auf uns, um uns den Weg zu weisen. Ich kannte ihn schon von verschiedenen Konzerten her und bewunderte sein Spiel auf der *rubab*, einer klangvollen, kurzhalsigen afghanischen Laute. Er führte mich geradewegs durch den Innenhof, um mich seiner Mutter und den Schwestern vorzustellen, und überließ es seinem jüngsten Bruder Hossein, John hinauf ins Besuchszimmer zu begleiten. Mutter von Karim erhob sich, um mich zu begrüßen, entschuldigte sich mit einer weit ausholenden Armbewegung für das bescheidene Familienzimmer, musterte seufzend die abgeschabten Wände und den zerschlissenen Baumwollteppich, begann aber gleich darauf, unbekümmert zu plaudern und zu scherzen. Sie war eine kleine, fröhliche Frau mit gekrümmtem Rücken. Aufgrund ihrer ungezwungenen Art verflog meine Befangenheit rasch. Karim beteiligte sich an unserem Gespräch, offensichtlich hoch erfreut, uns miteinander bekannt gemacht zu haben.

Zunächst wirkte Mariam neben den übrigen Familienmitgliedern unscheinbar. In ihrer Rolle als Tochter verhielt sie sich zurückhaltend und blieb stets im Hintergrund. Ihr Vater, ein bedeutender und berühmter Mann, stand im Mittelpunkt, Karims Fröhlichkeit und seine musikalische Brillanz nahmen mich für ihn ein, wie mich auch das unbeschwerte, humorvolle Wesen seiner Mutter begeisterte, der es im Gegensatz zu vielen anderen Heraterinnen ganz fern lag, sich zu beklagen und herumzunörgeln. Ich bemerkte die weichen Gesichtszüge und dunklen Augen der Mädchen, die schweigend dabeisaßen und es nicht wagten, uns zu unterbrechen. Ich sah auch den Schmutz auf ihren Kleidern und die dicken Schwielen an ihren Händen. Aber diese Eindrücke waren nur flüchtig. Bei dieser ersten Begegnung fiel mir Mariam nicht weiter auf; als eine unter vielen nahm ich sie kaum als eigenständige Persönlichkeit wahr.

Das Besuchszimmer befand sich im ersten Stock, und die Gäste wurden abwechselnd von einem der Söhne – Karim, Zahir oder Hossein – hinaufbegleitet. Ich war die einzige Frau. Höflich wiesen sie einander die Plätze auf den Matratzen entlang der Wände zu, großmütig verzichteten sie auf die Sitze nahe der Tür. Freunde der Familie und Verwandte nahmen mit den bescheideneren Sitzgelegenheiten vorlieb, während sie einflußreiche Gönner oder Fremde wie uns nötigten, sich auf den Ehrenplätzen niederzulassen. Latif Khan begrüßte jeden persönlich und erkundigte sich besorgt nach unserem Wohlbefinden. Dieser Austausch von *hawalporsi* – «Gesundheit erfragen» –, gefolgt von einem Gemurmel aus Höflichkeitsfloskeln, bildete das Einleitungsritual jeder Konversation. Riß der Strom nach und nach eintreffender Besucher einmal ab, entstanden lange, entspannte Gesprächspausen, nur durch gelegentliches Flüstern unterbrochen. Unwillkürlich verglich ich diese behutsamen Umgangsformen mit unseren westlichen Gepflogenheiten, dem Small talk auf Stehparties, wo wir umherschwirren, wie um intensive Unterhaltungen mit ein und derselben Person zu vermeiden, und wo es passieren kann, daß wir uns plötzlich inmitten einer angeregt plaudernden Menschenmenge ganz allein wiederfinden. Hier dagegen saß man friedlich beisammen, gewöhnte sich allmählich aneinander und mußte sich nicht den Kopf über ein Gesprächsthema zerbrechen.

Als sich schließlich die etwa dreißig Gäste eingefunden hatten, brachte Zahir einen Metallkrug mit einem langen Schnabel herein und reichte uns nacheinander – mit geübten Handgriffen – warmes Wasser, Seife und Handtuch, damit wir uns vor dem Essen die Hände waschen konnten. Dann wurde eine riesige Plastikdecke auf dem Boden ausgebreitet und ein Festmahl aus dampfendem Reis, Fladenbroten, Schüsseln mit Lammragout, leckerem Spinat und Saubohnen aufgetragen. Wir setzten uns ringsherum und ließen uns die Köstlichkeiten schmecken.

Danach lehnten sich die Gäste behaglich zurück, unterhielten sich und tranken Tee, während die Musikanten ihre Instrumente stimmten. Latif Khan würde singen und auf einem indischen Harmonium spielen. Karim begleitete ihn auf der *rubab* und Zahir auf der *tabla*, einem ebenfalls aus Indien stammenden Trommelpaar. Nader, ein Freund der Familie, gesellte sich hinzu; er spielte die einheimische Laute, die *dutar*.

Latif Khan unterhielt einen kleinen Kreis von Gästen mit einer Anekdote, während er einen Ton auf seinem tragbaren Harmonium anschlug, den er durch gleichzeitiges Pumpen mit der linken Hand beliebig dehnte. Karim hielt den Kopf seitlich über die *rubab* geneigt und spannte jede Saite mit der Sicherheit und

Präzision eines Profis – völlig in sein Tun vertieft. Zufrieden schloß er alsdann die Augen und begann, ein paar melodische Tonfolgen zu zupfen. Er strahlte die unverkennbare Begeisterung eines Menschen aus, der ganz in seiner Musik aufgeht. Dann stimmte sein Vater ein paar einleitende Improvisationen auf dem Harmonium an, die sich mühelos in das schnelle Spiel Karims einfügten. Nach und nach fielen die anderen ein, klimpernd, hier und da ihre Instrumente nachstimmend, bis schließlich alle bereit waren. Latif Khan fixierte sein Publikum wie ein Magier kurz vor seinem Auftritt und hob zu einem Lied an. «Wah, wah», seufzten die Zuhörer, ließen sich von der Schönheit seines Gesangs bezaubern und nickten anerkennend mit dem Kopf.

Damals wußte ich noch nicht um die Spannungen, die innerhalb der Familie herrschten, und das harmonische Zusammenspiel Latif Khans und seiner Söhne bewegte mich zutiefst. Vor meinen Augen entstand das verklärte Bild einer innigen Verbundenheit, durch gemeinsames Musizieren. Diese ersten, noch ungetrübten Impressionen werden mir stets in Erinnerung bleiben.

Gegen Mitternacht wurden die Instrumente weggepackt. Die Gäste verharrten auf ihren Plätzen, plauderten angeregt und verspürten noch gar keine Lust, diese gesellige Runde zu verlassen. Hossein geleitete mich nach unten zu seiner Mutter, mir mit einer Petroleumlampe den Weg leuchtend. Draußen goß es in Strömen. Ich betrat die Küche, die sich zum Hof hin öffnete, schüttelte mir die Regentropfen aus dem Haar, und immer noch ganz erfüllt von der Musik, bedankte ich mich überschwenglich für den wunderbaren Abend. Mutter von Karim hatte die Musik ebenfalls als *«por jush»* – «brodelnd», «mitreißend» – empfunden und erzählte mir, daß sie und die anderen Frauen vom Gang aus ein bißchen zugehört hätten. Die gescheuerten Pfannen und Stapel von Geschirr erinnerten mich daran, daß sie sich stundenlang für uns abgerackert hatten, während wir uns amüsierten, und ich beeilte mich, ihre Kochkünste zu loben. In einem Kessel auf einer der zwei Feuerstellen fing das Wasser an zu kochen, darunter loderte ein Feuer: auch jetzt konnten die Frauen die Hände noch nicht in den Schoß legen.

Mutter von Karim machte eine scherzhafte Bemerkung über mein langes, locker fallendes Nomaden-Kleid. Offensichtlich widersprach ein bis zum Boden reichender Rock ihrem Sinn für modischen Schick. Dann hörten wir im Treppenhaus Stimmengewirr, und Hossein teilte mir mit, daß die anderen Gäste im Aufbruch begriffen waren.

«Komm bald wieder!» forderte mich Mutter von Karim auf und drückte beim Abschied fest meine Hand.

Freudig nahm ich ihr Angebot an und hob den Saum meines Kleides, damit er nicht naß würde.

Mariam und ihre Schwestern murmelten einen Abschiedsgruß, und Hossein und ich traten in den niederprasselnden Regen hinaus, der sich wie ein Schleier vor den Eingang ihrer düsteren Küche legte.

Fremde auf dem Thron

Von da an besuchte ich die Familie regelmäßig. Die Frauen empfingen mich herzlich und drückten mir schmatzende Küsse auf beide Wangen. Wir saßen zusammen, tranken gemütlich Tee, und manchmal gesellte sich einer der Männer zu uns, die sich freuten, daß ich in den Kreis der Familie aufgenommen worden war.

Die Frauen wollten alles über England wissen. Wie weit war es entfernt? Wie konnte es so weit weg und mit dem Flugzeug so nah sein? Wie sahen unsere Häuser aus? Wovon ernährten wir uns? Wie hielten wir es aus, jeden Tag nur Kartoffeln und keinen Reis zu essen? Stimmte es, daß wir an die freie Liebe glaubten? Warum wählten Jungen und Mädchen ihre Partner selbst? War es nicht besser, wenn die Mutter für den Sohn eine Braut aussuchte?

So lebhaft und neugierig sie waren, es wurde doch schnell ihr begrenzter Horizont deutlich. Wie viele Herater konnten sie weder lesen noch schreiben und hatten nie eine weltliche Schule besucht. Frauen schienen die Dinge mittels ihrer persönlichen Erfahrungen und dessen, was sie vom Hörensagen wußten, zu beurteilen. Sie lasen keine Bücher oder Zeitungen; Fernsehen gab es damals noch nicht; sie gingen nicht ins Kino oder Theater; und selbst Radio oder Musikkassetten konnten sie nur im Beisein der Männer hören. Anregung und Abwechslung bezogen sie einzig aus gegenseitigen Besuchen und aus traditionellen Feierlichkeiten, vor allem Hochzeiten.

Manchmal baten sie mich, zum Mittagessen zu bleiben. Die Männer kamen zu den Mahlzeiten nach Hause und wurden stets als erste, getrennt von den Frauen und Kindern, bedient. Ich erhielt ein eigenes Tablett mit Essen und wurde aufmerksam mit einem Löffel ausgestattet, da ich mich mit meinen Fingern recht ungeschickt anstellte. Mutter von Karim drängte mich jedesmal, aufzuessen und «meine Tasche zu füllen», wobei sie lachte und auf meinen Bauch zeigte. Sie gab mir den Spitznamen Khaliteh, die «Tasche».

Allmählich freundete ich mich mit allen Familienmitgliedern an. Auf die beiden Brüder Karim und Zahir folgte Fereshteh, die älteste Tochter. Sie war mit Mohammad Omar, einem Musiker aus Kabul, verheiratet und wohnte nicht mehr im Elternhaus, kam aber häufig zu Besuch. Mariam war das vierte Kind, etwa Mitte Zwanzig und mit ihrem Cousin Hassan, einer Waise, verheiratet. Sie lebten mit ihrer kleinen Tochter Simin im Haus. Hossein und die zwei unverheirateten Töchter Parwaneh und Nassimeh schlossen die Geschwisterreihe ab. Die meiste Zeit verbrachte ich mit Mutter von Karim, Mariam und Parwaneh.

Ich wurde bald mit den häuslichen Pflichten, die den Tagesablauf der Frauen bestimmten, vertraut. Manchmal stocherten sie geduldig in einer Schale mit ungekochtem Reis herum und lasen in mühseliger Kleinarbeit die unerwünschten Hülsen und Steinchen heraus. Ich half ihnen gerne dabei, saß Mariam oder

Parwaneh gegenüber und ließ die Körner behutsam durch meine Finger rieseln. Natürlich protestierten sie dagegen, daß Gäste arbeiteten, und lachten über diese Ungehörigkeit, freuten sich aber, daß ich mich bei ihnen so wohl fühlte.

Da es so viele Leute zu versorgen gab, nahm die Essenszubereitung, ein langwieriger Prozeß in geselliger Runde, die längste Zeit ein. Sie arbeiteten draußen im Hof, holten Wasser vom Brunnen, schnitten Fleisch und Gemüse klein, sortierten die aufgeplatzten Bohnen aus. Sie hielten ein paar Hühner, die im Staub scharrten, und einen Wachhund, der tagsüber angekettet war und nachts frei herumlief. Im Sommer zogen sie sich in die schattigen Winkel zurück, während sie im Winter die sonnigen Plätze aufsuchten. Leute kamen und gingen, Nachbarn schauten herein und rauchten eine Wasserpfeife mit. Ihr Leben verlief in einem gemächlichen, geruhsamen Rhythmus.

In diesem Sommer kamen Mariam und ich einander näher, und ich lernte ihre Intelligenz und ihre Bereitschaft zu intensiven Gesprächen schätzen. Mutter von Karim bereicherte durch ihr heiteres Wesen und ihren Witz jedes Beisammensein, aber Mariam besaß die nötige Geduld und den Eifer, mir die Welt der Frauen nahezubringen. Ich hatte inzwischen erfahren, daß Brautwerbung und Verheiratung eine zentrale Rolle in der weiblichen Kultur spielten; einmal, weil die Organisation und die Rituale in den Händen der Frauen lagen, zum zweiten, weil es für die jungen Mädchen den Eintritt ins Erwachsenenleben bedeutete und ihr ganzes weiteres Leben entscheidend beeinflußte. Mariam erklärte sich bereit, mir die genauen Einzelheiten des Hochzeitsbrauchtums zu erläutern.

Ich wußte, daß man die Ehe zwischen Cousins und Cousinen ersten Grades (besonders den Kindern zweier Brüder – wie Mariam und Hassan) bevorzugte und daß man sie oft schon im Kindesalter einander versprach. Die Verheiratung von Cousins und Cousinen war deshalb so beliebt, weil dies die verwandtschaftlichen Beziehungen stärkte und das Vermögen in der Familie beließ. Ansonsten mußte sich die Mutter des zukünftigen Bräutigams nach einem geeigneten Mädchen umsehen und sich zunächst eingehend über die entsprechende Familie informieren, bevor sie ein Heiratsangebot unterbreitete.

«Wenn eine Mutter überzeugt ist, daß das Mädchen die Richtige ist und daß die Chancen für eine erfolgreiche Verhandlung gut stehen, sucht sie gemeinsam mit den rangälteren Frauen ihrer Familie das Haus der Braut auf», erklärte Mariam. Sie beschrieb alles bis ins kleinste Detail, zählte die Familienmitglieder auf, die anwesend sein würden, und was bei den nachfolgenden Besuchen besprochen und getan würde. Wir saßen zusammen im Gang und schauten auf den Hof, und ich machte mir Notizen; über einiges, was sie erzählte, mußten wir lachen, zum Beispiel über die Art und Weise, wie die Mutter des Bräutigams diskret auf ihr Anliegen aufmerksam macht, indem sie erwähnt, daß sie «durstig» sei, und um ein Glas Wasser bittet. Mariam erzählte, daß es einige Besuche erfordert, bis der Vater der Braut schließlich einwilligt. Keine Tochter wurde übereilt fortgegeben, und es kam oft zu zähen Verhandlungen über die Höhe des Brautgelds – eine beachtliche Summe, die vom Vater des Bräutigams an den Vater der Braut gezahlt wurde, um ihn für den Verlust eines Familienmitglieds zu entschädigen. War man sich einig geworden, wurde ein vorläufiger Vertrag unterschrieben, woraufhin die Familie der Braut dem Bräutigam ein symbolisches Zeichen des Einverständnisses sandte, «Nadel und Faden» genannt. Später fand das «Süße Essen», die formelle Verlobungsfeier, statt, gefolgt von einer religiösen Trauungszeremonie, dem *nekah*, und zum Schluß die große Hochzeitsfeier, das *arusi*, begleitet von der prunkvollen Überführung der Braut in ihr neues Zuhause.

Mariams anschauliche Darstellung der Rituale und ihre ausführliche Beschreibung der auszutauschenden Geschenke fesselten mich ungemein. Sie öffnete den Koffer, den sie wie alle übrigen persönlichen Besitztümer hinter einem Vorhang aufbewahrte, und zeigte mir ihr Hochzeitskleid aus rotem Brokat und die dreieckigen Samttücher, mittels derer am Tag vor den Hochzeitsfeierlichkeiten Henna auf Füße und Hände aufgetragen wurde, um sie leuchtend orangerot zu färben.

Menschen aus traditionsreichen Kulturen sind meistens stolz auf die Bräuche und Rituale, die ihren Festen soviel Glanz und Leben verleihen. Nach Mariams lebendiger Schilderung war es mir peinlich zuzugeben, wie halbherzig diese Angelegenheiten in meiner Heimat gehandhabt wurden – selbst die aufwendigste englische Hochzeit verblaßte dagegen zu einem steifen, faden Zeremoniell. Zu allem Überfluß hatte ich auch noch nur in Anwesenheit zweier Trauzeugen auf dem Standesamt geheiratet: niemand hatte um meine Hand angehalten; mein Vater hatte mich nicht «fortgegeben»; ich besaß weder Verlobungsring noch Goldschmuck, lediglich einen Ehering, den ich nicht mehr trug; ich konnte weder eine reiche Mitgift noch einen Berg von Hochzeitsgeschenken vorweisen. Als sich Mariam nach unseren Hochzeitsbräuchen erkundigte, war ich auf Verallgemeinerungen angewiesen, auf das, was ich von anderen wußte: Sitten wie die Hochzeit in der Zeitung anzukündigen, mit Konfetti beworfen zu werden, in einem mit Toilettenpapier oder alten Schuhen geschmückten Auto davonzufahren oder in einem weißen Kleid zu den Klängen des Hochzeitsmarsches zum Altar zu schreiten. Es erschien mir so widersprüchlich, daß ich über Mariams Erzählungen entzückt war und doch die eigenen Traditionen verworfen hatte.

Karims Verlobung traf mich völlig unerwartet. Ich hatte nicht die leiseste Ahnung, daß Verhandlungen geführt wurden. Aber von Mariam erfuhr ich, daß man das Vorhaben so lange geheimhielt, bis alles entschieden war, aus Angst vor einer öffentlichen Blamage, falls es nicht klappte. Eines Tages traf ich zwei Mädchen bei Mutter von Karim an, wußte jedoch bis dahin nicht, daß Tayereh, die ältere der beiden, als Frau für Karim bestimmt war. Sie saßen drinnen, weil ein paar Arbeiter einen Anbau am Haus errichteten.

«Das kommt mir jetzt sehr ungelegen», meinte Mutter von Karim und wies mit dem Kopf in Richtung der Männer. «Wir können nicht im Hof sitzen, solange sie hier sind. Wir müssen also im Haus bleiben und unsere ‹Gebetsschleier› ständig bereithalten.» Heraterinnen benutzten den iranischen Tschador, wenn sie unter sich waren oder als Kopfbedeckung beim Gebet. «Wir müssen große Mengen Fleisch und Reis kochen!» fügte sie hinzu. «Bei uns ist es Sitte, auch die Arbeiter zu bewirten, und wir wollen ja nicht geizig erscheinen.»

Latif Khan besaß ein geräumiges Haus, dessen Zimmer um einen großen Innenhof gruppiert waren. Zusätzlich zu den Räumen an der Nordseite entstand jetzt ein Anbau nach Süden hin mit zwei, durch eine sonnige Veranda getrennten Zimmern im Erdgeschoß und zwei weiteren, durch einen Balkon verbundenen Räumen im ersten Stock, neben dem bereits vorhandenen Besuchszimmer gelegen. Zwei unabhängige Treppenaufgänge führten zu den Zimmern im ersten Stock und auf das Flachdach, wo Karim seine Tauben hielt. Von dort konnte man in die benachbarten Höfe schauen und über die Dächer der Stadt hinweg auf die fernen Berge, die das Tal umschlossen. Obwohl die Frauen soviel Zeit zu Hause verbrachten, hielten sie sich doch meist im Freien auf, waren jetzt aber gezwungen, jedesmal, wenn sie den Hof überquerten, ihre Gebetsschleier überzulegen.

Während wir uns unterhielten, betrat Karim den Hof. Als er jedoch sah, daß seine Mutter Besuch hatte, kam er nicht näher. Tayereh stieß einen entsetzten Schrei aus, warf sich den Schleier über und kauerte darunter wie ein gehetztes Tier in seinem Versteck. Ich war über diese Reaktion ziemlich erstaunt, aber später deutete Karim mir verschmitzt an, daß sie verlobt waren, und mir wurde klar, weshalb sie nicht gesehen werden wollte.

«Wird sie die Richtige für mich sein?» fragte er mich und

grinste über meine Überraschung angesichts dieser Neuigkeit. «Ist sie hübsch?»

«Sie ist schön», erwiderte ich und vergegenwärtigte mir den Anblick des Mädchens, das ich auf etwa achtzehn schätzte. Sie hatte einen geschmeidigen, femininen Körper, dunkles, gewelltes Haar und Grübchen auf den Wangen; ihre Vorderzähne waren goldverkront und funkelten, wenn sie lächelte. «Deine Mutter hat eine gute Wahl getroffen», versicherte ich ihm.

Mariam erzählte mir, daß Tayerehs Vater der Heirat zwar zugestimmt, aber «Nadel und Faden» noch nicht an Karim geschickt hatte. Tayerehs Mutter sei gekommen, um das Haus zu begutachten; man habe ihr die Bauarbeiten vorgeführt und erklärt, daß Karim und Tayereh die zwei oberen Zimmer ganz allein bewohnen würden.

«Sie sind ziemlich arm, weißt du», sagte sie leise. «Sie wissen, daß es Tayereh bei uns besser haben wird. Wenn wir ‹Nadel und Faden› erhalten haben, werden wir erleichtert aufatmen.»

Von Parwaneh erfuhr ich auch, daß Tayereh in erster Ehe die Nebenfrau eines kürzlich verstorbenen alten Mannes gewesen war. Ich vermutete, daß es Mutter von Karim nicht leichtgefallen sein dürfte, eine Familie zu finden, die ihre Tochter einem Musiker anvertraute. Bei Tayereh standen die Chancen günstig, da man für Witwen schnell neue Männer suchte und das Brautgeld niedriger ausfiel. Aus Rücksichtnahme auf Karim wurde Tayerehs erste Ehe nie offen erwähnt.

In der folgenden Woche waren wir zur Verlobungsfeier und der Übergabe von «Nadel und Faden» eingeladen. Bis zur eigentlichen Hochzeit fanden alle Feierlichkeiten im Haus der Braut statt, und so wurden wir zu Tayerehs Elternhaus, das tief im Herzen der Altstadt lag, geleitet. Ich ging hinein, und John wurde bereits im Nachbarhaus erwartet, wo sich eine Gruppe von Männern versammelt hatte.

Hossein führte mich über einen kleinen Hof und ein paar

Stufen hinauf zu dem Zimmer, in dem die Frauen feierten. Ich war kurz zuvor krank gewesen, fühlte mich fiebrig und noch immer etwas angegriffen. Das Gedränge, die lebhafte Geräusch- und Farbkulisse verschlugen mir für einen Moment den Atem. Frauen und Kinder in farbenfrohen, glitzernden Kleidern drückten sich von allen Seiten an mich. Aufgeregtes Stimmengewirr und Gelächter übertönten fast das Singen und Trommeln der Musikerinnen. Hossein blieb noch eine Weile neben mir stehen und genoß sichtlich die angeregte Stimmung. Trotz seiner jungen Jahre, die es ihm erlaubten, sich frei unter den Frauen zu bewegen, fühlte er sich bereits von ihren Reizen angezogen.

Sie setzten mich an ein geöffnetes Fenster, das zum Hof hinausging, doch draußen regte sich kein Lüftchen, und drinnen war es zum Ersticken. Ich entdeckte Mariam, Fereshteh und ihre Mutter, alle in herrliche neue Kleider gehüllt. Parwaneh gesellte sich zu mir und versuchte, mir zu erklären, wer alles anwesend war, doch ich war zu benommen, um viel aufzunehmen. Tayereh, die Braut, saß an der hinteren Wand. Sie machte einen angespannten, in sich gekehrten Eindruck und hielt eine weiße Handtasche unklammert, die merkwürdig deplaziert wirkte, da heratische Frauen gewöhnlich keine Handtaschen trugen. Ihre Brüste standen wie zwei Zuckerhüte unter ihrem farbenprächtigen Kleid hervor, und ich vermutete, daß der BH zu den zahlreichen Geschenken gehörte, die Mutter von Karim für sie gekauft hatte. Sie tat mir leid; ich ahnte ihre Angst vor dieser ersten Begegnung mit ihrem zukünftigen Ehemann. Ich wußte nicht, daß ihre schweigende Passivität dem angemessenen Verhalten einer Braut entsprach und sie deshalb weder lächelte noch sich im Raum umschaute.

Die Musikerinnen saßen nahe der Tür, kaum sichtbar hinter einem Haufen ungestümer Mädchen. Eine spielte auf dem Harmonium, eine andere die *tabla*-Trommeln und eine dritte die *daireh*. Ich trank in kleinen Schlückchen meinen Tee, beobachtete sie fasziniert und fragte mich, ob sie wirklich Prostituierte waren, wie man überall munkelte. Die Frauen tanzten abwechselnd. Fereshteh bewegte sich auf einem kleinen Fleck in der Mitte des Raums, die Arme emporgestreckt, das Gesicht halb verdeckt. Die Lippen leicht geöffnet, wirkte sie selbstvergessen, wie in Trance, eine silbrig schimmernde Gestalt. Dann tanzte Mutter von Karim, wie es sich für die Mutter des Bräutigams geziemte. Sie bewegte sich anmutig und gewandt, wobei sie ihren Schal hinter sich hielt, der ihr Gesicht wie ein Rahmen umfing. Ich fand es seltsam, eine Frau ihres Alters allein tanzen zu sehen, und war über ihren schelmischen, kecken Gesichtsausdruck gerührt.

Als ich meinen Tee getrunken hatte, bedrängten mich die Mädchen, ebenfalls zu tanzen, und zogen mich von meinem Sitz hoch. Ich wehrte mich energisch, erklärte, daß ich krank gewesen sei, fühlte mich aber doch verpflichtet, für sie zu tanzen. Ich tat mein Bestes; danach sank ich erschöpft und schwindelig von der Anstrengung, vom Klatschen und dem antreibenden Rhythmus der Trommeln auf meinen Platz nieder.

Ein paar Frauen begannen, Tayereh im anderen Zimmer zurechtzumachen. Ihre weiße Handtasche entpuppte sich als Schminkköfferchen, mit Make-up und Toilettenartikeln angefüllt. Da ich offensichtlich mit den Tuben von Grundierungscreme, mit Lidschatten und Eyeliner vertraut zu sein schien, baten sie mich, Tayereh zu schminken. Sie zitterte, als ich ihr die beigefarbene Creme über das Gesicht verteilte. Hinter ihrer vermeintlichen Gelassenheit verbargen sich Unsicherheit und Nervosität. Die Frauen drangen darauf, daß ich ihr die Lippen und Augen kräftig anmalte: Bräute sollten künstlich wie Puppen aussehen; tatsächlich bedeutet das Wort *arus* «Braut» und «Puppe».

Jemand rief herauf, daß die Männer eingetroffen seien, und so ließen wir Tayereh eilig im Zimmer zurück, vollständig unter einem weißen Schleier verborgen. Durch das Fenster sah ich vier oder fünf Männer die Treppe zu ihrem Zimmer hinaufgehen.

Was ging da vor sich? Ich hatte den Verdacht, daß dies nicht zum Verlobungszeremoniell gehörte. Erst später sollte ich erfahren, daß es sich hierbei um das *nekah*, die religiöse Trauung, handelte und daß den Männern dabei die Aufgabe zufiel, das feierliche Ehegelöbnis zu bezeugen. Häufig nahm die Braut selbst am *nekah* nicht teil, und ihr Vater fungierte als ihr *wakil* oder Fürsprecher.

Nachdem die Männer wieder gegangen waren, errichtete man für das Brautpaar unten im Hof einen *takht* oder «Thron» aus Kissen. Vor ihnen breitete man die Geschenke aus, die Karim für Tayereh mitgebracht hatte, damit alle Gäste sie begutachten konnten. Frauen scharten sich davor, um die Zeremonie aufmerksam zu verfolgen.

«Sie kommen! Sie kommen!» schallte es, als die Männer von neuem das Gelände betraten. Latif Khan führte Karim an der Hand und stieg die Treppenstufen, von ein paar anderen Männern gefolgt, zu Tayerehs Zimmer hinauf, und Minuten später tauchten sie wieder auf, angeführt von den Musikantinnen, die Hochzeitslieder sangen und laut auf den *dairehs* trommelten. Diese Mädchen begegneten den Männern ohne Scheu oder Scham, frisch geschminkt, aus voller Kehle singend, während viele der weiblichen Gäste ihre Gesichter verschleiert hielten.

Mit den Händen eine Kette bildend, kamen sie die Stiegen herunter: Latif Khan, stolz und selbstbewußt; Karim, ungewohnt feierlich in seinem westlichen Anzug; Tayereh, im weißen, fächerförmig am Kopf gerafften Schleier, ihr Gesicht durch das grelle Make-up völlig verändert. Ich fürchtete, sie könnte mit ihren hochhackigen, weißen Schuhen jeden Augenblick ins Stolpern geraten. Die Frauen reckten die Hälse, ganz erpicht darauf, das neue Paar zum erstenmal zu sehen, das auf dem prächtigen Thron aus tiefrotem Samt Platz nahm. Die Musikerinnen standen trommelnd vor ihnen und sprachen der Braut durch ihren Gesang Trost und Mut zu:

Braut, leg deinen Kopf nicht in die Hände und weine bitterlich.
All das ist Gottes Wunsch, Gott sei gedankt!
O Mohammed, Prophet Gottes, steh uns bei;
Hilf uns in schweren Zeiten!

Eine der Musikantinnen präsentierte die Geschenke, hielt jeden einzelnen Gegenstand in die Höhe, die Kleider für den *hamam* (das öffentliche Badehaus), den neuen *burqa*-Schleier und sogar die Unterwäsche; sie verkündete die Ellen an Stoff und die Anzahl der Schuhe – der Grundstock für eine vollständige neue Garderobe. Tayereh und Karim hielten die Augen niedergeschlagen. Ihre Hände waren voneinander gelöst und lagen schlaff im Schoß. «Nadel und Faden», Kuchen und Süßigkeiten lagen zu ihren Füßen.

Plötzlich schien das Fest zu Ende zu sein. Die Musikerinnen packten ihre Instrumente zusammen, und Frauen legten ihre Schleier an. Man verabschiedete sich, küßte Karim und Tayereh auf die Wange und wünschte ihnen Glück und alles Gute. Dann wurde das Brautpaar in ein anderes Zimmer geführt und die Läden sorgsam hinter ihnen verschlossen. Entsetzt fragte ich mich, was man jetzt von den beiden erwartete, die da allein in der Dunkelheit waren. Sollten sie etwa die Ehe vollziehen, nachdem sie sich gerade erst kennengelernt hatten?

Wir gingen ebenfalls und nahmen von den gezuckerten Nüssen mit, die zu allen festlichen Anlässen verteilt wurden. Ich war schockiert und verwirrt. Ein Bild ließ mich nicht los – Karim und Tayereh Seite an Seite auf ihrem Thron, schweigsam und befangen; Fremde, durch engste Bande aneinandergekettet.

«Sollten sie miteinander schlafen, als ihr sie in das Zimmer geführt hattet?» erkundigte ich mich später bei Mariam.

«Nein. Sie saßen nur zusammen und tranken Tee!» antwortete sie lachend. «Wenn man nach dem *nekah* miteinander schläft, ist das keine Sünde, aber es ist schlimm, wenn ein Mädchen vor dem *arusi* schwanger wird. Die beiden haben ‹Nadel und Faden›, ihre Verlobung, und das *nekah* gleichzeitig begangen. Manche feiern diese Feste auch getrennt.»

Das *arusi* wurde bis zum Frühjahr aufgeschoben. Tayerehs Mutter brauchte Zeit, um die Mitgift, einen vollständigen Satz von Haushaltsgegenständen, zusammenzustellen und sie, wie es der Brauch verlangte, ihrer Tochter als Geschenk zu überreichen. In der Zwischenzeit besuchte Karim seine Frau und blieb auch über Nacht: dieses «Verlobungsspiel» war eine akzeptierte Form der Brautwerbung, bevor das Paar dann endgültig einen eigenen Hausstand gründete.

Ihre Ehe wurde glücklich. Im Laufe der Jahre gewöhnte ich mich an den Anblick bei ihrer Hochzeit steif nebeneinander sitzender Brautpaare und lernte, daß dieser erste Eindruck keine verläßliche Prognose über ihr zukünftiges Eheleben zuließ. Mädchen, die sich zunächst bescheiden zurückhielten, konnten später eine dominierende Rolle spielen, und Partner, die auf den ersten Blick zu harmonieren schienen, konnten sich als völlig gegensätzlich herausstellen. Mariams Ansicht nach stellten freundschaftliche Beziehungen zwischen den Familien und ein ähnlicher sozialer Hintergrund die besten Voraussetzungen für eine erfolgreiche Ehe dar, was beides auf Karim und Tayereh zutraf. Mutter von Karim hatte eine gute Wahl getroffen: Tayereh, ein gutmütiges, großzügiges Mädchen, schien trotz Karims Launenhaftigkeit und eifersüchtiger Kontrolle ihre Fröhlichkeit zu bewahren.

Freud und Leid

Die Ehe stellte keineswegs die engste emotionale Bindung zwischen zwei Menschen dar. Tatsächlich verbrachten Frauen wenig Zeit mit ihren Männern, sie pflegten ihre eigenen Interessen und sozialen Kontakte. In westlichen Kulturen wird die Beziehung zwischen Ehepartnern überbewertet und durch zu hohe gegenseitige Erwartungen belastet; das Beziehungsnetz der Großfamilie hingegen verhindert eine Überforderung des einzelnen, bietet mehr Möglichkeiten der Konfliktbewältigung, unter anderem die Vermittlung bei Streitigkeiten. In Herat fielen mir besonders die innigen Bande zwischen Geschwistern auf – obgleich manchmal von Rivalität geprägt – und die Liebe und tiefe Verehrung, die Müttern entgegengebracht wurde. Freilich führte die Intensität familiärer Bindungen gelegentlich zu erbitterten Auseinandersetzungen und Zerwürfnissen, besonders zwischen Männern, die sich, für jedermann ersichtlich, oft monate-, sogar jahrelang aus dem Weg gingen.

Während Karim und Tayereh das «Verlobungsspiel» genossen, bahnte sich zwischen ihm und Zahir ein Konflikt an, im Grunde durch eine Lappalie ausgelöst. Zahir hatte seinen Auftritt bei einer Hochzeitsfeier versäumt und behauptete, nie davon erfahren zu haben. Karim wurde deswegen vom Leiter der Gruppe gerügt, was er seinem Bruder verübelte. Mariam erzählte mir, daß sich die beiden Brüder mieden und nicht zu gemeinsamen Mahlzeiten erschienen. Ihre Mutter hatte nichts unversucht gelassen, um eine Versöhnung herbeizuführen, und war nun am Ende ihrer Weisheit. Durch Krankheit geschwächt, bereitete ihr die Entzweiung ihrer beiden Söhne zusätzlichen Kummer, und sie weinte bitterlich, wenn das Gespräch darauf kam.

Auch ich redete mit Karim und Zahir und versuchte zu vermitteln – leider vergeblich. Ärgerlich wandte sich Karim ab, schon als ich den Namen seines Bruders erwähnte, und Zahir schüttelte traurig den Kopf und lehnte es ab, darüber zu sprechen.

«Es hat keinen Sinn», sagte Mariam. «Zahir weiß, daß ihm Karim nicht verzeihen wird. Er hat Angst, von ihm abgewiesen zu werden. Deshalb geht er erst gar nicht auf ihn zu.»

Zweifellos spielten unterschwellige Konflikte eine entscheidende Rolle: zum einen die zwischen Karim und seinem Vater herrschende berufliche Rivalität; zum andern Zahirs Neid und Eifersucht, hervorgerufen durch die Verlobung seines Bruders; und schließlich Karims Unsicherheit im Umgang mit Ehefrau und Schwiegereltern und den Anforderungen, die diese neuen Lebensumstände an ihn stellten. Mutter von Karim flehte ihn an einzulenken, aber auch seine Liebe zu ihr vermochte ihn nicht zu erweichen.

In solchen Situationen verlief die Versöhnung nach einem festgelegten Ritual: die jüngere Person mußte stets auf die ältere zugehen, ganz gleich, wer den Zwist heraufbeschworen hatte. Die beste Gelegenheit, Streitigkeiten zu bereinigen, boten die beiden jährlichen religiösen Feste Eid, am Ende der Zeit für die Pilgerfahrt nach Mekka, und zum Abschluß des Fastenmonats Ramadan. An diesen Tagen sollen Streithähne sich die Hand reichen und damit das Kriegsbeil begraben.

Später einmal schilderte Mariam mir ein ähnliches Zerwürfnis zwischen Karim und ihr.

«Wegen irgendeiner unwichtigen Bemerkung weigerte er sich monatelang, mit mir zu sprechen. Als ich ihn am Eid um Vergebung bat, blieb er hart: ‹Du bist nicht mehr meine Schwester›, sagte er.» Bei der Erinnerung an diese Zurückweisung traten ihr Tränen in die Augen. «Beim nächsten Eid versuchte ich es wieder. Inzwischen wohnte Tayereh schon bei uns und legte ein gutes Wort für mich ein. Und da gab er endlich nach, und ich durfte seine Hand küssen.»

Unser erstes Jahr in Herat ging zu Ende, und beim Abschied weinte ich. Mutter von Karims Krankheit hatte sich verschlimmert, und zwischen den Brüdern war es noch zu keiner Annäherung gekommen. Mitgefühl mit dem Unglück der Familie und Abschiedsschmerz erfüllten mich. Würde ich sie je wiedersehen?

Ein Jahr später, im Sommer 1975, kamen wir für sechs Wochen nach Herat zurück. Die vertrauten Geräusche und die unvergessene Szenerie des Basars versetzten uns in Euphorie. Der erste Bekannte, dem wir begegneten, war Latif Khan, der uns anhielt, als wir gerade die Straße überqueren wollten. Durch unseren Briefwechsel wußte er von unserem Besuch und zeigte sich nicht weiter überrascht, uns zu sehen. Nach fünf oder zehn Minuten angeregten Plauderns unterbrach er unseren Redefluß:

«Ich muß euch etwas erzählen», sagte er mit ernster Miene. «Wir wollten es euch nicht brieflich mitteilen, da ihr sicher sehr bestürzt gewesen wärt . . . Meine Frau ist gestorben.»

Fassungslos starrte ich ihn an und suchte verzweifelt nach ein paar trostreichen Worten. Da wir wie betäubt dastanden, wiederholte er die Nachricht noch einmal behutsam. Er berührte sein unrasiertes Kinn, damit andeutend, daß er nach wie vor in Trauer war.

«Das Haus ist leer ohne sie. Es ist jetzt vier Monate her, aber unsere Herzen sind schwer, und wir können ihren Verlust nicht verschmerzen.»

Inmitten des Straßenlärms herrschte betroffenes Schweigen. Unwillkürlich tauchten Bilder eines freudigen Wiedersehens vor meinen Augen auf. Ich schämte mich meiner Gedankenlosigkeit, denn ich hatte mich nie nach ihrem Befinden erkundigt. Mir fiel wieder ihr letzter Brief ein, in dem sie erwähnt hatten, sie hätten Mutter von Karim nach Kabul in ein Krankenhaus gebracht. Das hätte mich alarmieren müssen, und doch hatte ich nicht im entferntesten mit ihrem Tod gerechnet.

«Wir haben unsere Instrumente vierzig Tage lang nicht angerührt», seufzte Latif Khan. Er bezog sich auf die vorgeschriebene Trauerzeit. «Danach mußten wir wieder auftreten, aber seit sie nicht mehr bei uns ist, macht uns die Musik keine Freude mehr. Unser Leben ist nicht mehr heil.»

Ich besuchte die Familie. Mein Anblick erinnerte sie an ihre Mutter, und der Schmerz ließ sie erneut in Tränen ausbrechen. Von Mariam erfuhr ich, daß Latif Khan ihre Mutter zweimal ins Krankenhaus nach Kabul gebracht hatte, doch ohne Erfolg. Sie hatte schreckliche Schmerzen ertragen müssen. Sie hatte an Karims Hochzeit nicht mittanzen können, sondern leidend in einem Nebenzimmer gelegen, was Karim sehr bedrückt hatte. Sie holte ein verwackeltes Foto hervor, das Karim, mit Papierblumen geschmückt, im Kreise seiner männlichen Verwandten bei den mitternächtlichen Zeremonien zeigte.

Er und Tayereh bewohnten die fertiggestellten Räume im ersten Stock, und Mariam war ohne viel Aufhebens an die Stelle der Mutter getreten. Sie beaufsichtigte die Essenszubereitung und kümmerte sich um die täglichen Belange. Innerhalb von wenigen Monaten hatte sich Entscheidendes geändert.

«Wir vermissen unsere Mutter sehr», sagte Parwaneh traurig. «Jetzt können wir sie nur in unseren Träumen sehen. Wir müssen auf die Nacht warten und hoffen, daß wir ihr dann vielleicht begegnen. Sie kann unser Schicksal verfolgen und über uns wachen, aber sie ist nicht mehr bei uns.»

Von allen Kindern schien Karim, der Erstgeborene, am meisten unter dem Tod seiner Mutter zu leiden. Er hatte sich in selbstquälerischen Kummer vergraben, sich das Gesicht mit den Fingernägeln zerkratzt. Für Mariam war der Verlust ebenso schmerzlich, doch im Bewußtsein ihrer Verantwortung der Familie gegenüber hatte sie klaglos ihre neuen Pflichten übernommen.

Im September 1976 traten wir unser zweites Forschungsjahr in Herat an. Wir schauten gleich bei Latif Khan vorbei und wurden für den nächsten Tag zum Mittagessen eingeladen, um in aller Ruhe die Freundschaft zu erneuern. Die Männer saßen mit John im Besuchszimmer, und ich blieb bei den Frauen im Hof, wo ich entdeckte, daß Mariam vor kurzem ein weiteres Kind bekommen hatte, einen Jungen namens Mahmood.

«Erinnerst du dich, daß ich letztes Jahr ein Kind erwartete?» fragte Mariam, die kurz nach dem Tod ihrer Mutter schwanger geworden war. «Es war ein kleines Mädchen, aber es ist nach zehn Tagen gestorben. Es atmete nicht mehr richtig, wurde immer schwächer und starb. Jetzt hab ich Gott sei Dank Mahmood. Heute ist er genau dreiundvierzig Tage alt!» Stolz hob sie das fest gewickelte Baby hoch, bedeckte es mit Küssen und summte eine zärtliche Melodie. Sie nannte ihn ihr Herzblatt, ihren Sonnenschein, ihr Prinzchen, ihr Goldkind. Seine Geburt hatte die Familie mit neuem Leben und Hoffnung erfüllt. Die Schwestern umsorgten ihn liebevoll, nahmen ihn hoch und beruhigten ihn, wenn er weinte. Mariam stillte ihn, wann immer er Hunger bekam; sie saß mit überkreuzten Beinen da und entblößte unbefangen eine ihrer Brüste, selbst in Gegenwart des Vaters oder ihrer Brüder. Niemand dachte sich etwas beim Anblick einer stillenden Mutter. Bevor sie ihm ihre Brustwarze reichte, drückte sie einen winzigen Strahl Milch heraus, um sicherzugehen, daß sie auch richtig floß, oder vielleicht, um ihn durch den Geschmack zu locken. Bei den geselligen Familienzusammenkünften nach den Mahlzeiten nahmen ihn auch die Brüder auf den Arm, herzten und liebkosten ihn.

Ich wurde in die jüngsten Familienereignisse eingeweiht. Ich traf auch Fereshteh, die inzwischen zwei kleine Töchter hatte und mir erzählte, ihre Schwiegermutter sei um ihre Fruchtbarkeit besorgt gewesen und hätte ihr ein Heilkraut gegeben, um eine Schwangerschaft zu fördern. Tayereh gehörte mittlerweile zur Familie, aber sie und Karim nahmen nicht an den gemeinsamen Mahlzeiten teil. Sie eröffnete mir, daß sich Karim und Zahir versöhnt hatten, aber Mariam warf ein, Karim habe sich seit seiner Heirat der Familie entfremdet. Ich vermutete, daß Karim und Tayereh regelmäßig ein paar Tage bei Tayerehs Eltern verbrachten und Mariam sich deshalb vernachlässigt fühlte. An Parwaneh stellte ich eine große Veränderung fest. Sie lebte zurückgezogen und plagte sich Tag für Tag für die Familie ab. Ich staunte, wie scheinbar mühelos sie mit fünfzehn für eine solch große Runde ein Essen zauberte, aber ich erinnerte mich, daß man von Mädchen im heiratsfähigen Alter erwartete, daß sie ihr Können unter Beweis stellten.

Ich erzählte ihnen von unserem neuen Haus, das im selben Viertel lag wie das erste. Sie empfanden die Miete als zu hoch und staunten darüber, daß wir zu zweit vier Zimmer benötigten: eins zum Wohnen, eins zum Schlafen, eins zum Arbeiten und eins für Gäste. Ich erwähnte auch, daß ich einen Mann zum Kochen, Putzen, Einkaufen und Wasserholen einstellen wollte. Dadurch würde ich Zeit gewinnen, um meinen eigenen Interessen nachzugehen.

Mariam erteilte mir Ratschläge für den Einzug.

«Das erste, was du ins Haus mitnehmen mußt, ist ein Besen und ein Spiegel», erklärte sie.

Ich vergaß, nach dem Grund zu fragen. Vielleicht würde dadurch unser Haus stets sauber und wir so rein wie unser Spiegelbild sein. Dem Spiegel schiebt man im Islam eine mystische Bedeutung zu: durch ihn sucht der Meditierende Göttlichkeit zu erlangen. Sicher hatte Mariam Gründe für diese Auswahl an Gegenständen. Nahm man etwas Neues in Angriff, ein für Herater wichtiges Ereignis, so sollte dies mit Besonnenheit geschehen. Zu Beginn jeder Reise und vor den Mahlzeiten sprach man ein kurzes Gebet, ebenso wie beim Abschluß einer erfolgreich verlaufenen Unternehmung.

Mariam riet mir auch, nachdem wir uns eingerichtet hatten, brennende Rautensamen durch alle Zimmer zu tragen. *Esfand*, oder Raute, wurde gerne benutzt, um übernatürliche Kräfte abzuwehren und sich vor dem bösen Blick zu schützen. Besonders Neugeborene und Bräute, ebenso wie alles Junge und Schöne, das neidvolle Bewunderung erwecken konnte, wurden mit ihrem würzigen Rauch bedacht. Mariam nahm aus ihrer Gewürzdose ein paar kleine, braune, matte Samen, wickelte sie in einen Streifen Papier und überreichte mir lächelnd das Päckchen.

Ich wollte an die wohltuende Wirkung solcher Einweihungsrituale gerne glauben und befolgte vertrauensvoll Mariams Rat, auch zum Zeichen meiner Freundschaft und Achtung. Als wir eingezogen waren, ließ ich den süßlichen, stechenden Rauch in jedes Eckchen unseres Hauses wehen, von guten Wünschen für das bevorstehende Jahr begleitet.

Die verheirateten Töchter

Die Freundschaft mit Mariam bedeutete mir viel, und ich verstand nicht, weshalb ich ihr anfangs so wenig Beachtung geschenkt hatte. In ihrer Rolle als weibliches Familienoberhaupt hatte sie an Selbstsicherheit gewonnen und strahlte Ruhe und Gelassenheit aus. Ich bemerkte die Sanftheit ihrer Gesichtszüge, die hohen Backenknochen, ihre ausdrucksvollen, mandelförmigen Augen. Ich beobachtete, mit welchem Geschick und Feingefühl sie sich um die große Familie kümmerte – um den Vater, die Brüder und Schwestern, ihre eigenen Kinder, ihren Mann und die Schwägerin. Bei Krankheiten bat man sie um Heilmittel – Hausrezepte gegen Magenkrämpfe oder Fieberanfälle –, und wenn Probleme auftauchten, suchte man ihren Rat. Sie umsorgte, pflegte, tröstete.

Ich wandte mich ebenfalls an sie. Zwar wünschte ich mir Kinder und fühlte mich von den heratischen Frauen sehr unter Druck gesetzt, doch war jetzt einfach nicht der richtige Zeitpunkt, schwanger zu werden. Was sollte ich tun?

«Du hast noch Zeit», meinte sie. «Wie alt bist du eigentlich? Ungefähr in meinem Alter, sechsundzwanzig, siebenundzwanzig? Für das erste Kind ist das bei uns schon recht spät, aber bei euch wahrscheinlich nicht, oder? Du hast erzählt, ihr hättet gute Ärzte und kostenlose Medizin . . . Hier schwanger zu werden wäre sicher nicht leicht für dich, da du auch viel unterwegs bist. Während meiner Schwangerschaft war mir manchmal ganz übel, und ich wurde ohnmächtig, wenn ich in den *hamam* ging. Das Baby wird strampeln und wird dir lästig und schwer werden. Und du hast die lange Heimreise im Landrover vor dir. Hast du nicht gesagt, sie würde zwanzig Tage dauern? Nein, nimm die Pille weiter. Laß die andern nur reden. Warte, bis du wieder zu Hause bist, und krieg dein Baby dann, wenn deine Mutter und die Frauen in deiner Familie dir beistehen können. So lange dauert das nicht mehr.»

Nur wenige Heraterinnen hätten mir einen so vernünftigen, uneigennützigen Rat gegeben. Mariam nahm nicht die Pille, und ich hatte sie schon sagen hören, daß es Sünde sei, aber sie akzeptierte meine unterschiedlichen Bedürfnisse und Prioritäten.

Mariam und ihre Schwester Fereshteh hatten sich offenbar infolge ihrer Ehen zu recht gegensätzlichen Persönlichkeiten entwickelt. Von ihrem Mann wie eine Gefangene gehalten, wirkte Fereshteh einsam, deprimiert und eingeschüchtert, wohingegen Mariam zusehends an Unabhängigkeit und Selbstvertrauen gewann.

Durch Mariam erfuhr ich, wie die Ehen zustande gekommen waren. Mariam und ihr Mann Hassan, zugleich ihr Cousin ersten Grades, kannten sich von Kindesbeinen an. Nach dem frühen Tod seiner Eltern war er zunächst von seiner Großmutter, später von seiner Tante väterlicherseits aufgezogen worden. Mariams Eltern hatten ihn aufwachsen sehen, ihn wie einen eigenen Sohn liebgewonnen und ihn als Schwiegersohn ausgewählt. Er war fleißig und intelligent, gutmütig und umgänglich. Er ging bei seinem Onkel, einem Schreiner, in die Lehre. Dieser Beruf versprach einen höheren sozialen Status und ein regelmäßigeres Einkommen als das eines Musikers.

Häufig bevorzugten Frauen Waisen aus dem Clan als Schwiegersöhne, damit der Familie die Töchter erhalten blieben. Diese matriarchalischen Tendenzen existieren inmitten eines vorwiegend patriarchalischen Systems – und auch Mariam hatte es zweifellos dem Einfluß ihrer Mutter zu verdanken, daß sie ihr Elternhaus nicht verlassen mußte. Die einzige Person, die gegen diese Ehe Einspruch erhob, war Hassans Pflegemutter, die ein starkes Interesse daran hegte, Mariam als Schwiegertochter bei sich aufzunehmen. Sie verübelte es Hassan, daß er so bereitwillig in die Familie seines Onkels einheiratete, und weigerte sich, an den Hochzeitsfeierlichkeiten teilzunehmen.

Mariam hatte mit siebzehn Jahren geheiratet. Seit sie den Schleier trug, hatte Hassan ihr Gesicht nicht mehr gesehen. Sie erzählte, daß er einen Augenblick lang innegehalten hatte, als er sie zum Hochzeitsthron führen sollte.

«Die Frauen um mich herum waren von seinem Zögern völlig überrascht. Er mußte mich doch kennen – schließlich waren wir zusammen aufgewachsen. Armer Hassan, in seiner Aufregung erkannte er mich einfach nicht wieder! ‹Welche ist meine Braut?› hat er gefragt.»

Sie lachte. Es lag etwas Zärtliches in dieser Erinnerung.

«Du warst eben zu schön. Er hat seinen Augen nicht getraut!» neckte ich sie.

Mariam genoß in ihrer Ehe große Freiheiten. Bis zum Tod ihrer Mutter konnte sie auf deren Erfahrung und Unterstützung zählen, ohne sich dem Willen einer Schwiegermutter beugen zu müssen. Hassan schränkte sie in keiner Weise ein. Ihr stand immer genügend Geld für kleinere Einkäufe zur Verfügung. Manchmal kaufte sie Kleidung für die Kinder im Secondhandbasar unweit der Freitagsmoschee oder Kleinigkeiten von einer Trödlerin aus der Nachbarschaft. Erkrankte jemand in der Verwandtschaft, so stattete sie pflichtbewußt, mit einem Mitbringsel bewaffnet, einen Besuch ab. Ein krankes Kind brachte sie sofort zum heiligen Mann, damit dieser durch Gebete eine Heilung bewirkte. Ihr wurde die Liebe und Achtung der ganzen Familie zuteil, und sie genoß für ihr Alter ungewöhnlich viel Unabhängigkeit.

«Hassan ist ein guter Ehemann – besser als Karim», bestätigte Tayereh. «Ich kann nirgendwo hingehen! Karim hat sich mit so vielen Leuten zerstritten, daß ich mit den andern Frauen selten Besuche machen kann. Mit dem Geld ist er auch knauserig. Ich muß um alles, was ich brauche, betteln.»

Romantische Liebe spielte nur eine untergeordnete Rolle. Ich wußte, daß sich Tayereh und Karim mochten, und hatte sie gemeinsam lachen und herumalbern sehen. Ich nahm an, daß sie in ihrem «Liebesnest» im ersten Stock eine sexuell befriedigende Ehe führten. Aber Karim gönnte Tayereh keine Freiheit und war deshalb in ihren Augen ein «schlechter» Ehemann.

Die Erwartungen heratischer Frauen an die Ehe unterschieden sich sehr von den unseren. Die anfängliche Scheu vor dem fremden, manchmal furchteinflößenden Ehemann entwickelte sich selten zu vertrauensvoller Zuneigung. Man verbrachte wenig Zeit miteinander; man erwartete nicht – entgegen westlichen Vorstellungen –, daß die lebenslange Partnerschaft den Mittelpunkt des eigenen sozialen Lebens darstellt. Es herrschte strikte Rollenverteilung, die Lebensbereiche von Mann und Frau waren klar voneinander abgegrenzt; die Ehe bildete also in erster Linie eine ökonomische Interessengemeinschaft, welche die Produktion von Nachkommenschaft gewährleisten sollte.

Was Fereshteh betraf, so empfand ich Mitleid mit ihr. Sie beschwerte sich, daß ich nie sie besuchte und Mariam ihr vorzog. Also bat ich Hossein, mich einmal zu ihr mitzunehmen. An einem bitterkalten Nachmittag machten wir uns mit den jüngsten Töchtern Parwaneh und Nassimeh und der kleinen Simin, Mariams Tochter, auf den Weg. Mariam und Tayereh blieben zu Hause. Mariam erklärte mir, daß Fereshtehs Mann Mohammad Omar gemeine Gerüchte über Hassan verbreitet habe und sie aus Rücksicht auf dessen Gefühle nicht mitkomme. Mohammad Omars allgemeine Unbeliebtheit, seine Streitsucht und krankhafte Eifersucht hatten Fereshteh ihrer Familie zusehends entfremdet. Karim und Zahir hatten seine Heirat mit Fereshteh nicht gebilligt, nicht am Hochzeitsfest teilgenommen und seither kein Wort mit ihm gewechselt. Latif Khan duldete ihn Fereshteh zuliebe, denn er wußte, daß ihr eine völlige Entzweiung das Herz brechen würde.

Hossein führte uns tief in die Altstadt hinein, durch ein Labyrinth verwinkelter Gassen. Die Wege waren matschig und glitschig, und oft mußten wir großen Schlammpfützen ausweichen. Der Winter war inzwischen hereingebrochen, und es hatte schon ein paarmal geschneit. Aus Furcht auszurutschen, weigerte sich Simin hartnäckig weiterzulaufen, und wir mußten ihr immer wieder gut zureden. Fern des geschäftigen Treibens des Basars drangen nur gedämpfte Laute noch aus hinter hohen Mauern verborgenen Höfen: Rufe, Kinderlachen, das rhythmische Stampfen eines Stößels im Mörser und die dumpfen Schläge einer Axt beim Holzspalten. Ab und zu kamen wir an einer heiligen Stätte vorüber, einem Grab inmitten eines Innenhofs, häufig von einer alten Kiefer beschattet. In der Altstadt gab es zahlreiche versteckte kleine Schreine, an denen Frauen religiöse Rituale vollzogen und ihre Gelübde einlösten. Gelegentlich passierten wir Durchgänge von über die Gasse hinweg verbundenen Häusern oder gewaltige, mit Scharnieren versehene Torbögen. Die Tore, die einst diesen Teil der Altstadt abgeriegelt hatten, waren vor langer Zeit entfernt worden. Parwaneh hielt sich dicht neben Hossein. Ich konnte ihre Miene unter dem Schleier nicht erkennen, doch ich spürte ihre Unsicherheit, sich in der Öffentlichkeit zu bewegen, selbst in diesen abgeschiedenen Gassen. Die kleine Nassimeh, mit dem Weg vertraut, stapfte selbstbewußt voran.

Am Haus angekommen, stiegen wir hinauf zu den zwei Dachkammern, die Fereshteh bewohnte. Untätig saß sie da und wachte über den Mittagsschlaf ihrer Kinder. Sie schickte sogleich Hossein los, Petroleum zu holen, wies mit dem Kopf auf die leere Kanne und drückte ihm etwas Geld in die Hand. Er verschwand, ohne zu murren.

«Den ganzen Tag hab ich auf euch gewartet!» sagte sie vorwurfsvoll. Sie entschuldigte sich für ihre bescheidene Behausung, wobei ein abfälliger Ton in ihrer Stimme mitschwang: zwei dunkle Zimmer und der Treppenabsatz, auf dem sie kochte. Es gab keinen Wasseranschluß, und der nächste öffentliche Brunnen lag weit entfernt. Jeden Tag zahlte sie dem Wasserträger fünf Afghanis für einen gefüllten Schlauch. Jede afghanische Frau hätte diese Einsamkeit als unerträglich empfunden, wuchs sie doch in der Geborgenheit einer Gemeinschaft von Frauen heran. Es würde sie nicht trösten, daß viele britische Frauen ein ähnlich isoliertes Leben führten, wenn auch in größerem Komfort.

Fereshtehs Situation wurde durch die Armut der Familie noch verschlimmert. Omar verdiente nicht viel. Trotz seiner Intelligenz und musikalischen Begabung war er zu streitsüchtig, um länger in einer Musikgruppe geduldet zu werden. Manchmal erteilte er Musikunterricht oder reparierte und verkaufte Instrumente, aber sein Einkommen blieb unregelmäßig. Ihr Leben war von Ungewißheit bestimmt: ihre Zukunftspläne änderten sich ständig, und sie schienen es nie länger an einem Ort auszuhalten. Zeitweise wohnten sie bei seiner Mutter in der Hauptstadt Kabul, doch jede neue Krise zwang sie, in irgendein Elendsquartier in Herat zurückzukehren. Nach dem Tod seines Vaters vor einigen Jahren hatte es zwischen den Söhnen Streit über die Aufteilung des Erbes gegeben.

«Ich hab die Nase voll vom ewigen Umziehen», seufzte Fereshteh. «Wir leben hier wie auf der Durchreise. Die Hälfte unserer Sachen steht in Kisten verpackt in Kabul. Mohammad Omar sagt, wir werden von hier weggehen – er hat etwas anderes gefunden. Wenigstens wohne ich dann näher bei meinem Elternhaus.» Ein Hoffnungsschimmer glitt über ihr Gesicht, das sich gleich darauf wieder verdüsterte, und sie schüttete

Parwaneh ihr ganzes Herz aus – flüsterte eindringlich, mit hoher Stimme, und berührte sie manchmal am Knie, um etwas zu bekräftigen.

Ich stand auf und schaute mich im angrenzenden Zimmer um. Es war sauber und aufgeräumt, aber in einer Ecke des Dachs klaffte ein Spalt, der nur unzureichend mit einem Stück Plastik abgedeckt war. Man konnte es in diesem kalten und zugigen Raum nicht lange aushalten. Aber wer kam schon zu Besuch, fragte ich mich, und studierte die Familienfotos an der Wand. Ich erkannte Mohammad Omars Brüder, entdeckte aber kein Bild von Fereshtehs Familie. Als ich mich wieder zu den anderen gesellte, klagte Fereshteh immer noch über ihren Mann.

«Er macht mich für unser Unglück verantwortlich. Er behauptet, daß mein Vater und meine Brüder ihm unrecht getan haben und es uns deshalb so schlecht geht! Ich weine die ganze Zeit, aber er hört nicht auf, mir Vorwürfe zu machen. Er sagt schreckliche Dinge über euch alle. Ich möchte mir am liebsten die Ohren zuhalten.»

Sie runzelte die Stirn und beugte sich beschwörend vor. Ich spürte ihr unstillbares Bedürfnis nach Mitleid und Verständnis. Als ich sie kennenlernte, erschien sie mir mit ihrem feingeschnittenen Gesicht und dem modischen Pony viel hübscher als Mariam. Jetzt hatten Traurigkeit und Erschöpfung ihr Gesicht gezeichnet. Die schweren Augenlider verliehen ihr ein müdes, abgespanntes Aussehen – als würde sie vom Licht geblendet. Aber während unseres zweistündigen Besuchs, beim gemeinsamen Teetrinken und Plaudern, lachte sie und blühte auf. Sogar eine Nachbarin kam vorbei, setzte sich zu uns und unterhielt uns mit Geschichten. Nassimeh spielte mit den Kindern, und wir verbrachten einen angenehmen Nachmittag. Als wir unseren Aufbruch ankündigten, entrang sich ihr ein Seufzer, als hätte sich plötzlich eine schwere Last auf sie gelegt. Beim Abschied wirkte sie resigniert und verloren und schien sich schon vor der Heimkehr ihres Mannes zu fürchten.

Mariam erzählte mir, daß Fereshtehs Ehe auf Drängen von Mohammad Omars Vater Ustad Sultan Khan, einem berühmten Meister klassischer afghanischer Musik aus Kabul, zustande gekommen war. Latif Khan war als junger Mann sein Schüler gewesen.

«Wenn Ustad Sultan Khan zu Konzerten nach Herat kam, blieb er immer mehrere Monate», begann Mariam. «Es ging ihm gut hier: er hatte eine Menge großzügiger Gönner. Damals gab es zwischen Herat und Kabul noch keine ausgebaute Straße, und die Reise dauerte ziemlich lange. Jedenfalls wurde er schließlich krank, und sein Arzt in Kabul riet ihm, eine längere Pause einzulegen. Und so kam er dann nach Herat und verbrachte ungefähr einen Monat in unserem Haus, um sich zu erholen. Ich war damals noch klein – vielleicht zwölf... Es war unmöglich, sich vor ihm zu verbergen. Zwangsläufig liefen wir ihm über den Weg, und er wurde auf uns aufmerksam. Er sprach meine Mutter direkt an und bat sie, ihm eines ihrer schönen Mädchen als Braut für seinen Sohn zu überlassen... Eigentlich hatte er ursprünglich an mich gedacht», fügte sie schüchtern hinzu. «Meine Mutter lehnte ganz entschieden ab und erklärte ihm, er solle sich die Sache aus dem Kopf schlagen. Sie wollte nicht, daß ihre Tochter so weit weg von zu Hause lebte. Sie erzählte ihm, daß ich mit Hassan verlobt sei, sagte aber gleich dazu, daß sie Fereshteh auch nicht hergeben würde.

Dann schickte er seine Frau und seine Schwiegertochter nach Herat, um bei Mutter vorzusprechen. Sie kamen jeden Tag zu uns und fragten nach Fereshteh. Mutter konnte sie nicht davon abbringen. Egal was sie sagte, sie blieben hartnäckig. Keiner in der Familie befürwortete diese Ehe. Wir wollten Fereshteh nicht verlieren und Mohammad Omar auch nicht in die Familie aufnehmen. Karim und Zahir waren strikt dagegen, und da sie nicht Schüler des Meisters waren, konnten sie ihre Meinung dazu freier äußern.»

Latif Khan befand sich in einem Dilemma: schlug er die Bitte seines Lehrers aus, so stellte er seine Pflichten als Vater über die des Schülers. Vieles sprach gegen Mohammad Omar: sein ruheloser, unzuverlässiger Charakter; seine frühere Ehe und Scheidung; und vor allem die enorme Entfernung zwischen Kabul und Herat. Angesichts dieser schwerwiegenden Nachteile trat die Frage des Brautgelds in den Hintergrund.

«Mutter konnte machen, was sie wollte: sie kamen immer wieder und versuchten, sie zu erweichen», fuhr Mariam fort. «Sie gingen zu den Schreinen, flehten um Beistand und kauften Gebetstexte, damit ihr Wunsch erhört würde. Sie erzählten ihr sogar, daß Mohammad Omar drohte, sich umzubringen, wenn Fereshteh nicht seine Braut würde.»

«Aber er hatte sie doch nie zu Gesicht bekommen!» wunderte ich mich.

«Nein – nur durch andere von ihr gehört . . .» Sie zögerte und fuhr dann mit leicht gesenkter Stimme fort: «Der einzige Mensch, der nichts gegen eine Hochzeit einzuwenden hatte, war Fereshteh selbst. Sie wollte aus dem Haus und ließ es meinen Vater spüren, was ihn ins Wanken brachte. Es fiel ihm schwer, den Bitten seines Meisters zu widerstehen. Ihre Bereitwilligkeit ermöglichte es ihm, den Meister zufriedenzustellen. Sie sagte nicht: ‹Ich will ihn heiraten› – kein Mädchen konnte so etwas sagen –, aber sie erklärte: ‹Eine Braut muß ihrem Mann folgen›, was ihr Einverständnis signalisierte.»

Mariam vermochte ihren Unmut über Fereshtehs Verhalten nicht zu verbergen. Sie hatte unangemessen und töricht gehandelt und damit den Versuch ihrer Eltern, sie vor einer unglücklichen Ehe zu bewahren, unterlaufen. Ich vermutete, daß man Fereshteh den Kopf verdreht hatte. Wahrscheinlich hatten sie die Schmeicheleien ihrer zukünftigen Schwiegermutter beeindruckt und die Vorstellung von einem leidenschaftlichen Liebhaber und dem vermeintlich glanzvollen Leben in der Hauptstadt gelockt. Vielleicht wollte sie auch nur hinter ihrer jüngeren, bereits verheirateten Schwester Mariam nicht zurückstehen.

Ich hatte Fereshteh immer geraten, sich von Mohammad Omar nichts mehr gefallen zu lassen und ihre Familie gegenüber seinen verleumderischen Reden zu verteidigen, aber nachdem ich einmal einen seiner Wutausbrüche miterlebt hatte, dachte ich anders darüber. Ich traf ihn zufällig auf dem Basar. Erfreut bestand er darauf, daß ich ihn in ihre neue Unterkunft ganz in der Nähe begleitete und Fereshteh besuchte. Bereitwillig hatten Latif Khan, Hossein und Nassimeh ihnen beim Umzug geholfen und ihre Siebensachen auf Handkarren transportiert. Bei unserer Ankunft sprang Fereshteh nervös auf, hielt immer noch die Zwiebel, die sie gerade schälte, in der Hand und strahlte, als sie mich sah. Zunächst schien Mohammad Omar über meine Anwesenheit froh zu sein, doch dann verließ er abrupt das Zimmer, als fühle er sich unerwünscht. Ich ließ meinen Blick umherwandern und empfand die Trostlosigkeit ihrer neuen Umgebung beklemmender als zuvor. Die Wände waren rauh und unverputzt, nackter Lehm, der hier und da abbröckelte. Zornige, dumpfe Schläge drangen aus dem Nebenzimmer.

«Er repariert eine Trommel», erklärte Fereshteh, schälte gedankenverloren ihre Zwiebel weiter, besann sich dann aber und sprang auf, um den Kessel aufzusetzen. «Ich bin heute ein bißchen zerstreut», entschuldigte sie sich. «Das Kleine war krank, und ich habe eine schlimme Nacht hinter mir.»

Plötzlich, wie aus heiterem Himmel, stürzte Mohammad Omar ins Zimmer, außer sich vor Wut. Er setzte sich mir gegenüber und starrte mich anklagend an.

«In was für einer Bruchbude sollen wir hier eigentlich leben?» schrie er aufgebracht und zeigte mit einer ungestümen Handbewegung auf die Wände, so als sei ich persönlich für ihren heruntergekommenen Zustand verantwortlich. «Die Leute in Herat sind alles Bauern! Die wissen nicht einmal, wie man anständig wohnt. Guck, hier gibt's noch nicht mal Strom. Es ist eine Schande, daß ich überhaupt hierhergekommen bin, ein Jammer, daß ich je diese Frau geheiratet habe. Was hat ihre

Familie schon für mich getan? Was haben sie mir alles zu verdanken! Sie sind alle meine Schüler. Mein Vater hat ihnen alles beigebracht, was sie wissen, und jetzt behandeln sie mich wie den letzten Dreck! Lassen sie mich in diesem Schweinestall wohnen, weil sie denken, ich bin irgendein Tier, oder was?»

Seine Augen traten aus den Höhlen, so sehr hatte er sich in Rage geredet. Über seinen Ausbruch entsetzt, verhielt ich mich ruhig, um ihn nicht durch eine unbedachte Bemerkung noch weiter zu reizen. Er wetterte gegen Latif Khan, Karim und die anderen: sie hätten ihn verraten, im Stich gelassen, ihn aus ihrer Familie ausgestoßen. Ich war sprachlos angesichts dieser Haßtiraden. Fereshteh kauerte neben mir, gab keinen Laut von sich.

«Schimpfen sich Berufsmusiker! Analphabeten sind das! Noch nicht mal schreiben können sie», spottete er, wild umhergestikulierend. Seine Augen funkelten wie die eines Wahnsinnigen, und ich bekam Angst. Schließlich stürmte er aus dem Zimmer.

«Jetzt hast du mal gesehen, wie er ist», flüsterte Fereshteh. «Man kann mit ihm nicht reden. Er haßt mich. Glaubst du mir jetzt? Er haßt uns alle.»

Ich erinnerte mich kleinlaut an meinen großspurigen Ratschlag, sie solle sich gegen ihn zur Wehr setzen; aber wie tatenlos hatte ich eben selbst zugesehen! Kein Wunder, daß er es geschafft hatte, sie derart zu demoralisieren, daß sie wie ein Häufchen Elend wirkte. Sie fügte leise hinzu, er schlafe nicht mehr mit ihr; sie behauptete, es sei ihr gleichgültig, aber ich ahnte, wie sehr sie diese körperliche Zurückweisung verletzte.

«Hast du schon an Scheidung gedacht?» schlug ich in Anbetracht ihrer aussichtslosen Lage vor.

«Das könnte ich nie tun», entgegnete sie mit gedämpfter Stimme und schaute zu ihren Kindern hinüber. «Sie würden mir die Kinder wegnehmen. Ich könnte nicht auf sie verzichten. Du hast keine eigenen Kinder und weißt nicht, was für ein wunderbares Gefühl das ist. Ich könnte mich nie von ihnen trennen.»

Ich erschrak über meine Unwissenheit. Das Gesetz diskriminierte Frauen in hohem Maße. Kinder gehörten der väterlichen Linie an, und eine Scheidung bedeutete den endgültigen Verzicht auf sie. Solange sie klein waren, durften sie bei der Mutter bleiben, aber mit sieben Jahren wurden sie der Obhut einer Großmutter, Tante oder Stiefmutter übergeben. Eine Scheidung war endgültig: keine Besuche, keinerlei Kontakte. Die beiden Familien blieben unwiderruflich entzweit. Ganz gleich, wie sehr sie unter ihrer Ehe litt, eine Frau konnte sich nicht scheiden lassen, ohne diesen hohen Preis zu zahlen.

Ich dachte oft über den Gegensatz zwischen Mariams und Fereshtehs Leben nach. War es eine Frage des Zufalls oder Glücks, oder waren die beiden in irgendeiner Weise mitverantwortlich für das Verhalten ihrer Ehemänner? Inwieweit bewirkten ihre unterschiedlichen Charaktere, daß sich die eine zu einer starken, selbstbewußten Persönlichkeit, die andere hingegen zum willenlosen Opfer entwickelte?

«Fereshtehs Leben steht unter einem schlechten Stern», sagte Mutter von Rahim, ihre Tante. «Das sieht man doch, oder? Mariam steht auf der Sonnenseite des Lebens und Fereshteh auf der Schattenseite. Man hätte sie nie Mohammad Omar geben dürfen. Als sie heiratete, war sie hübsch und rundlich, aber jetzt besteht sie nur noch aus Haut und Knochen. Und schau dir Mariam dagegen an: das blühende Leben! Alles hat sich bei ihr zum Guten gewendet. Sie lebt in ihrem Elternhaus, und ihre Geschwister helfen ihr, wo sie nur können. Sie ist ein Glückskind!»

Für Mutter von Rahim gab es keinen Zweifel: beiden Schwestern gebührte weder Lob noch Tadel. Es war eine Frage des Schicksals.

Rituelle Speisen

Die Trennung von Frauen und Männern im Alltag erstreckte sich sogar auf die religiösen Praktiken, die sich erheblich voneinander unterschieden. Während das spirituelle Leben der Männer von formellen, öffentlichen Ritualen geprägt war, blieben die Frauen vom Gebet in den Moscheen ausgeschlossen und verfügten über keinen öffentlichen Versammlungsort wie die Hauptmoschee, wo die Männer freitags zusammenkamen, um die Predigt zu hören und sich inmitten einer großen Menge von Gläubigen beseelen zu lassen. Was das Beten anbetraf, so beteiligten sich die wenigsten Frauen regelmäßig am *namaz*, den langen Koran-Rezitationen und vorgeschriebenen Kniefällen zu den fünf täglichen Gebetszeiten. *Namaz* verlangte einen Grad an ritueller Reinlichkeit, der sich in der Praxis für die meisten Heraterinnen, die ständig vom Urin der Kinder beschmutzt wurden, als unerreichbar erwies. Während der Menstruation war ihnen das Gebetsritual strikt untersagt, da sie als unrein galten. Im Gegensatz zu den Männern hatten sie weder die nötige Zeit, die obligatorischen Waschungen vorzunehmen, noch konnten sie es sich leisten, ständig die Kleidung zu wechseln. Somit wurden Frauen allein aufgrund ihrer Lebensumstände in der Ausübung ihres Glaubens eingeschränkt. Zum Ausgleich konzentrierte sich ihr religiöses Leben auf die lokalen Schreine, auf die Darbietung von Votivgaben und die Zubereitung ritueller Speisen. Anstelle des *namaz* suchten sie die Einheit mit Gott oder eines stellvertretenden Heiligen durch spontane, individuelle Fleh- und Bittgebete, die sogenannten *doa*.

Eines Tages schickte Mariam Hossein zu uns und ließ mich fragen, ob wir Interesse an einem Ausflug zum Schrein von Seyed-i Mukhtar hätten. Da es ein sonniger und windstiller Nachmittag war, stimmten wir dem Vorschlag kurz entschlossen zu. Wir holten die anderen an ihrer Straßenecke ab. Mariam, Parwaneh, Nassimeh und Simin kletterten auf den

Rücksitz unseres Landrovers, und Hossein setzte sich vorn neben John. Sie hatten auch ihre Nachbarin Mutter von Ghani, eine alte Witwe, einst die Freundin Mutter von Karims und die Hebamme der Familie, eingeladen, die sie gewöhnlich in ihre religiösen Aktivitäten mit einbezogen. Wir waren enttäuscht, daß Karim Tayereh nicht erlaubt hatte, uns zu begleiten; ich hegte den Verdacht, daß er eifersüchtig auf meine Freundschaft mit Mariam war.

Ich deutete fragend auf den Sack und die Bündel zu unseren Füßen, und Mariam erklärte, sie hätten Kochutensilien mitgebracht. Sie erzählte, daß sie bei Mahmoods Geburt ein Gelöbnis abgelegt und dem Heiligen Seyed-i Mukhtar versprochen hätte, an seinem Schrein *halwa* zu kochen, wenn ihr Kind gesund zur Welt käme. Nach getaner Arbeit und angesichts des schönen Wetters hatte sie kurzerhand beschlossen, heute den Schrein aufzusuchen, um ihr Versprechen einzulösen.

Wir fuhren durch das Westtor der Stadt, vorbei an den Pinien des Frauenparks, in dem jedes Jahr Frühlingstreffen stattfanden, zwischen den vier hohen Minaretten hindurch und hielten geradewegs auf den Fuß der Berge zu. Mariam zeigte mir den «Platz der Rollenden», eine Kultstätte, wo die Pilger ihre Wünsche vortrugen und sich anschließend im Hof auf dem Boden rollten. Erreichten sie die Mauer, so standen die Zeichen günstig, andernfalls blieb ihr Bitten ungehört. Und die Frauen? Ich konnte mir schwer vorstellen, wie sie sich in ihren Schleiern im Staub herumwälzten – aber Mutter von Ghani versicherte mir, daß sie es gleichfalls täten.

Wir kamen an fruchtbarem Ackerland vorbei, von einem Netz aus Bewässerungsgräben und Baumreihen überzogen. Hohe Pappeln säumten die Straße, und Tauben flogen voraus, als wollten sie uns den Weg weisen. Dann entdeckte ich den Schrein, der hoch auf einem Felsen thronte, von heiligen Fahnen umflattert. Der Weg verlief steil bergauf, und die Frauen klammerten sich an ihren Sitzen fest und stießen unterdrückte

Schreckensschreie aus, wenn sie in den jähen Abgrund unter sich blickten.

Das letzte Stück stiegen wir zu Fuß hoch und schlüpften oben aus unseren Schuhen. Das Grab befand sich im Zentrum des gepflasterten Innenhofes und wurde von einem ausladenden Baum beschattet. Eine langgezogene Veranda öffnete sich zum Tal hin. Der Ort lag still und verlassen da. Die heiligen Männer, die den Schrein bewachten, hatten sich in ihre unterirdische Behausung zurückgezogen, und John und Hossein ließen uns allein, damit wir ungestört unsere Rituale vollziehen konnten. Dem Beispiel der anderen Frauen folgend, kauerte ich mich neben den Grabstein, küßte ihn und preßte meine Stirn darauf. Dann verharrten wir lange Zeit in meditativem Schweigen, die Hände in ständigem Kontakt mit dem Stein, als nähmen wir Kraft und Stärke durch die Fingerspitzen auf. Sogar die Kinder verhielten sich ehrfurchtsvoll. Mutter von Ghani hielt die Augen fest geschlossen und bewegte die Lippen, während sie ihre stillen Bittgebete sprach.

Schließlich brach Parwaneh das Schweigen.

«Fereshteh hat hier um ein Baby gebetet», sagte sie leise. «Sie bastelte eine Puppe und band sie an den Baum – und zwei Monate später war sie schwanger! Heute wollen wir es mit einer Puppe für Tayereh versuchen. Wäre es nicht wunderbar, wenn sie auch so ein Kleines wie Mahmood hätte?» Plötzlich kam ihr eine Idee. «Sollen wir für dich nicht auch eine Puppe machen?» fragte sie, ganz begeistert von ihrem Einfall.

Ich wehrte ab und erklärte, daß ich die Pille nähme, aber sie bestand darauf – schließlich wünschte ich mir doch eines Tages auch ein Baby. Mutter von Ghani beendete ihre Gebete und nickte zustimmend, worauf ich lachend einwilligte. Die alte Frau holte ein Stück Stoff hervor, riß es in Streifen, die sie zu einer Kugel formte und auf einen Zweig, den Oberkörper, steckte.

«Und jetzt ein Turban!» verkündete sie und schlang einen

weiteren Streifen Stoff um den Kopf der Puppe. «Du willst doch einen Jungen, oder?»

«Wie immer es Gott gefällt», erwiderte ich und ließ sie gewähren, denn ich brachte es nicht übers Herz, ihren Enthusiasmus zu bremsen.

«Bete zuerst für einen Jungen», empfahl sie mir: um einen Sohn, der meinen Mann zufriedenstellen und die väterliche Linie fortsetzen würde. Sie klemmte das Ende des Turbans fest und reichte mir die Puppe. «Jetzt nimm sie!» forderte sie mich auf und schaute mich erwartungsvoll an.

Ich verstand nicht, was sie von mir wollte. Da sie alle gespannt darauf warteten, daß ich etwas unternahm, tat ich das erste, was mir in den Sinn kam, und legte die Puppe zwischen meine Beine, um eine Geburt anzudeuten. Sie kicherten vor Vergnügen.

«Nein, so mußt du's machen!» verbesserte mich Mutter von Ghani lachend. «Nimm das Baby auf den Schoß.»

Sie legte mir die Puppe aufs Knie. Jetzt erinnerte ich mich an den vertrauten Anblick Mariams, wenn sie im Schneidersitz Mahmood stillte. Mich beschlich ein seltsames Gefühl, als ich auf ihr Geheiß hin dieses federleichte Abbild eines menschlichen Wesens in den Armen wiegte, diese zärtliche, mütterliche Geste nachahmte. Dann hielt sie mir die Puppe an die Brüste und machte mit den Fingern eine knetende Bewegung, die mich rot werden ließ. Die andern lächelten und schienen die Sorgfalt, mit der sie das Ritual vollzog, zu genießen. Schließlich formte sie aus einem breiten Stoffstreifen eine Wiege, bettete mein Baby hinein und band sie an den Zweigen des heiligen Baumes fest.

«Jetzt sag ‹*Bismillah*› – ‹Im Namen Gottes› – und wünsche dir ganz fest einen kleinen Jungen», wies sie mich an.

Ich stellte mich unter den Baum und vertiefte mich in den rührenden Anblick des winzigen Püppchens in seiner Wiege. Die Äste waren mit ähnlichen Symbolen übersät: Stoffetzen, Steine und metallene Hände, deren gleich große Finger flehentlich in den Himmel zeigten. Parwaneh und Nassimeh bastelten eine zweite Stoffpuppe für Tayereh und hängten sie dazu. Die innigen Wünsche der Frauen hatten den Baum reich geschmückt.

In einer Ecke der aus Ziegelstein gemauerten Veranda wies eine Gebetsnische Richtung Westen nach Mekka. Mariam war damit beschäftigt, heißes Wachs auf den Sims zu tröpfeln, um Kerzen darauf zu befestigen. Sie erklärte, fünf Kerzen seien für ihre eigenen Wünsche bestimmt, und reichte mir eine zum Anzünden. Sie ließ einen Augenblick verstreichen und erzählte mir dann, die anderen fünf Kerzen stammten von Zahir, der sie gebeten hatte, sie für ihn zu entzünden.

«Er hofft, daß wir ihm eine gute Frau finden», sagte sie und unterstrich durch ihr anschließendes Schweigen die Bedeutsamkeit ihrer Worte.

Bis zu diesem Tag hatte sich Zahir geweigert zu heiraten, da er nach wie vor um seine Mutter trauerte. Mariam, in großer Besorgnis, hatte immer wieder versucht, ihn davon zu überzeugen, daß die Mutter sicher eine Ehe begrüßt hätte. Die Kerzenflammen tänzelten freudig im Wind: nach zwei Jahren hatte er Mariam wissen lassen, daß die Zeit gekommen war, ihm eine Braut zu suchen.

Am anderen Ende der Veranda hatte Mutter von Ghani damit begonnen, im Ziegelofen ein Feuer zu entfachen. Die Wände waren vom Kochen anderer Frauen rußgeschwärzt. Wir scharten uns um sie und schauten ihr zu. Sie wartete, bis das Feuer brannte, und warf dann, von einem Segensspruch begleitet, einen Klumpen Pflanzenfett in den schweren Metalltopf. Zischend schmolz das Fett. Sie hockte bequem auf dem Boden, streute Mehl dazu, während sie heftig rührte, damit der Brei nicht anbrannte. Nach zehnminütigem Anbräunen nahm sie den Topf vom Feuer und fügte eine Kelle Zucker und Wasser hinzu, worauf es spritzte und dampfte. Sie ließ das Ganze noch eine Weile kochen und verkündete dann, das *halwa* sei fertig.

Parwaneh packte ein paar Fladenbrote aus und bestrich sie dick damit. Nassimeh brachte sie hinunter zu den Bettelmönchen, die von den Besuchern stets mit Essen oder Geld bedacht wurden.

Mariam schickte mich auf die sonnige Treppe der Veranda, gemeinsam mit John und Hossein die Mahlzeit einzunehmen, während sie und die anderen im Schatten beim Feuer blieben und das restliche *halwa* aus dem Topf verzehrten. Unser Essen wurde uns auf einem Tablett serviert, wir saßen zusammen, unterhielten uns und verspeisten unser Festmahl aus Brot und warmem, süßem, teigigem *halwa*. Ich hatte Hossein dabei beobachtet, wie er einen schweren Stein mit feierlich ernster Miene viele Male um das Grab des Heiligen trug, und ich fragte ihn nun, was er sich gewünscht hätte. Er antwortete, er würde gerne reisen: nach Kabul, in den Iran oder vielleicht sogar nach Indien.

Wir packten unsere Sachen zusammen und brachen langsam auf. Zuvor hielten wir noch einen Moment inne und genossen die Aussicht, die sich uns von den obersten Treppenstufen bot. In der Ferne reckten die Berge, die fast das ganze Tal umschlossen, ihre gezackten Gipfel wie schützend in den Himmel. Hinter uns, im Westen, öffnete sich das Tal: eine Straße führte in den Iran und eine andere nach Norden in die Sowjetunion, beide Grenzen nur ungefähr zwei Fahrtstunden entfernt. Im Osten schoben sich die Berge zusammen, ballten sich vor dem Hintergrund der hoch aufragenden Gipfelketten des Hindukusch-Massivs, das Afghanistan wie eine gigantische Wirbelsäule durchzieht. Von Herat führte die gepflasterte Straße in südöstlicher Richtung nach dem eine Tagesreise entfernten Kandahar und von dort aus zum indischen Subkontinent. Hinter den Bergen lag die alte Seidenstraße nach Zentralasien und China.

Wir schauten auf das fruchtbare Mosaik der von Bewässerungsgräben umsäumten Felder und auf die vagen Umrisse der verschachtelten Stadt zu unseren Füßen, in den Dunstschleier ihrer Holzfeuer gehüllt. Sie erinnerte an die Sandburgen, die wir als Kinder bauten – von derselben Farbe wie der Boden, aus dem sie hervorgingen. Die wuchtigen Schutzwälle der Zitadelle stachen hervor, und deutlich konnten wir die hohen Minarette der Freitagsmoschee erkennen. Stille umfing uns, wie befreit blickten wir über das Tal, kein Laut war zu hören, außer dem sanften Flattern der heiligen Wimpel und dem zarten Rascheln der Blätter im Wind.

Wir begannen den Abstieg und begegneten unterwegs einer Gruppe von etwa vierzig Frauen und Kindern, die sich keuchend die steilen Stufen hinaufschleppten. Im Vorübergehen murmelten sie einen Gruß. Aus ihren zahlreichen Bündeln schloß ich, daß sie zu einem ausgedehnten Besuch gekommen waren. Auf der Lichtung am Fuße der Treppe parkten zwei Kleinbusse. Die Fahrer kauerten geduldig daneben, den Blick in die Ferne gerichtet. Einer von ihnen holte eine Dose mit Kautabak hervor und warf sich geschickt ein Bröckchen davon unter die Zunge. Sie machten einen zufriedenen Eindruck und richteten sich offensichtlich in aller Seelenruhe auf eine längere Wartezeit ein.

«Wer war Seyed-i Mukhtar?» fragte ich Mariam auf unserer Rückfahrt.

«Ich weiß es nicht», antwortete sie. «Frag meinen Vater; er kann's dir sagen. Wir gehen immer zu diesem Schrein. Er ist für uns von besonderer Bedeutung.»

Sie wußte nichts über den Heiligen, dessen Gebeine wir geehrt hatten. Der Friede und Trost, den diese Familientradition versprach, die Distanz zu den häuslichen Sorgen und die Möglichkeit, Gelöbnisse einzulösen und Wünschen Ausdruck zu verleihen, genügten ihr.

«Jetzt sind unsere Herzen leicht», fügte sie zufrieden hinzu.

Religiöse Feste und Rituale richten sich nach dem Mondkalender. Im Monat Safar kochen die Frauen zur Danksagung eine Art Milchreis, den sie *nazr* nennen, was soviel wie «Versprechen, Gelöbnis» bedeutet. Man bereitet ihn an einem Mittwoch und schickt ihn Freunden und Nachbarn als Geste der Großzügigkeit und Barmherzigkeit. Ich hörte, wie eine Frau dies scherzhaft als «Spiel der Teller» bezeichnete, weil man bei dieser Gelegenheit unzählige Teller austauschte, borgte, hin- und hertrug. *Nazr* wurde von Fleh- und Bittgebeten an die heiligen Frauen der Familie des Propheten sowie Gelöbnissen begleitet. In schweren Zeiten kochten Frauen zusätzliche Mengen *nazr*, um Hilfe und Beistand zu erwirken. *Nazr* war eine alljährliche Verpflichtung, und wer dieser nicht nachkam, brachte Unheil über die Familie.

Eines Mittwochs lud mich Mariam ein, an einem *nazr* teilzunehmen. Sie erzählte, sie habe bei einem Nachbarn, der eine Kuh besaß, einen Eimer Milch bestellt und erklärte, daß sich die obligatorische Menge *nazr* der Familie im Laufe der Jahre um zwei *man* Reis erhöht hatte. (Ein *man* ist ein einheimisches Gewicht und entspricht vierzig *sir*; etwas mehr als zwei Kilo.) Im vorigen Jahr hatte sie jedoch den Mullah aufgesucht, der das Maß auf ein *man* reduzierte, da ihre Mutter vor ihrem Tod alle ihre Gelöbnisse eingelöst hatte.

Fasziniert lauschte ich Mariams Bericht über die Familiengelöbnisse. Bei Karims und Zahirs Geburt hatte ihre Mutter beide Male zehn *sir* versprochen, anläßlich der Nierenbeschwerden ihres Vaters nochmals zehn und zehn weitere beim Einzug in ihr jetziges Haus vor etwa zwölf Jahren. Als Karim und Zahir zum Militärdienst eingezogen wurden, hatte sie zehn *sir* gelobt, mit der inständigen Bitte, daß sie nach Herat versetzt würden, was auch geschah. Als sie schließlich selbst erkrankte, gelobte die Familie dieselbe Menge, und als Simin zur Welt kam, erhöhte Mariam die Schuld ein letztes Mal.

Welch eine interessante Art der Familienchronik! Auf diese Weise blieben sowohl freudige als auch schmerzliche Ereignisse in lebendiger Erinnerung. Sobald eine Frau ein solches Gelöbnis aussprach, «saß es ihr im Nacken», der Stelle, auf der die Verantwortung lastete.

An jenem Mittwoch traf Mutter von Ghani bereits morgens ein, begrüßte Latif Khan, ohne ihr Gesicht zu verbergen. Aufgrund ihres Alters und als Vertraute der Familie unterlag sie nicht dem Gebot, sich zu verschleiern. Sie nahm den großen, bronzenen Kochtopf vom Regal und murmelte, bevor sie ihn ausspülte, einen Segensspruch. Dann stellte sie ihn auf die Feuerstelle und warf einen Brocken Fett hinein. Sie kippte eine große Schüssel Rundkornreis ins siedendheiße Fett, rührte kräftig um und schüttete fast den ganzen Eimer Milch dazu. Zum Schluß fügte sie ein Schälchen Zucker und ein wenig Kardamom zur Verfeinerung hinzu, verschloß den Topf fest mit einem Deckel und ließ das Ganze eine Weile kochen.

Fereshteh erschien und wurde überschwenglich begrüßt. Wir hatten sie seit Monaten nicht mehr gesehen, da sie sich in Kabul aufgehalten hatte. Kurz darauf löste Mutter von Ghani die knusprige Kruste, das *ta degi* – den «Boden des Topfs» –, und die Kinder umringten sie, begierig auf ihren Anteil. Sie ermahnte sie, nichts davon auf den Boden fallen zu lassen, um es nicht zu beschmutzen. *Nazr* ist eine rituelle Speise, und sie sollten sie mit Bedacht essen. Dann höhlte sie den Reis mit dem Griff ihres Löffels aus, goß die restliche Milch und eine Tasse Rosenwasser hinein und formte die Oberfläche zu einem sanft ansteigenden Hügel. Sie bedeckte den Topf, schaufelte Glut auf den Deckel und ließ den Reis neben der Feuerstelle langsam garen. Diese schonende Methode, Reis durch Dämpfen zuzubereiten, nannte man *dam* – «Dampf» oder «Atem».

Mariam und Parwaneh entzündeten sechs kleine Kerzen und drückten sie in das heiße Wachs, das sie zuvor auf einen Ziegelstein hatten tropfen lassen. Mariam reichte Fereshteh mit bedeutungsvollem Blick eine Kerze; ich nahm an, daß sie Fereshteh zu einem Gelöbnis ermuntern wollte, da sie um deren unglückliche Ehe wußte.

«Verehrte Fatimeh, erfülle unsere Herzenswünsche . . .» flüsterten sie mit erhobenen Händen. Dann legte Mariam den

Ziegelstein auf den Kochtopf, um die Kerzen dort abbrennen zu lassen.

Wir verließen die Küche und setzten uns an das sonnige Fenster im Familienzimmer, in sicherer Entfernung von Latif Khan und Hossein, damit wir ungestört miteinander reden konnten. Nassimeh holte die Wasserpfeife, und Fereshteh erzählte Mariam und Mutter von Ghani von ihren letzten Monaten in Kabul. Sie unterhielten sich leise, nur gelegentlich vom gedämpften Gluckern der Pfeife unterbrochen. Dann sah Mariam den blinden *sheikh* den Hof betreten und bat Nassimeh, ihn ins Zimmer zu führen. Er war ein heiliger Mann, der seinen spärlichen Lebensunterhalt durch das Singen von *rowzehs*, schiitischen Trauerliedern zum Gedenken der Toten, verdiente. Sein Besuch heute stellte eine Ausnahme dar: normalerweise erschien er jeden Donnerstag, dem Todestag Mutter von Karims. Er ließ sich neben Latif Khan nieder, angespannt und wachsam, stimmte sich langsam auf die neue Umgebung und die im Raum Anwesenden ein, starrte vor sich ins Leere und murmelte seinerseits Begrüßungsworte.

Nach kurzem Schweigen begann er mit den Gebeten, die vom Gesang der *rowzehs* abgelöst wurden. Ohne viel vom Text zu verstehen, begriff ich, daß das Lied von der Schlacht bei Karbala handelte, dem Ereignis, das Alis Söhne Hassan und Hossein unter sengender Wüstensonne zu Märtyrern hatte werden lassen. Auf dem Schlachtfeld von Karbala, im heutigen Irak, erlitten die um Alis Anspruch auf das Kalifat kämpfenden Truppen, von seinen Söhnen geführt, die entscheidende Niederlage. Ihres Märtyrertodes, des zentralen Moments im schiitischen Glauben, das ihm seine besondere Intensität und Leidenschaftlichkeit verlieh, wird im Monat Moharram auf dramatische Weise gedacht. Vierzig Tage lang feiern die Schiiten weder Hochzeiten, noch erlauben sie irgendeine Form des Musizierens; sie schneiden sich weder die Haare, noch kaufen sie neue Kleider oder benutzen Henna; sie waschen und rasieren sich weniger häufig als gewöhnlich; sie unterwerfen sich körperlichen Kasteiungen, um ihren Schmerz zu demonstrieren. Es finden Fackelzüge statt, wo sich Männer unter monotonem Singsang mit feingliedrigen Ketten geißeln, und öffentliche *rowzeh*-Veranstaltungen, wo Frauen und Männer wehklagen und schluchzen, wenn die Geschichte von Karbala lebendig wiedererzählt wird. Selbst nach Verstreichen des Moharram werden die Märtyrer in jedem *rowzeh* gewürdigt und betrauert.

Nassimeh stupste mich kichernd an. Mutter von Ghani hatte laut und hemmungslos zu schluchzen begonnen – die angemessene Reaktion auf den Gesang des *sheikh*. Fereshteh, Mariam und Parwaneh fingen ebenfalls leise zu weinen an und wischten sich die Tränen mit den Zipfeln ihrer Schals aus dem Gesicht. Von verwirrenden Gefühlen überwältigt, weinte ich auch – nicht um die Toten von Karbala, die, wie ich glaube, oft nur als Anlaß dienen, angestauten seelischen Kummer auszuleben. Vielleicht weinte ich um mich selbst: um meine Entwurzelung und meine Liebe zu diesen Menschen. Ich war gerührt, daß mich Mariam in ihren Familienkreis einbezogen hatte.

Der *sheikh* endete mit einem langen Gebet, und wir erhoben die Hände. Nassimeh und Parwaneh gingen zu ihm, berührten seine Hand und kehrten leise an ihre Plätze zurück.

«Heute haben wir einen Gast aus England hier», unterbrach Mariam die eingetretene Stille. «Sie kommt uns oft besuchen. Sie kannte unsere liebe Mutter . . .»

«Das ist gut», sagte der *sheikh* wohlwollend, aber ich wußte nichts darauf zu erwidern.

«Es ist verdienstvoll, eine Nicht-Mohammedanerin in unserer Mitte aufzunehmen», erklärte Mutter von Ghani und strahlte mich an.

Das Prinzip religiösen Verdienstes ist im Islam genauso wichtig wie das Prinzip der Sünde und stellt ein Gegengewicht dazu dar. Jede fromme Handlung bringt Verdienste ein, die am Jüngsten Tag die Sünden wieder aufwiegen. Die verdienstvollen

Handlungen bestehen in der Befolgung der «Fünf Säulen des Islam», dem Angelpunkt moslemischer Glaubenspraxis: Glaube an Gott und seinen Propheten, Gebet, Fasten, Wohltätigkeit und, wenn möglich, zumindest einmal im Leben eine Pilgerfahrt nach Mekka. Aber auch alltäglichere Verrichtungen können verdienstvoll sein: das Kochen und Verspeisen von *halwa* an einem Schrein; das Färben von Händen und Füßen mit Henna am Neujahrstag; oder ein Segensspruch, wenn man ein neues Kleidungsstück anlegt.

Eine entspannte Atmosphäre stellte sich ein, und der blinde *sheikh* starrte ruhig und gelassen vor sich hin. Die Frauen gingen in die Küche, um das *nazr* zu verteilen. Ein süßlicher, milchiger Duft stieg auf, als Mutter von Ghani den Deckel hob. Fereshteh schöpfte etwas Reis ab, aß ihn und erklärte: «Es ist verdienstvoll, den ersten Löffel Reis aus dem Topf zu essen.»

«Möchtest du dieses Jahr etwas vom Topf ‹leihen›?» fragte Mariam und forderte sie auf, ihr eigenes Gelöbnis auszusprechen. Ich spürte, daß sie es für wichtig hielt, daß Fereshteh diese Pflicht übernahm und Hilfe erbat.

«Nein, wer weiß, wo ich nächstes Jahr sein werde», erwiderte sie. «Wenn Gott will, werde ich wieder bei euch sein.»

Ich vermutete, daß Fereshteh davor zurückschreckte, ihre schiitischen Gewohnheiten Mohammad Omar, einem Sunniten, gegenüber durchzusetzen.

Als weiblichem Familienoberhaupt fiel Mariam die Aufgabe zu, das *nazr* zu verteilen. Zuerst bediente sie den *sheikh*, ihren Vater und Hossein. Dann teilte sie den Reis auf, der verschenkt werden sollte, und begann mit vier großen Portionen für die einflußreichen Gönner ihres Vaters. Kleinere Teller waren für Verwandte und Nachbarn bestimmt. Hin und wieder fragte sie Fereshteh, ob sie genug aufgegeben hatte, oder fügte sicherheitshalber noch etwas mehr hinzu. Man konnte nahen Verwandten ruhig eine kleine Portion schicken, aber anderen mußte man schon mehr zukommen lassen, wollte man nicht geizig erscheinen. Für John und mich stellte sie, trotz meiner Proteste und der Tatsache, daß wir nur zu zweit waren, eine riesige Portion beiseite. Nassimeh und Simin trugen vorsichtig die kleinen Teller, in verknotete Taschentücher verpackt, zu den Nachbarn hinüber.

Schließlich setzten wir uns zum Essen nieder. Karim und Zahir waren nicht zu Hause, und Hossein, sein Vater und der *sheikh* hatten ihr Mahl schon beendet. Mariam reservierte etwas *nazr* für ihre Brüder und für die ganze Familie zum Abendessen, und uns blieb der Rest. Es war weich und klebrig und schmeckte wie feingewürzter, aromatischer Reispudding. Nachdem die Männer zum Basar aufgebrochen waren, rauchte Mariam mit Mutter von Ghani und Fereshteh eine Wasserpfeife, eine Angewohnheit, die sie vor Hassan und ihrem Vater verbarg.

«Wann hast du angefangen zu rauchen?» fragte ich sie.

«Nachdem meine Mutter gestorben war. Eine Frau hat mir geraten, mich damit zu beruhigen. Wenn ich großen Kummer hatte, zündete ich mir eine Pfeife an, und das lenkte mich von meinen traurigen Gedanken ab.»

«Manchmal ist eine Pfeife ein wahrer Segen», stimmte Mutter von Ghani zu, die, wie viele Heraterinnen, mit Leidenschaft starken, afghanischen Tabak rauchte.

Fereshteh begann, nervös ihre Sachen zusammenzusuchen, plötzlich ganz aufgeregt. Es sei schon spät, sagte sie, offensichtlich in großer Sorge, Mohammad Omar zu verärgern. Mariam schmerzte es, sie so ängstlich zu sehen, drängte sie aber nicht zu bleiben. Fereshteh war kein Gast, dem man das Gefühl geben mußte, willkommen zu sein, sondern eine Tochter des Hauses. Sie rief ihre Kinder und nahm Nassimeh mit, damit diese ihr bei der Zubereitung des Abendessens half. Mutter von Ghani brach ebenfalls auf, nur ich verweilte noch ein bißchen bei Mariam und Parwaneh. Ich arbeitete an einer Stickerei, die mich entspannte und an meinen Platz fesselte.

«Mutter von Ghani glaubt, daß du bald zum Islam übertreten wirst», meinte Mariam.

«Weil ich geweint habe, als der *sheikh* sang? Es gibt vieles, worüber man traurig sein kann, wenn man darüber nachdenkt . . .» erwiderte ich.

«Mariam, warum wird das Leben immer trauriger, wenn man älter wird?» fragte Parwaneh.

«Wenn du reifer wirst, bist du dir vieler Dinge bewußter», erklärte Mariam. «Wenn du jung bist, hast du keine Sorgen, aber wenn du erwachsen wirst, fängst du an zu lernen . . .» Sie seufzte. «Das ist jetzt das zweite Jahr, daß wir ohne unsere Mutter *nazr* kochen. Ich vermisse sie sehr, weißt du. Ich habe niemanden, an den ich mich wenden kann. Manchmal bete ich um ihren Beistand. Wenigstens für heute haben wir unsere Pflicht erfüllt und Gott für seine unendliche Barmherzigkeit gedankt, aber es ist hart für mich. Ich muß eine Frau für Zahir finden, was nicht leicht sein wird, und manchmal mache ich mir um meinen Vater Sorgen. Ich merke, daß er immer deprimierter wird.»

Ich wußte, wie sehr sie sich manchmal von ihren familiären Verpflichtungen erdrückt fühlte. Ich bedankte mich für ihre Einladung, beendete meine Stickerei, packte meine Utensilien zusammen und brach auf.

«Nächstes Jahr werden wir dich vermissen und an diesen Tag zurückdenken», sagte sie beim Abschied. «Dein Platz wird leer sein.»

Fehlgeburten

Zur allgemeinen Freude wurde Tayereh schwanger. Nassimeh triumphierte: die Puppe, die wir an den Baum beim Seyed-i-Mukhtar-Schrein gehängt hatten, hatte gewirkt! Natürlich wußte sie über die notwendigen körperlichen Vorgänge Bescheid, nachdem sie gesehen hatte, wie Karims Tauben einander bestiegen oder wie streunende Hunde auf der Gasse kopulierten: sie wollte nur sagen, daß dank der Vermittlung der Heiligen unsere Wünsche erhört worden waren.

Tayereh achtete nun sehr auf ihre Ernährung, da schwangere Frauen dazu angehalten waren, «kalte» oder «saure» Speisen zu meiden. Die Volksmedizin, eine Abwandlung der altgriechischen Lehre von den Körpersäften, die vier Eigenschaften – «heiß», «kalt», «naß» und «trocken» – kennt, ordnete sämtliche Nahrungsmittel den zwei Hauptkategorien «heiß» und «kalt» zu. Die Ideen griechischer Theoretiker wie Galen und Hippokrates wurden von frühen islamischen Denkern aufgegriffen und fanden allmählich in der gesamten islamischen Welt Verbreitung. Bis vor kurzem noch wurde in Herat vorwiegend diese antike Heilkunst von traditionellen Heilern, den *hakims*, praktiziert, mittlerweile hat sich jedoch die westliche Medizin durchgesetzt. *Hakims* sind noch in Pakistan, Indien und anderen vom Islam beeinflußten Gegenden – selbst in Einwanderervierteln in Großbritannien – tätig. Auch ich lernte es, Nahrungsmittel zu klassifizieren. «Heiße» Speisen enthielten reichlich Fett, Zucker und Proteine, wohingegen «kalte» Speisen wäßrig und säuerlich waren. «Sauer» stellte eine Unterkategorie von «kalt», «scharf» eine Unterkategorie von «heiß» dar. «Luftige» Gerichte können sowohl «heiß» als auch «kalt» sein und sollten in bestimmten Situationen gemieden werden. Die Ernährungsregeln zielen auf ein ausgewogenes Verhältnis von «heiß» und «kalt» ab und berücksichtigen dabei die jeweilige körperliche Verfassung und die klimatischen Bedingungen.

Während des strengen Winters fanden keine Hochzeitsfeierlichkeiten statt, und Karim erhielt keine Aufträge. Er beschloß, mit Tayereh eine Reise nach Kabul und nach Mazar-i Sherif, im Norden Afghanistans, zu unternehmen. Tayereh, die noch nie andere Gegenden des Landes besucht hatte, freute sich sehr und konnte es kaum erwarten. Trotz Mariams Bedenken wegen Tayerehs Schwangerschaft brachen die beiden auf.

Am Tage ihrer Rückkehr besuchte ich gerade Mariam und ihre Schwestern. Im Winter kauerten sich die Herater um den wärmenden *kursi*, einem niedrigen Tisch, über den eine wattierte Decke gebreitet war, die die Hitze der Glut aus einer Kohlenpfanne einfing. Parwaneh und ich kuschelten uns gemütlich aneinander; Mahmood lag, in einen Zipfel der Decke gewickelt, da und schlief; Nassimeh schälte eifrig Pistazien, indem sie sie mühsam auf einem Holzstumpf aufschlug; sie verdiente sich damit etwas Geld bei einem Süßwarenhändler in der Nachbarschaft. Mariam war gerade von einem Besuch im *hamam* zurückgekehrt. In diesem Moment betrat Tayereh den Raum, lächelte verlegen: wir hatten sie seit über zwei Wochen nicht mehr gesehen. Nachdem wir sie alle zur Begrüßung umarmt und geküßt hatten, stellte Mariam unumwunden fest, wie schmal und müde sie wirkte. Sie ließ sich nieder und begann, von der Reise angeregt und zugleich erschöpft, von ihren Abenteuern zu erzählen. Ein Redeschwall ergoß sich über uns.

Auf der Busfahrt über den Salang-Paß zwischen Kabul und Mazar-i Sherif hatte sie sich zu Tode geängstigt. Der Weg führte durch den höchstgelegenen Tunnel der Welt, und die Berge waren so tief verschneit und so hoch, daß sie befürchtete, nie ans Ziel zu kommen. Sie konnte nicht begreifen, wie irgend jemand in den Betten im Hotel in Kabul schlafen konnte: aus Angst herauszufallen, hatte sie kein Auge zugetan. Gespannt lauschten wir ihrer anschaulichen Schilderung. Ich hatte sie noch nie so lange und lebhaft reden hören.

Wir wurden von Karim unterbrochen, der Tayereh zu sich rief, damit sie auf dem Dach den Schnee wegfegte – die Tauben würden sonst geblendet. Ich fand es rücksichtslos, ihr dies zuzumuten, doch ich wußte von Tayereh, daß er die Tatsache, daß sie schwanger war und hin und wieder unter Abgespanntheit und Übelkeit litt, zu ignorieren schien. Zwanzig Minuten später kehrte sie zurück und amüsierte sich darüber, daß er sich nach ihrer Ankunft zuallererst den Tauben widmete.

«Ach, es ist so schön, wieder zu Hause zu sein!» seufzte sie und machte es sich wieder am *kursi* bequem. Sie wandte sich Mariam zu. «Ich wollte dir noch etwas erzählen: in der Nacht nach unserer Fahrt über den Salang-Paß hatte ich einen Alptraum und bin voller Angst aus dem Schlaf aufgeschreckt. Am nächsten Morgen habe ich etwas Blut in meiner Hose entdeckt und mir große Sorgen gemacht . . .»

«Auch wenn du nur ein bißchen Blut verlierst, kann das gefährlich sein», sagte Mariam alarmiert. Sie riet Tayereh, den Mullah aufzusuchen und ihn um ein Band zu bitten, das sie als Schutz um die Taille tragen konnte. «Genier dich nicht», meinte sie beruhigend. «Erzähl ihm, daß du im dritten Monat schwanger bist und daß du einen Schock erlitten hast.»

Ich fragte Mariam, was es mit dem Band für eine Bewandtnis habe. Sie erklärte mir, daß es aus sieben verschiedenfarbigen Fäden geflochten sei. Manche Frauen befestigten daran einen durch den Mullah geweihten Schlüssel. Mariam hatte, als sie Mahmood erwartete, ebenfalls ein solch schützendes Band getragen und es bei den ersten Wehen entzweigerissen.

«Vergiß nicht, deine Wäsche herauszusuchen», erinnerte sie Tayereh. «Morgen haben Parwaneh und ich unseren großen Waschtag. Heute abend soll alles bereit sein, damit wir morgen in aller Frühe anfangen können.» Sie ließ sich von Tayerehs Protest nicht beeindrucken. «Solch schwere Arbeiten sind jetzt nichts für dich. Wenn man einmal Blut verloren hat, kann man nicht vorsichtig genug sein. Mach dir keine Sorgen; wir schaffen das auch gut allein.»

Ausführlich schilderte Tayereh jenen Traum, der sie in der Nacht nach der Paßüberquerung so erschreckt hatte.

«Die Reise war zu anstrengend und aufregend für dich», stellte Mariam abschließend fest. «Du hast kaum schlafen können in der fremden Umgebung. Du brauchst jetzt Ruhe und Erholung, um wieder zu Kräften zu kommen.»

Tayereh verlor ihr Kind. Die Blutspuren waren die ersten Anzeichen einer Fehlgeburt gewesen. Sobald ich davon erfuhr, beschloß ich, sie zu besuchen und ihr ein paar selbstgebackene Kekse aus «heißen», nahrhaften Zutaten mitzubringen.

«Ich hatte keine sehr großen Schmerzen», erzählte sie. «Wir sind zum Mullah gegangen, um das Band zu holen, aber ich habe nicht wirklich geglaubt, daß er das Baby retten könnte: es war zu spät, ich hatte schon zuviel Blut verloren.»

Mariam kam mit Mahmood auf dem Arm herauf und setzte sich zu uns. Mit betont weinerlicher Stimme rügte sie Tayereh halb im Scherz, das Baby verloren zu haben, das Mahmoods Frau hätte werden sollen.

«Du hast mir meine kleine Frau weggenommen: was soll ich jetzt mit meinem Schwänzchen machen?» Sie winkte mit Mahmoods Hand in Tayerehs Richtung und brachte uns alle zum Lachen.

«Konntest du sehen, ob es ein Mädchen war?» fragte ich.

«Der Kopf war oben ganz runzelig», antwortete Mariam. «Mutter von Ghani sagt, daß der Kopf eines Jungen glatt sein müßte.»

Tayereh schilderte mir, was geschehen war.

«Ich bin an diesem Abend die Treppe zur Toilette hinuntergegangen und dabei fast ohnmächtig geworden. Ich kam nicht mehr allein hinauf und ging deshalb zu Mariam. Sie hat mich gleich ins Bett gebracht und mich beruhigt, sie würde sich schon um mich kümmern.»

«Ich deckte sie zu und lief zu Karim, damit er Mutter von Ghani holte», fuhr Mariam fort, «aber er tat nichts und behauptete, er hätte Zahnschmerzen! Stell dir vor, ein Mann, der sich weigert, eine Hebamme für seine Frau zu rufen!» empörte sie sich. «Die andern Männer waren nicht zu Hause, und so mußten

Parwaneh und ich selber losgehen und Nassimeh bei Tayereh zurücklassen. Mutter von Ghani riet uns, einen Tee aus Dillsamen zu kochen, doch wir hatten keine da und mußten als Ersatz Zimt, Kardamom und Kümmel aufbrühen.» Diese Gewürze gehörten alle zur «heißen» Kategorie und sollten den Abgang beschleunigen.

«Dann floß immer mehr Blut», erzählte Tayereh weiter. «Es kam in dicken Klumpen. Sie ließen mich nicht auf die Toilette gehen, weil es eine Sünde gewesen wäre, das Baby an diesem unreinen Ort zu verlieren. So mußte ich mich in den Hof hocken. Und da kam es dann auch heraus. Es war nur so groß», sie deutete auf ihren Daumen, «und es war ganz mit einer Hautschicht überzogen. Man konnte eigentlich kein Gesicht erkennen.»

Sie ließ die Hände in den Schoß fallen und lächelte unsicher, von den Erinnerungen augenscheinlich aufgewühlt.

«Bist du sehr traurig?» fragte ich sie.

«Nein. Es war Gottes Wille. Ich bin sogar irgendwie erleichtert, denn wenn ich sehe, wieviel Arbeit Mariam mit Mahmood hat, frage ich mich, ob ich das überhaupt schaffen würde. Meine Mutter hat mir auch geraten, mich nicht zu grämen. Es war Schicksal, daß das Baby starb. So Gott will, werde ich ein anderes bekommen.»

Tayerehs Mutter kümmerte sich drei Tage lang um sie, bereitete das Essen und besorgte den Haushalt, während ihre jüngere Schwester, etwa in Parwanehs Alter, inzwischen die häuslichen Pflichten ihrer Mutter übernahm. Danach wohnte eine andere Schwester bei ihnen und versorgte das Paar. In Krisenzeiten stellte die Großfamilie eine unschätzbare Stütze dar: ohne viel Aufhebens sprang man ein und machte sich nützlich – die gegenseitige Hilfe wurde als etwas Selbstverständliches betrachtet.

Während derselben Zeit erlitt Mariams Tante, Mutter von Rahim, ebenfalls eine Fehlgeburt: sie verlor so viel Blut, daß sie fünf Tage im Krankenhaus verbringen mußte. Sofort nach ihrer Entlassung statteten Mariam und ich ihr einen Besuch ab. Tayereh hätte uns gerne begleitet, doch der Arzt hatte ihr zwanzig Tage absolute Ruhe verordnet. Beim Aufbruch schwatzten wir noch ein wenig mit ihr und erfuhren, daß Karim von ihr verlangt hatte, die Pille zu nehmen: er wolle sich nicht länger mit Schwangerschaften und Babies herumschlagen. Parwaneh schlug die Hände vor Schreck zusammen, doch Tayereh beschwichtigte uns: sie habe ihm weisgemacht, daß sie drei Monate lang nicht schwanger werden könne. Mariam empfahl ihr, erst am vierzigsten Tag nach ihrer Fehlgeburt mit ihm zu schlafen. Dann würde es sicher klappen. Dies entsprach der nach einer Geburt eingehaltenen Zeitspanne sexueller Enthaltsamkeit. Wenn er aber keine Lust hätte, gab ich zu bedenken, gespannt auf ihre Antwort. «Nach vierzig Tagen?» höhnte Mariam mit einer wegwerfenden Handbewegung. Sie legte Tayereh ans Herz, sich zur Stärkung ein Pflaster auf den Rücken zu kleben: man glaubte, daß hier die sexuellen Energien herrührten und daß dieser Teil des Körpers durch eine Geburt besonders geschwächt würde. Ich mußte angesichts dieser eigenwilligen Verwendung eines Heftpflasters unwillkürlich schmunzeln.

Wir machten uns auf den Weg zu Mutter von Rahim. Mariam hatte Mahmood Nassimehs Obhut überlassen, und wir liefen, mehr oder weniger schweigend, durch den Basar. Selbst hinter Schleiern verborgen, fühlten sich Frauen in den Basaren unbehaglich. Wir befanden uns auf männlichem Territorium, wo es galt, sich möglichst unauffällig zu bewegen. Ich hatte Frauen beobachtet, die es offenbar vorzogen, sich am vereisten Straßenrand entlangzutasten, statt sich auf dem überfüllten, sonnigen Gehsteig an Männern vorbeizudrängen, die mit gewichtiger Miene einherschlenderten und deren Atem sich zu kalten Qualmwölkchen aufblähte. Durch mich – jene absonderliche Erscheinung in Stiefeln und langem, blauem Mantel – zogen wir ungewollt die allgemeine Aufmerksamkeit auf uns.

Wir trafen Mutter von Rahim im Kreise ihrer Familie an, in die *kursi*-Decke eingemummelt, von Kissen gestützt. Ihren Kopf hatte man, der Kälte wegen, mit einem Gebetsschleier umwickelt. Ihr veränderter Anblick schockierte mich: die Augen stumpf und tiefliegend, die Lippen weiß und blutleer, die Haut von kränklicher Blässe – sie wirkte lethargisch wie eine Schwerkranke. Mariams Onkel begrüßte uns und verließ dann fluchtartig das Zimmer, um den Krankheitsgeschichten zu entgehen. Mariam berichtete in allen Einzelheiten von Tayerehs Fehlgeburt, und Mutter von Rahim brach in Dankesrufe aus – Gott hatte Tayereh verschont! Wollten wir hören, wie es ihr ergangen war?

«Mitten in der Nacht bin ich aufgewacht, weil meine Matratze triefend naß war. Alles war blutdurchtränkt, und es ließ sich nicht aufhalten.» Einer ihrer Söhne hatte ihre Mutter und die Schwestern, die ganz in der Nähe wohnten, herbeigeholt. Sie selbst fühlte sich mittlerweile seltsam benommen. Was ging da vor? Was wollten sie denn alle hier, so nah an ihrem Bett?

Sie hielt inne und rang nach Atem. Schweißperlen traten ihr auf die Stirn, und während sie sprach, bewegten sich ihre Hände unruhig. Wir schwiegen. Keiner versuchte, sie zu beruhigen, wir lauschten nur gebannt. Sie erzählte weiter, daß sie an den Gesichtern der andern habe ablesen können, daß man sie bereits aufgegeben hatte. Sie bildete sich sogar ein, sie habe diese Welt schon verlassen. Die Familie schien um sie zu trauern, aber sie lebte doch noch! Sie begriff überhaupt nichts mehr.

«Das einzige, was ich deutlich vor mir sah, war Zias Gesicht» – Zia, ihr jüngstes Kind –, «so dicht vor meinem Kissen und so traurig. Ich brach in Tränen aus. Es tat mir so leid, das arme Kleine, bald mutterseelenallein.»

Die Erfahrung dieser Nacht schien sie tief erschüttert zu haben. Sie pries Gott mit erhobener Stimme, dankte ihm, daß er sie vom Tode errettet hatte, und ihre Augen funkelten vor Erregung.

Kurz nachdem ihre Mutter gekommen war, hatte sie das Bewußtsein verloren und konnte sich bis zu ihrem Erwachen im Krankenhaus an nichts mehr erinnern. Die Ärzte teilten ihr mit, daß sie im fünften Monat schwanger gewesen sei. Es war keine Operation erforderlich: sie hatten den Fötus eines Jungen herausgezogen und ihr gezeigt. Er schien normal entwickelt zu sein; nur der Kopf war etwas groß, und die Beine sahen winzig aus, erzählte sie. Ich fragte sie, ob sie sehr um ihr Baby trauere. Sie habe doch schon sieben, antwortete sie. Das sei genug. Sie sei sehr froh und dankbar, noch am Leben zu sein.

«Was habt ihr Tayereh zu essen gegeben?» Mutter von Rahim schnitt ein fröhlicheres Thema an. «Als ich nach Hause kam, haben sie ein Huhn für mich geschlachtet. Das ist sehr nahrhaft, wißt ihr. Grüner Tee und Safran, mit einem Ei: das tut auch sehr gut. Haben Frauen in England auch Fehlgeburten?» wandte sie sich an mich.

«Ja, das kommt vor», antwortete ich. «Aber bei uns gehen Schwangere regelmäßig zum Arzt und lassen sich untersuchen. Krankenhäuser und Ärzte kosten nichts. Sie werden vom Staat bezahlt.»

«Alles umsonst?» staunte sie. «Gestern haben wir 500 Afghanis für Medizin ausgegeben. Man kann nicht alle Tage so viel Geld auf den Tisch legen.»

In ihrer Stimme schwang eine Spur von Stolz mit: wie sehr mußte ihre Familie sie doch schätzen, daß sie solch große Summen für ihre Genesung ausgab! Mariam und sie tauschten Neuigkeiten aus. Sie hatten in letzter Zeit zahlreichen Besuch empfangen, daher gab es eine Menge zu erzählen. Als wir unseren Aufbruch ankündigten, erhob sich Mutter von Rahim mit uns und schleppte sich, schwer auf den Arm ihrer Tochter gestützt, zur Toilette. An der enormen Anstrengung, die es sie kostete, den Hof zu überqueren, konnte ich ermessen, wie ernst ihr Zustand gewesen sein mußte.

Es schien ein seltsamer Zufall zu sein, daß beide Frauen innerhalb weniger Tage ihre Kinder verloren. Gleichwohl wußte ich, daß während der harten Wintermonate Fehlgeburten recht häufig vorkamen. Die tägliche Arbeit mußte verrichtet werden: Frauen konnten es sich nicht erlauben, sich zu schonen oder besondere Vorsichtsmaßnahmen zu ergreifen. Fehlgeburten gehörten zum alltäglichen Leben, waren manchmal sogar ein Segen, wenn es schon zu viele Kinder gab, stellten jedoch stets eine Gefährdung dar.

Im Gespräch mit Mariam erfuhr ich etwas sehr Interessantes. Ich hatte angenommen, daß dies Tayerehs erste Schwangerschaft gewesen sei.

«Nein, nicht ihre erste», korrigierte sie mich nach kurzem Zögern leise. «Sie hat einen Jungen aus erster Ehe. Er lebt bei ihrer Mutter, die sich um ihn wie um einen Sohn kümmert.»

Ich nickte, sprachlos angesichts dieser unerwarteten Eröffnung, aber dankbar, daß mich Mariam vertrauensvoll eingeweiht hatte. Es erschien mir unglaublich, daß Tayereh schon einmal Schwangerschaft und Geburt erfahren hatte und nicht darüber sprechen konnte. Sie wußte, was Mutterschaft bedeutete, sah ihr Kind jedesmal, wenn sie ihre Mutter besuchte, und durfte ihm doch nur eine ältere Schwester sein. Aus Rücksicht auf Karims Gefühle wurde kein Wort darüber verloren, und auch ich sprach dieses Thema Tayereh gegenüber nie an.

Neujahr

Unvermutet nahm der strenge Winter ein Ende. Alles redete vom bevorstehenden Neujahrsfest, das Perser und Afghanen gemeinsam am 21. März, der frühjährlichen Tagundnachtgleiche, begehen. Nun brach die Zeit der *melehs* an, der Picknicks, zu denen sich Frauen und Männer getrennt voneinander in Parks und Schreingärten versammelten. Der plötzliche Wetterwechsel von eisiger Kälte und Schnee zu sengender Hitze übte einen starken Einfluß auf das alltägliche Leben der Menschen aus. Im Winter hielten sie ihren Winterschlaf, kuschelten sich an die wohlig warmen *kursis*, vertrieben sich die langen Abende mit dem Erzählen von Geschichten. In den Wintermonaten gab es weder Hochzeiten noch größere Festlichkeiten. Für Gäste war eine Reise bei Eis und Schnee beschwerlich, man hatte Mühe, es ihnen bequem und behaglich zu machen, und den Frauen bereitete das Kochen von Festmahlen in zugigen Küchen zusätzliche Schwierigkeiten. Im Sommer verlief das Leben gänzlich anders; man zog sich in die kühlen Räume der Nordseite zurück, suchte stets schattige Plätze auf und schlief im Freien auf dem Dach oder im Hof. Der Frühling war nur von kurzer Dauer, eine Zeit der Lebensbejahung nach der Starre des Winters: er verlieh den Menschen Auftrieb, und sie reagierten mit Seufzern des Entzückens auf das sprießende Grün und den Gesang der Vögel, als lauschten sie lieblicher Musik oder Poesie.

Freudige Erregung breitete sich unter den Frauen aus; ihre Gespräche drehten sich ausschließlich um die großen *melehs* im Frauenpark, der das Mausoleum der timuridischen Königin Gohar Shad umgab. Mindestens zwanzig Tage lang trafen dort Frauen und Kinder täglich zusammen; eine der seltenen Gelegenheiten, in Gruppen zusammenzukommen und einen Tag lang auszuspannen.

In unserem ersten Jahr in Herat hatte ich das *meleh* der Frauen allein besucht, jedoch recht bald die Flucht ergriffen, da ich mich von der Menge bedroht fühlte. Die Soldaten, die das Tor vor männlichen Eindringlingen bewachten, wollten mich zunächst nicht hineinlassen, aber ich ließ nicht locker, bis sie schließlich nachgaben. Sie störten sich an meiner Kamera, aber ich erklärte ihnen, ich würde Aufnahmen im Auftrag einer englischen Universität machen. Ein Soldat begleitete mich in den Park und mußte seine ganze Autorität aufbieten, um ungezogene Kinder daran zu hindern, sich unter aufgeregtem Geschrei – «Guckt mal, eine Ausländerin!» – auf mich zu stürzen und an meinen Kleidern zu zerren.

Kurz vor Neujahr machte mir Mariam einen Vorschlag.

«Warum besorgst du dir keinen Gebetsschleier? Er würde dir wunderbar stehen, und außerdem könntest du ungehinderter durch den Basar laufen.»

Sie meinte einen iranischen Tschador im Gegensatz zum *burqa*, der das Gesicht bedeckt. Rückblickend weiß ich, daß sie nach einem Weg suchte, mich zum Frauen-*meleh* mitzunehmen, ohne daß ich erneut ungewollte Aufmerksamkeit erregte.

Es war mir nie in den Sinn gekommen, verschleiert zu gehen, und im ersten Moment widerstrebte mir der Gedanke. Ich war mir sicher, dieses unhandliche Stück Stoff würde mir sofort vom Kopf rutschen und mich dem Gespött der Leute preisgeben. Ich wehrte mich dagegen, mich zu verstecken, obwohl ich den praktischen Wert einer gewissen Anonymität nicht abstreiten wollte. Ich wußte auch, daß es Mariam manchmal peinlich berührte, wenn wir durch den Basar liefen und alle Blicke auf uns zogen.

Auf mein Zögern hin schlug Mariam halbherzig vor, ich könnte mir statt dessen einen *burqa* kaufen, der leichter zu tragen sei, denn der plissierte Schleier ist an einer gutsitzenden Kappe befestigt. Sie fügte hinzu, sie seien sehr teuer – etwa 600 Afghanis –, und auf Grund meiner Größe würde ich einen bestellen müssen. Das lehnte ich ab – ich hatte einmal einen *burqa* anprobiert, sein Gitterfenster aber als beklemmend und als erhebliche Sichtbehinderung empfunden. Wir rechneten aus, wieviel Material ich für einen Gebetsschleier benötigte, und überschlugen den Preis. Da ich auf die Anerkennung der Frauen großen Wert legte, befolgte ich Mariams gutgemeinten Rat. Ich besorgte schwarze iranische Baumwolle mit winzigem Blumenmuster und brachte sie zu Mutter von Ghani, um ihn mir anpassen zu lassen.

«Wunderschön!» sagte Parwaneh neidisch und befühlte begeistert den Stoff.

Mutter von Ghani nahm an mir Maß, drapierte die Fülle um mich herum, berechnete die Länge der Webkante gewissenhaft mit gespreizter Hand. «Sehr gut! Wir machen noch eine echte Mohammedanerin aus dir!» rief sie.

«Fürs Nähen gibst du ihr 20 Afghani», riet mir Mariam, als sie gegangen war, «aber nicht mehr. Das ist ein angemessener Preis, und sie wird damit zufrieden sein.»

Wenige Tage später war der Schleier fertig. Ich probierte ihn an, legte mir die gerade Seite des halbrunden Tuchs auf den Kopf und ließ es über Schultern und Körper fallen. An den Wangen schlug ich es ein und hielt es unter dem Kinn zusammen. Die Frauen lächelten anerkennend und bewunderten meine neu erworbene Eleganz. Ich hatte geglaubt, mich in ein graues, unförmiges Etwas zu verwandeln, aber sie lehrten mich, den Gebetsschleier als einen höchst begehrenswerten Modeartikel zu schätzen.

«Sieh mal, ich habe hier oben eine kleine Münze eingenäht, die du leicht finden kannst, wenn du den Schleier überstreifst», erklärte Mariam. «Achte nur darauf, daß sie genau in der Mitte liegt, und er hängt überall gleichmäßig herunter.»

Ich lief im Raum umher und hielt den Schleier, der schwer von meinem Kopf herabfiel, krampfhaft an mich gepreßt. Er rutschte nach hinten, und ich hatte das Gefühl, ihn ständig in die richtige Lage bringen zu müssen. Traute ich mich wirklich, ihn in der Öffentlichkeit zu tragen? Ich faltete ihn zusammen und packte ihn ein, um die Verwandlung noch eine Weile aufzuschieben. Die Männer auf der Straße würden sicher über mich lachen, wenn ich plötzlich in dieser Verkleidung auftauchte.

Ich zwang mich, ihn am nächsten Tag bei meinem zehnminütigen Gang durch unbelebte Wohngebiete zu Shirin, meiner Gesangslehrerin, überzulegen. Seit einiger Zeit ging ich regelmäßig in das berüchtigte Minstrel-Viertel zum Unterricht. Shirin gehörte einer mit Mariams Familie rivalisierenden Gruppe von sunnitischen Musikern an. Mariam sprach ihr Mißfallen über meine Beziehung zu Shirin zwar nicht offen aus, aber ich spürte ihre Anspannung, wenn wir auf das Thema Shirin zu sprechen kamen. Beim Laufen fühlte ich mich seltsam und unsicher, peinlich berührt durch den Umstand, daß sich meine Umhängetasche wuchtig unter dem Schleier abzeichnete. Erst als ich bemerkte, daß ich kaum Aufmerksamkeit erregte, gewann ich an Selbstsicherheit. Ich fürchtete nur den Augenblick, in dem ich in Shirins Gasse einbiegen und mich an den dort herumtobenden frechen Kindern vorbeistehlen mußte. Sie würden mich sicher verspotten, eine Ausländerin, die sich als Iranerin verkleidete! Während ich näher kam, suchte ich mich innerlich gegen die üblichen Schmährufe zu wappnen.

«Seht nur! Die Ausländerin trägt einen Schleier», ertönte es prompt. «Da kommt sie!»

Ich warf den Jungen einen vernichtenden Blick zu, von den Heratern «verdrießliche Stirn» genannt, und stieß einen kräftigen Fluch aus, der sie verstummen ließ. Der Schleier schien mir Respekt zu verschaffen.

«*Wah wah!* Herzlichen Glückwunsch!» gratulierte mir Shirin. «Er steht dir, und du wirst dich freier bewegen können. Man wird dich weniger belästigen.»

Einmütig begrüßten die Heraterinnen meinen Entschluß, ihren Brauch zu übernehmen und den Schleier anzulegen. Meine winterliche Garderobe – Pelzstiefel, dicke Pullover und Jeans – hatte nicht ihren Geschmack getroffen. Endlich kleidete ich mich attraktiv und modisch. Und ich mußte zugeben, daß ich mich besonders jetzt, während der warmen Jahreszeit, in den lockeren, bis zum Knie reichenden Kleidern der Heraterinnen und den weißen, seidenen, mit Spitzen eingefaßten Hosen durchaus wohl fühlte. Ich kaufte mir Sandalen auf dem Basar und einen langen, breiten *qadifeh*-Schal, womit ich gegebenenfalls meinen Kopf bedecken konnte. Mariams Ratschlag hatte sich als weise herausgestellt.

Entgegen meinen Erwartungen erlebte ich das Anlegen des

Schleiers als tiefen Einschnitt: ich gewann einen unschätzbaren Einblick in die Psyche der Heraterin.

Ironischerweise bedeutete dieses Symbol der Unterdrückung für mich eine Befreiung, da es die Unterschiede zwischen mir und dem afghanischen Volk auf ein Minimum reduzierte. Ich konnte mich unauffälliger in der Menge bewegen. Wenn mich Männer anstarrten, bedurfte es nur einer Geste – den Schleier über mein Gesicht zu ziehen –, um sie in ihre Schranken zu verweisen. Das Tragen des Schleiers erforderte allein aus praktischen Erwägungen eine demütige Haltung: geneigter Kopf, gesenkter Blick. Selbst ein kurzes Augenblitzen konnte meine Identität verraten. Eine Frau, die ungeniert ihren Blick umherschweifen ließ, eine sogenannte «Weißäugige», galt in Afghanistan als überheblich und aufmüpfig. Verschleiert wurde ich zur Mohammedanerin und akzeptierte meine untergeordnete Stellung: ich ging langsamer und damenhafter, glitt unauffällig durch die Straßen und Gassen und verschmolz mit meiner Umgebung.

Ich bin keine Befürworterin des Schleiers, sondern betrachte ihn als Instrument der Männer zur Unterdrückung von Frauen. Einerseits fördert er weibliche Unterwürfigkeit und Selbstverleugnung; andererseits erfuhr ich hautnah, wie leicht man den Verlockungen eines solchen Schutzmantels erliegt, sich ohne ihn nackt und entblößt fühlt. Während ich in England selbstbewußt in farbenprächtigem, fremdartigem Aufzug durch die Straßen laufen kann, ohne der Aufmerksamkeit, die ich errege, Beachtung zu schenken, verhielt es sich in Herat anders. Den Heraterinnen diente Kleidung nicht als Ausdruck ihrer Persönlichkeit. In vielen Fällen wählten sie nicht einmal den Stoff aus, den sie trugen. Man legte sehr großen Wert darauf, einen guten Eindruck zu machen, nicht gegen die gesellschaftlich akzeptierten Normen zu verstoßen; sich darüber hinwegzusetzen zeugte von Egoismus und schadete dem Ruf der ganzen Familie.

Es mag seltsam anmuten, daß der Schleier in mir ein feministisches Bewußtsein weckte. Meine Solidarität mit den Heraterinnen, meine spätere theoretische Auseinandersetzung mit der Frauenfrage und schließlich meine Erfahrungen als Mutter öffneten mir die Augen gegenüber der allgegenwärtigen männlichen Dominanz. Die erklärte Absicht der Verschleierung – weibliche Reize männlichen Blicken zu entziehen – rechtfertigte in der Realität die uneingeschränkte Kontrolle weiblicher Sexualität. Dem Schleier haftet eine Aura geheimnisvoller Erotik und Macht an – wenngleich manipulativer Natur. Letztendlich beschneidet er jedoch die Persönlichkeitsentfaltung von Frauen, indem er ihnen das Gefühl vermittelt, im gesellschaftlichen Leben keine Rolle zu spielen, sie lehrt, bescheiden und stumm im Hintergrund zu verharren.

Am Neujahrstag standen John und ich früh auf, um dem Hissen der *jendeh*, der heiligen Flagge am Schrein Sultan Aghas, beizuwohnen.

Die heiligen Flaggen wurden an verschiedenen Schreinen Herats emporgezogen, die wichtigste davon am Mazar-i Sherif, dem Schrein Alis. Dem ersten Tag im neuen Jahr kommt eine besondere Bedeutung zu, da die Menschen glauben, durch die Berührung des Fahnenmastes, den sie von Segenssprüchen und Heilkräften durchdrungen wähnen, von ihren Krankheiten geheilt zu werden. Tausende von Menschen pilgerten jedes Neujahr nach Mazar-i Sherif, dem bedeutendsten Wallfahrtsort Afghanistans, und viele von ihnen litten unter bislang unheilbaren Gebrechen. Vierzig Tage lang flatterte die Fahne im Wind, und die Leute erzählten sich, Ali sei auf seinen Thron zurückgekehrt und Wunder würden während dieser Zeit geschehen. Ein lang andauerndes *meleh*, das sogenannte Tulpenfest, fand hier statt.

Ebenso kamen die Menschen an Sultan Aghas Grab und hofften auf Heilung. Eine riesige Menge hatte sich bereits versammelt, und alles drängte nach vorn, um den Flaggenmast zu berühren und *barakat*, den heilenden Segen, zu empfangen. Der

Andrang war so groß, daß ich nichts erkennen konnte, aber später hörte ich, daß vier Kranke, zwei Frauen und zwei Männer, von Blindheit und Lahmheit geheilt worden seien. Es hieß, die Umstehenden hätten ihnen, um mit dem Wunder in direkte Berührung zu kommen, Stoffetzen aus den Kleidern gerissen. Ich versuchte, meine Zweifel zu zerstreuen. Mit eigenen Augen hatte ich nichts gesehen – nur Scharen von Menschen.

Neben den zwei großen religiösen Festen gehörte Neujahr zu den feierlichen Höhepunkten eines Jahres. Man besuchte sich gegenseitig und kostete von den verschiedensten, auf einem Tuch ausgebreiteten Süßigkeiten und Keksen. Während der ersten drei Tage statteten die Männer ihre Besuche ab, an den folgenden zehn die Frauen. Wer es sich leisten konnte, legte ein neues Gewand an, um dem neuen Jahr einen gebührenden Empfang zu bereiten, und manche färbten sich Füße und Handflächen mit Henna. In schiitischen Familien wurde ein besonderes Gebäck hergestellt und manchmal Weizen in Schalen gesät, dessen junges, sprießendes Grün einen Neubeginn symbolisierte – wie es auch im Iran Brauch ist. Einige heratische Bräuche erinnerten mich an im Iran übliche Traditionen; möglicherweise haben sie einen gemeinsamen Ursprung im präislamischen Feuerkult, der alten persischen Religion. Zum Beispiel kam dem Mittwoch eine besondere Bedeutung zu: Im Iran springen die Menschen am letzten Mittwoch des alten Jahres über Feuer, und in Herat wurde das wichtigste Frauen-*meleh* am ersten Mittwoch des neuen Jahres begangen. Ein weiteres Frauen-*meleh* fand am dreizehnten Tag statt, an dem Iraner stets ein Picknick veranstalten, um dem befürchteten Unglück zu Hause zu entgehen, und außerdem die grünen Weizensprossen abschneiden und aus dem Fenster werfen.

Die Zeit der Männer-*melehs* war bereits angebrochen. Wie ein riesiger Jahrmarkt wurden sie zwei Monate lang jeden Freitag in irgendeinem Park oder Schreingarten abgehalten. Teehausbesitzer nahmen ihre Samoware, Gläser und Teekannen mit ins Freie und breiteten Teppiche für ihre Kundschaft aus. Manche stellten sogar Zelte auf und engagierten Musikanten. Es gab diverse Essensstände, eine Arena für Ringkämpfe, Radfahrwettbewerbe und von Menschenkraft angetriebene Kinderkarussells. Männer saßen in Gruppen zusammen und kochten, hörten Musik oder spielten Karten. Verzerrte Klänge schallten aus Lautsprechern, und Zigeuner bettelten um Geld, spielten ausgelassen auf *sorna* und *dohol*, einer Doppelrohrblatt-Oboe und einer großen, zweifelligen Festtrommel. Ich hatte schon oft diese farbenfrohen Treffen unter freiem Himmel besucht, doch dieses Jahr blieb ich ihnen aus Scheu vor all den Männern fern.

Statt dessen ging ich gemeinsam mit Mariam und ihren Schwestern zum «Ersten Mittwoch»-*meleh* in den Frauenpark. Auf der Zufahrtsstraße wimmelte es von Pferdefuhrwerken und Taxis, und Frauen und Kinder strömten scharenweise durch das Eingangstor, mit Essensbündeln, Kochutensilien und Teppichen beladen. Diesmal verbarg ich mich unter meinem Schleier und schlüpfte ungehindert an den wachhabenden Soldaten vorbei.

Der Park bot einen überwältigenden Anblick. Tausende von Frauen hatten sich eingefunden, alle in ihrem besten Sonntagsstaat und mit Goldschmuck reich behängt – ein flimmerndes Farbenmeer. Sonnenstrahlen fielen durch die hohen Pinien und sprenkelten die Szenerie. Trauben von Menschen hatten sich um das Mausoleum herum niedergelassen, einem wunderschönen Kuppelbau mit Überresten kunstvoll gefertigten Ziegelwerks, und am Fuße eines der mächtigen alten Minarette. Unzählige Frauen und Kinder drängten sich auf den Wegen, und Hunderte von Grüppchen lagerten unter den Bäumen. Im Gegensatz zu den *melehs* der Männer wurde hier kein florierender Handel betrieben; es gab keine Teehäuser und nur vereinzelte, unscheinbare Stände, die Trockenfrüchte und Kürbiskerne anboten. Kleine Jungen verkauften heißes Wasser aus Samowaren, und die Frauen brachten ihre Kannen und Teegläser, Süßigkeiten und Tee von zu Hause mit. Wir suchten uns ein freies Fleckchen in der Nähe der Samoware und breiteten unseren Teppich aus. Nach kurzer Zeit bedeckte ein einziger bunter Flickenteppich die Rasenfläche.

Karim hatte Tayereh verboten mitzukommen.

«Ich habe alles versucht, um ihn umzustimmen», meinte Mariam. «Unsere Mutter ist früher auch immer zu den *melehs* gegangen, warum also sollte es für Tayereh eine Sünde sein? Er könnte mir ruhig vertrauen, jetzt, wo ich für sie die Mutter der Familie bin. Aber er läßt sich nicht überzeugen; er findet es unmoralisch, weil so viele Soldaten hier sind.»

Die Soldaten, die den Park bewachten, amüsierten sich prächtig. Manchmal stolzierten sie durch die Menge, angeblich auf Patrouille, aber offensichtlich weideten sie sich am Anblick der Frauen. Viele verbargen sich deswegen schamhaft unter ihren Schleiern. Wir legten unsere zum Sitzen ab, streiften sie aber zum Umherspazieren über. Hingerissen bestaunten wir das lebhafte Treiben, «füllten unsere Augen» mit diesem ungewohnten Bild. Seile waren um die höheren Zweige der Bäume geschlungen, und Mädchen schaukelten abwechselnd daran. Einige Frauen mühten sich, sie anzuschubsen, und verdienten sich ein paar Münzen damit. Ich bewunderte die fliegenden Haare und Kleider der Mädchen über uns und fragte Parwaneh, ob sie nicht auch Lust hätte. Sehnsüchtig schaute sie zu, genierte sich jedoch wegen der umstehenden Soldaten. Zweifellos stellten die Mädchen ihre Schönheit offen zur Schau: beim Schaukeln bauschten sich ihre Röcke, gaben den Blick auf durchscheinende, seidene Hosen frei, unter denen sich die Beine abzeichneten. Sie hielten den Atem an und jauchzten, wenn sie sich in die Lüfte schwangen.

Gegen Mittag servierte Mariam *pilau*, ein Reisgericht, das sie schon zu Hause zubereitet hatte. Manche Frauen kochten in entlegenen Ecken des Parks, aber sie ersparte sich diesen Aufwand. Während Mariam aß, paßte eine benachbarte Frau auf Mahmood auf, und ihr eigenes Baby schlummerte inzwischen auf einem von Mariam geliehenen Kissen. Unweigerlich verglich ich ihre freundliche Hilfsbereitschaft mit unserer kühlen englischen Reserviertheit. Des langen Sitzens überdrüssig, unternahmen wir einen Spaziergang und ließen die Kinder bei Nassimeh zurück. Froh über ein bißchen Bewegung, schreckte mich doch die Aussicht einer möglichen Begegnung mit den Minstrels. Die besitzergreifende Art der Heraterinnen ließ mich peinliche Konflikte fürchten. Als Ausländerin setzte ich mich über gewisse gesellschaftliche Konventionen hinweg und unterhielt freundschaftliche Beziehungen zu mehreren Familien gleichzeitig, wobei jede mich als ihr persönliches Eigentum betrachtete. Wirklich dauerte es nicht lange, und einige Minstrel-Mädchen, Musikerinnen aus Shirins Gruppe, hatten mich entdeckt, kamen angelaufen und luden mich ein, mit ihnen zu schaukeln. Ihre Gesichter waren grell geschminkt. Mariam und Parwaneh erkannten daran, daß sie Musikerinnen sein mußten, und erkundigten sich beflissen nach der jungen Braut, die, wie sie gehört hatten, aus Kabul gekommen war. Ich hatte immer versucht, diese beiden Lebensbereiche strikt voneinander zu trennen, sah mich aber jetzt gezwungen, zu dem Kreis der Minstrels hinüberzugehen. Als mich Shirins Tochter, von ihrer Geschwisterschar umgeben, erblickte, raunte sie mir zu: «Wer sind die denn?», blickte zu Mariam hin und zog eine Grimasse. Sie erzählte, Shirin hätte keine Lust gehabt, sie zu begleiten: die kostbaren Kleider und Menschenaufläufe auf Hochzeiten genügten ihr vollends. Eins der Minstrel-Mädchen versuchte, mich mit Lippenstift zu bemalen, aber ich wies sie fast schroff zurück. Ich war erleichtert, als sie schließlich gingen. In Mariams Augen waren die Minstrels leichtfertig, dreist und gewöhnlich, während sie umgekehrt als bieder und hochnäsig galt. Das Zusammentreffen der beiden rivalisierenden Familien hinterließ bei mir einen bitteren Nachgeschmack.

Der Nachmittag schlich dahin; es war ermüdend, so eingeengt auf dem harten Boden zu sitzen, und ich wurde der modischen Farbenpracht allmählich überdrüssig. Ich langweilte mich, wagte aber nicht, aufzustehen und herumzulaufen, aus Angst, weitere Bekannte zu treffen. Das war also das lang ersehnte, großartige Ereignis, das man offenbar nur zu schätzen wußte, wenn man wie die Heraterinnen ein extrem abgeschirmtes Leben führte. Die Frauen taten nichts als herumzusitzen, sich gegenseitig zu mustern und gelegentlich auf und ab zu flanieren. Und deswegen das ganze Theater! Die Familiengrüppchen blieben unter sich; es wurde weder gesungen noch getanzt, weil die Frauen sich durch die anwesenden Wachposten gehemmt fühlten; es wurden keine neuen Bekanntschaften geschlossen. Letztendlich bot sich hier die seltene Gelegenheit, einen Tag außerhalb des Hauses, unter Bäumen, zu verbringen, sich auszuruhen und das Zusammensein mit anderen Frauen zu genießen.

Während die Sonne langsam am Horizont verschwand, herrschte allgemeine Aufbruchsstimmung. Am Tor trennten wir uns, und ich schloß mich dem endlosen Strom von Frauen an, die, mit erschöpften Kindern und Bündeln von Kochgeschirr beladen, den Heimweg antraten. Bestimmte Bilder blieben mir im Gedächtnis haften: die sich wiegenden, dunkelgrünen Äste der Pinien; die über uns schwebenden jungen Mädchen mit ihren fliegenden Haaren und Schals; die schillernde Pracht der Kleider und das Glitzern goldenen Geschmeides im gebrochenen Sonnenlicht.

Familienbande

Jetzt, in der wärmeren Jahreszeit, nahm mich Mariam auf Besuche zu ihren zahlreichen Verwandten mit, und im Laufe der Zeit erfuhr ich mehr über die komplizierten verwandtschaftlichen Beziehungen und die Geschichte ihres Clans. Latif Khans Familie blickte auf eine lange Tradition von Eisenhändlern zurück und gehörte erst seit kurzem dem Berufsstand der Musiker an. Vor dem Kauf des jetzigen Hauses hatte Latif Khan mit seinen Brüdern zusammengelebt. Mutter von Karim und Mutter von Rahim hatten Seite an Seite als *ambejin*, «Ehefrauen von Brüdern» – wofür wir im Englischen keinen äquivalenten Ausdruck kennen –, gearbeitet. (Für Männer gibt es einen entsprechenden Begriff, *bajeh*, «Ehemänner von Schwestern».) Ich erfuhr auch, daß Mutter von Karims Mutter aus Mashhad im Iran stammte und daß damals Ehen zwischen heratischen Schiiten und Frauen aus Mashhad nichts Ungewöhnliches waren.

Mariams gesellschaftliches Leben drehte sich um den Clan. Unter den Frauen fand ein reger Austausch von Besuchen und Neuigkeiten statt, wobei die anstehende Suche nach einer Braut für Zahir reichlichen Gesprächsstoff bot. Mariams Cousine Sima Gol mochte ich besonders gern und besuchte sie häufig auch allein. Sie war eine außergewöhnlich schöne Frau mit einem feingeschnittenen Gesicht, einem großzügigen, sinnlichen Mund und dunklen Mandelaugen. Ihre Mutter hatte ich ebenfalls ins Herz geschlossen, eine kleine, stämmige Frau, die stets zu Scherzen aufgelegt war. Unter vier Augen erzählte Sima Gol mir, wie es zu ihrer Hochzeit mit Ghulam Sarwar, einem gutaussehenden, wohlhabenden Kupferschmied gekommen war.

«Seine Familie wohnte damals nicht weit von uns entfernt im irakischen Basar, aber wir kannten uns nicht. Wir waren nicht miteinander verwandt. Das erste, woran ich mich erinnern kann, war, daß Bibi (ihre Schwiegermutter) mit mehreren wichtig dreinschauenden Frauen unseren Hof betrat. Ganz offensichtlich wollten sie einen Heiratsantrag machen, und als einzige Tochter im Haus packte mich natürlich Panik!»

«Wie alt warst du damals?»

«Ungefähr vierzehn.»

«Woher kannten sie dich denn?»

«Das fand ich später heraus: Ghulam Sarwar selbst hatte mich gesehen», gestand sie verlegen und erklärte mir, daß die Tür ihres

Hauses in einen dunklen Gang führte und sie ihren Gesichtsschleier immer etwas anheben mußte, wenn sie hindurchging. «Er kam gerade in diesem Moment aus dem Nachbarhaus und entdeckte mich, bevor ich Zeit hatte, mein Gesicht zu verbergen.»

«Deine Schönheit hat ihn verzaubert!» rief ich aus. Ihre Geschichte hatte sich genauso zugetragen, wie es die romantischen heratischen Liebeslieder beschrieben – Liebe auf den ersten Blick!

Ghulam Sarwar hatte seine Mutter gebeten, seine Heiratsabsichten zu unterbreiten. Die Entscheidung, seinen Antrag anzunehmen oder abzulehnen, lag bei Sima Gols Mutter, deren Ehemann schon lange verstorben war. Sie hatte ihre Kinder allein großgezogen, ihren Lebensunterhalt durch Wäschewaschen und Brotbacken bestritten. Zunächst lehnte sie ab, mit der Begründung, Sima Gol sei noch zu jung: Ghulam Sarwar jedoch ließ nicht locker und drohte, sich in seinem Unglück zu erhängen. Allmählich ließ sich Mutter von Sima erweichen. Sie sah ein, daß ihre Tochter in eine äußerst angesehene Familie einheiraten würde, die ihr ein bequemes, sicheres Leben bieten konnte. Sie wollte nur das Beste für ihre Tochter. Während dieser Zeit fühlte sich Sima Gol von innerer Unruhe geplagt. Sie hatte Ghulam Sarwar gesehen, und er machte einen ganz guten Eindruck. Ich vermute, daß sie einer Ehe durchaus nicht abgeneigt war, aber zugleich vor der Vorstellung, ihr Zuhause verlassen zu müssen, zurückschreckte. Schließlich willigte ihre Mutter in die Vermählung ein, aber die Hochzeit wurde noch ein paar Monate hinausgeschoben, um die Aussteuer zusammenzustellen. Sima Gol erinnerte sich deutlich an ihre zweite Begegnung mit Ghulam Sarwar, als er sie in der engen Gasse bemerkt und gerufen hatte, um mit ihr zu reden, sie aber furchtsam geflohen war. Er frage sie auch jetzt noch manchmal, warum sie damals weggerannt sei, erzählte sie. Sie meinte dazu, die Ehe sei noch nicht beschlossen gewesen; er hätte sie für leichtfertig halten können und sie vielleicht verschmäht.

Mariams Ansicht nach führte Sima Gol eine glückliche Ehe; sie besaß alles, was sie sich wünschte, einen Ehemann, der sie auf Händen trug, und eine Familie, die sie liebte. Entgegen dem westlichen Vorurteil gegenüber arrangierten Ehen, verdeutlichte ihre rührende Geschichte, daß romantische Liebe sehr wohl eine Rolle spielte, selbst wenn den Eltern die Aufgabe zufiel, Ehen zu vermitteln. Eines Tages tauchte Sima Gol, außer sich vor Empörung, bei Mariam auf.

«Mein Onkel! Er ist entschlossen, diese gräßliche Witwe zu heiraten», jammerte sie. (Die Bezeichnung «Witwe» bezog sich auf geschiedene und verwitwete Frauen gleichermaßen.) «Ich habe sie gerade besucht. Er begeht einen fürchterlichen Fehler.»

Ihre Halbschwester hatte in den Haushalt ihres Onkels eingeheiratet, und Sima Gol fühlte sich den Frauen dort sehr eng verbunden. Nach dem Tod seiner ersten Frau hatte sie geholfen, für ihn eine andere zu finden, von der er sich jedoch innerhalb weniger Monate wieder scheiden ließ – angeblich wegen ihrer Häßlichkeit und ihrer unerträglichen Nörgelei. Sima Gol erzählte, daß Massumeh, die Frau eine anderen Onkels, nun diese Witwe Parwin aufgetan habe, sehr zum Mißfallen der übrigen Familienmitglieder.

«O Gott! Wie werden sie das nur mit Parwin als Familienoberhaupt aushalten!» klagte Sima Gol und bedauerte das Los ihrer Halbschwester und deren Leidensgenossinnen. «Was kann Massumeh ihm nur erzählt haben?» überlegte sie und nahm dankbar die Wasserpfeife entgegen, die Nassimeh für sie bereithielt. «Sie ist häßlich, dunkelhäutig, knochig und vertrocknet!»

«Was weißt du über sie?» fragte Mariam.

«Ihr Mann hat sich vor einigen Monaten von ihr scheiden lassen», antwortete sie nach einem tiefen Zug aus der Pfeife. «Er hatte sich in eine andere Frau verliebt und sie als Zweitfrau genommen. Parwin kann nun selbst entscheiden, ob sie einen Heiratsantrag annimmt oder ablehnt. Es heißt, daß sie anfangs nicht wieder heiraten wollte. Sie wohnt mit ihren zwei Kindern im Haus ihrer Mutter und verdient ihren Lebensunterhalt mit Nähen . . . ach Mariam, sie ist wirklich nicht der Typ von Frau, den wir in der Familie haben wollen – so grob und ordinär!»

Sie erzählte, daß «Nadel und Faden» am kommenden Dienstag übergeben würden, und lud uns ein, sie dorthin zu begleiten. Wir trafen zur verabredeten Stunde bei Sima Gol ein, aber fanden die Frauen zu unserer Überraschung eifrig waschend vor; weder im Sonntagsstaat noch in Aufbruchsstimmung. Sima Gol servierte uns Tee und berichtete triumphierend, die Hochzeit sei abgeblasen worden, ihr Onkel habe seine Meinung geändert. An diesem Morgen war er zu Parwins Haus gegangen, um zu sehen, ob alles für die Gäste bereit sei, aber ihre Mutter machte ihm gegenüber eine unfreundliche Bemerkung, was er ihr verübelte. In diesem Augenblick sah er zufällig Parwin, die das Nebenzimmer betrat, um irgend etwas zu holen.

«Unverblümt zeigte sie ihm ihr Gesicht. Sie meinte wohl, sie wäre hübsch!» lachte Sima Gol. «Er dachte bei sich: ‹Ich will sie überhaupt nicht›, und beendete die ganze Angelegenheit auf der Stelle! Gerade noch mal davongekommen! Der Vertrag war schon unterschrieben, und er hatte ihr sogar eine Uhr geschenkt . . .»

Sima Gol meinte, ihr Onkel solle endlich zur Ruhe kommen und sich diese törichten Flausen aus dem Kopf schlagen. Er schwärme für dicke Frauen, aber so ein pralles junges Ding könne er gar nicht bezahlen, betonte sie. Außerdem wollte er keine Kinder, aber kein Mann konnte einer jungen Frau vorschreiben, die Pille zu nehmen. Die meisten Frauen hatten Angst um ihre Gesundheit. Sie bezweifelte, daß er sich je wieder an Massumeh wenden würde, jetzt, wo er ihren schlechten Geschmack kannte. Ich begriff, wie schwierig es für Männer sein mußte, die sich nach Sex und weiblicher Gesellschaft sehnten, eine Frau zu heiraten, die sie nie zuvor gesehen hatten. Sie waren auf das Wohlwollen und Urteilsvermögen der Frauen ihrer

Familie angewiesen. Wie es schien, saß dieser Onkel in der Klemme – wer würde ihm nun heraushelfen?

Fast alle Mitglieder von Mariams Clan wohnten in der Stadt Herat, viele in unmittelbarer Umgebung, aber einige lebten auch in einer der wenigen schiitischen Dorfgemeinschaften der Gegend. Trotz des entfernten Verwandtschaftsgrades profitierten beide Seiten von ihrer Beziehung. Das Oberhaupt der auf dem Land lebenden Familie, Vater von Now Ruz, ein weißhaariger, einfacher Bauer, besuchte Latif Khans Familie regelmäßig an Markttagen, wenn er in der Stadt seine Ernte feilbot. Gewöhnlich band er seinen altersschwachen Esel im Hof fest und überließ ihn der Obhut seiner Verwandtschaft, während er ungestört seinen Geschäften nachging. Er machte sich auf verschiedenste Weise nützlich, hackte Holz für die Familie und verrichtete allerlei körperliche Arbeiten. Zusätzlich versorgte er sie mit Stroh und Nahrungsmitteln aus seinem Dorf als Gegenleistung für ihre Gastfreundschaft.

Einmal begleiteten John und ich Latif Khan und Mariam auf einem Beileidsbesuch in Vater von Now Ruz' Dorf. Es fand ein kleiner Austausch von Geschenken statt: Mariam überreichte den Frauen einfache, mit Halbedelsteinen besetzte Silberringe und ein paar klebrige *jelabi* – spiralenförmige, in Fett gebackene Süßigkeiten – aus der Konditorei. Ihre Geschenke wurden auf ein Tablett gelegt, das mit den Gaben der Familie, selbstgebackenem Brot und handbestickten Taschentüchern, zurückgereicht wurde. Latif Khan und Mariam bekundeten in förmlicher Rede ihr Beileid. Dann bewirtete uns unser Gastgeber mit frischem Brot, Joghurt und Salat und bot uns als Getränk mit Pfefferminz und Dill gewürzte Molke an.

Wir lernten Vater von Now Ruz' betagte Mutter Haji Bibi kennen, deren Name von ihrer Pilgerfahrt nach Mekka vor einigen Jahren herrührte. Sie erzählte uns von ihrer Überlandfahrt, die sie, mit Verpflegung reichlich eingedeckt, im Kreise von Gleichgesinnten unternommen hatte. Dann beschrieb sie die Rituale in Mekka. Wie überrascht sei sie beim Anblick von Moslems verschiedenster Rassen und Hautfarben gewesen, manche so schwarz wie die Nacht! Und alle schienen sie in Mekka jede Menge Nahrungsmittel zu vergeuden. Sie konnte nicht glauben, daß man Brot einfach wie Dreck wegwarf!

Nach dem Mittagessen nahm man uns zu Besuchen in der Nachbarschaft mit, wo mein Alter und meine Kinderlosigkeit allseits ungläubiges Staunen hervorrief. Die Dorfbewohner führten offensichtlich ein sehr abgeschiedenes Leben, vor allem die Frauen, die uns als höchst gebildet und kultiviert ansahen. Ständig kommentierten sie den Stil unserer Kleidung und erkundigten sich nach allen nur erdenklichen Preisen in der Stadt.

Ein anderes Mal besuchte ich mit Mariam ihre Cousinen mütterlicherseits, Zahra und Azizeh, die in einem vornehmen Vorort jenseits der südlichen Stadtmauer wohnten. Da ich zu Azizehs Hochzeit im Sommer eingeladen werden sollte, hatte die Familie den Wunsch geäußert, mich vorher in Augenschein zu nehmen. Wir legten unsere Schleier an, und Mariam winkte einen *gadi* – eine Art Pferdetaxi – herbei.

Beide Mädchen empfingen ihre zukünftigen Ehemänner regelmäßig zum «Verlobungsspiel», was ihre Lebhaftigkeit und Aufgedrehtheit erklärte. In ihrem Überschwang herzten und küßten sie mich unablässig und bedachten mich sogar mit gelegentlichen Kniffen und kleinen Bissen. Die fünfzehnjährige Azizeh, die jüngere der beiden Schwestern, sollte als erste verheiratet werden, da die Familie des Bräutigams, dessen Militärdienst kurz bevorstand, sie zuvor bei sich aufnehmen wollte.

«Das ist mein Mann», erklärte sie und zeigte uns ein kleines Foto, das sie küßte und an die Brust preßte. Er sei Teppichweber, erzählte sie, und stamme nicht aus ihrem Clan.

«Wie oft kommt er dich besuchen?» fragte ich.

«Ungefähr einmal die Woche», erwiderte sie und errötete, da

ich das Thema «Verlobungsspiel» angeschnitten hatte. «Wir werden immer wieder ermahnt, uns nicht zu häufig zu treffen.»

«Mein Verlobter ist Lehrer», teilte uns die siebzehnjährige Zahra stolz mit. «Er ist mein Cousin ersten Grades.» Mit einem seligen Lächeln zog sie sein Foto hervor.

Sie servierten uns Tee und spielten Musikkassetten vor. Ohne falsche Zurückhaltung begann Zahra zu tanzen. Trotz ihrer Größe und ihres eher eckigen und knochigen Körperbaus verliehen ihr ihre geschmackvolle Kleidung und ihr tänzerisches Können Anmut und Grazie. Hielt die Musik kurzzeitig inne, erstarrte sie in ihrer jeweiligen Pose – sich verneigend, kniend oder ihr Gesicht mit den Händen einrahmend. Gekonntes Zittern durchlief ihren Körper, sie rollte die Augen, wand den Hals wie eine Schlange. Wir klatschten und folgten fasziniert jeder ihrer fließenden, sinnlichen Bewegungen. Nach dem köstlichen Mittagessen führten uns die Mädchen ihre Aussteuer vor, die ihren Vater ein Vermögen gekostet haben mußte. Eingehend inspizierten wir zwei völlig identische Sätze von Haushaltsgegenständen, bewunderten zwei kleine Teppiche, die versilberten Toilettenartikel für die Ehemänner – zur Benutzung im *hamam*, dem öffentlichen Badehaus –, Porzellangeschirr und Teekannen, Wecker und eine Vielzahl weiterer kostbarer, sorgfältig ausgewählter Dinge. Dann überredeten mich die Mädchen, sie in den verschiedensten Posen und Verkleidungen zu fotografieren, eine überaus langwierige Prozedur. Zahra bestand darauf, meine Fingernägel grün zu lackieren und mich in eine Parfümwolke zu hüllen.

Natürlich blieb es mir nicht erspart, ihnen ebenfalls vorzutanzen – im Gegensatz zu Mariam, was mich verdrießlich stimmte.

«Ich bin die Ältere. Ich habe drei Kinder geboren», erklärte sie mir später. «Bevor du keine Mutter bist, giltst du als Rangjüngere und kannst ruhig tanzen. Mich hätten sie nicht auffordern dürfen.»

In Mariams gesellschaftliches Leben einbezogen, erschloß sich mir dessen Vielfalt und Abwechslungsreichtum. Während Freundschaften im Westen hauptsächlich auf Klassenzugehörigkeit, Alter und gemeinsamen Interessen beruhen, basierten Mariams und die der anderen Heraterinnen ausschließlich auf den familiären Banden innerhalb des Clans. Blutsverwandtschaft maßen sie eine vorrangige Bedeutung bei. Jetzt, da man mich in den Kreis der Familie aufgenommen hatte, beobachtete ich eine Veränderung im Verhalten der Männer mir gegenüber: Latif Khan zeigte sich nach wie vor freundlich, aber etwas distanzierter, Zahir und Hossein scherzten und schwatzten zwar weiterhin mit mir, aber Hassan und Karim begegneten mir nur noch selten, und ich bedauerte es, daß Karim mir nichts mehr auf seiner *rubab* vorspielte.

Brautwerbung

Mariam hielt nach einer Braut für Zahir Ausschau: sie mußte jemanden finden, der seinem Geschmack entsprach und zugleich in die Familie paßte. Er erklärte, er möge keine emanzipierten, verwestlichten Frauen, und verständlicherweise wünschte die Familie kein belesenes Mädchen, das auf ihren Mangel an Bildung herabblickte. Und überhaupt, meinte Mariam abfällig, könnten Mädchen, die man zur Schule schickte, nicht richtig zupacken und seien schnell unzufrieden. Bei der Brautsuche legten die Frauen Wert auf traditionelle Fähigkeiten wie Kochen, Nähen und Sticken und auf Charaktereigenschaften wie Bescheidenheit und Arbeitswilligkeit. Auf Grund der sozialen Hierarchie bevorzugte die Familie Mädchen wie Tayereh, die aus armen Verhältnissen stammten und sich bereitwillig unterordneten. Man entschied sich gegen solche, die die anderen Frauen durch Wissen oder besondere Kenntnisse ausstachen; andererseits sollte die zukünftige Braut von strahlender Schönheit sein, einem kostbaren Juwel gleich, das man prahlerisch vorzeigen konnte. Das der Tradition der weiblichen Brautsuche zugrunde liegende konservative Element förderte die Aufrechterhaltung des Status quo.

Mutter von Rahim (Latif Khans Schwägerin) gab Mariam den Tip, einer ihrer Verwandten einen Besuch abzustatten und sich einmal deren Tochter Aisheh anzusehen. Ihre Mutter hatte sich schon des öfteren nach Zahir erkundigt, und die Vermutung lag nahe, daß sie ein Auge auf ihn geworfen hatte. Mariam erzählte mir, daß ihr das Mädchen, wenn es auch recht jung und unerfahren war, gefalle und daß sie nach Rücksprache mit ihrer Familie gemeinsam mit Mutter von Rahim, ihrer Tante Zainab und Tayereh Aishehs Mutter aufgesucht habe, um einen offiziellen Heiratsantrag zu unterbreiten.

«Und wie lautete die Antwort?» fragte ich gespannt.

«Sie lehnte ab», erwiderte Mariam ruhig, «aber das will nichts heißen. Niemand willigt sofort ein. Sie wollte erst Aishehs Vater fragen. Weißt du, ich glaube, sie werden schon zustimmen.»

Sie fragte mich, ob ich Lust hätte, sie bei einem weiteren Besuch zu begleiten. Ohne Zögern nahm ich an, geschmeichelt durch die Ehre, die mir zuteil wurde.

Am folgenden Tag zogen Mariam, Tayereh und ich in unserem besten Sonntagsstaat los, zusammen mit Mariams Tante mütterlicherseits und ihrer Schwiegertochter. Parwaneh blickte uns sehnsüchtig nach, weil sie zu Hause bleiben mußte, aber Mariam erklärte, es sei unpassend, Rangjüngere auf Antrittsbesuche mitzunehmen; Tayereh hingegen, als Aishehs zukünftige rangältere *ambejin*, müsse sie begleiten. Unterwegs stießen Mutter von Rahim und Zainab zu uns. An Aishehs Haus angekommen, reihten wir uns unserer Rangordnung entsprechend auf und traten gebückt durch die niedrige Eingangstür, zunächst die Tante mütterlicherseits, dann Mutter von Rahim, Zainab, die Schwiegertochter der Tante, Mariam, Tayereh und schließlich ich, die Rangjüngste, kinderlos und nicht zur Verwandtschaft gehörend.

«Ist Mutter von Sekhi zu Hause?» erkundigte sich Mariam höflich.

«Sie kommt gleich», erwiderte eine junge Frau und erhob sich eilfertig, als hätte man mit unserem Besuch gerechnet.

Wir folgten ihr in einen niedrigen Raum im ersten Stock, wo wir ungestört reden konnten. Die Tante mütterlicherseits und Mutter von Rahim nahmen als Ranghöchste die Ehrenplätze gleich neben dem Fenster ein. Es herrschte Schweigen, bis unsere Gastgeberin in Begleitung von Mutter von Sekhi zurückkehrte, einer großen, gewieft aussehenden Frau. Die beiden *ambejin* setzten sich in den Eingang und begrüßten uns eine nach der anderen, kaum hörbar flüsternd, wie es die Etikette verlangte. Mein Herz pochte, als ich an die Reihe kam, aber es gelang mir, eine Antwort zu wispern und mich meinerseits nach dem Wohlbefinden zu erkundigen. Mariam bemerkte beiläufig, ich sei ein entferntes Familienmitglied aus Kabul – keine interessante Ausländerin –, und der Schein blieb gewahrt, obwohl ich vermutete, daß sie sehr wohl um meine wahre Identität wußten. Einige Zeit verstrich; es wurde peinlichst vermieden, den offiziellen Grund unseres Besuchs anzusprechen. Mutter von Rahim und Zainab plauderten ungezwungen mit unseren Gastgeberinnen, während wir übrigen uns in würdevolles Schweigen hüllten. Zunächst wurden zwei Wasserpfeifen herumgereicht; später folgte ein feierliches Teezeremoniell. Mutter von Rahim und Zainab, beide lebhaft und geistreich, unterhielten uns mit weitschweifigen, anschaulichen Anekdoten. Wir anderen, voll innerer Spannung, harrten der Dinge. Wir lauschten dem Wortgefecht der vier Frauen, ihren versteckten Anspielungen, ihrem schlagfertigen Kontern. Es schien bereits ein unterschwelliges Feilschen um Gold und Brautgaben im Gange zu sein, als Mutter von Sekhi anhob, ausführlich von einer Hochzeit zu berichten, der sie kürzlich beigewohnt hatte, und bis ins kleinste Detail die kostbare Kleidung zu beschreiben, die man der Braut überreicht hatte.

«Man sollte wirklich nur erstklassigen Stoff kaufen! Bei Kleidern zu sparen zahlt sich nicht aus! Sie sollen doch eine Weile halten, oder?» meinte sie. Ihre Absicht war klar: sie wollte für ihre Tochter keine Kompromisse eingehen.

Mutter von Rahim war ihrerseits um keine Antwort verlegen: «Damals, als ich verlobt war, beneidete ich meine *ambejin* Mutter von Karim, Gott hab sie selig! Ich sah nur, wie reich sie war, mit all ihrem Gold und den feinen Kleidern nach der neusten Mode. Ich betrachtete ihre Armreifen und Halsketten und wünschte mir sehnlichst, auch solche zu besitzen. Wie dumm war ich damals! Seide, Satin, Gold – diese Dinge sind vergänglich; nichts davon bleibt! Bete ich etwa zu Gott, daß er sie mir schenkt? Nein, ich erbitte von ihm nur, daß er meine Kinder beschützt und mir einen sanften Tod beschert. Mit den Jahren habe ich an Weisheit gewonnen: Wo ist ihre Mutter denn heute – trotz ihres ganzen Schmucks? Ihre Seele ruhe in Frieden, sie liegt unter der Erde, wo ihr ihr Gold überhaupt nichts mehr nützt. Zum Teufel mit dem Gold!» rief sie aus und beendete ihre Rede mit einem kräftigen Fluch.

Endlich stellte sie die Frage, die uns alle bewegte:

«Hat Aishehs Vater sein Einverständnis gegeben?»

«Er sagt, er gibt sie nicht her», entgegnete Mutter von Sekhi bestimmt und blickte zu Mariam hinüber.

Ich war bitter enttäuscht, und Mariam wirkte niedergeschlagen, aber als Mutter von Sekhi dann nähere Einzelheiten erläuterte, hellte sich ihre Miene wieder auf.

«Sie werden sie hergeben», raunte mir Tayereh zu. Irgendeine Feinheit mußte mir wohl entgangen sein.

Was war geschehen? Die Ablehnung schien endgültig zu sein, und dennoch vermittelte die Mutter der Braut eine gewisse Hoffnung! Ich warf Mariam einen fragenden Blick zu und nahm ein kaum merkliches, erleichtertes Kopfnicken wahr: allem Anschein nach gingen die Verhandlungen weiter. Die Herater besaßen eine außergewöhnliche Sprachgewandtheit. Auch eine

Den Traum . . .

... vom großen Reichtum: Wer hat ihn nicht schon einmal geträumt. Wer hat nicht schon einmal gehofft, Lottokönig zu werden oder einen Onkel im fernen Amerika zu beerben. Über den Träumen sollte man nicht die Wirklichkeit vergessen.

Einladung zum Tee lehnte man schließlich zunächst höflich ab. Niemals wurden Worte für bare Münze genommen.

Mutter von Sekhi wollte wissen, ob Zahir wirklich den Wunsch geäußert hatte zu heiraten. Vielleicht lag es nur im Interesse der Familie, eine Frau für ihn zu finden? Mutter von Rahim versicherte ihr daraufhin nachdrücklich, daß Zahir inbrünstig die Ehe herbeisehnte und daß er seine ganze Zeit damit verbrachte, die heiligen Schreine Herats aufzusuchen, damit sein Flehen erhört werde. Ich mußte insgeheim über diese Übertreibungen schmunzeln. Mariam fuhr fort, er habe seiner Mutter zwei Jahre lang nachgetrauert und sich jetzt endlich entschlosen zu heiraten. Und ihre Mutter hätte sicher sein Zaudern nicht gutgeheißen. Wäre sie noch am Leben, würde sie mit ihnen gemeinsam um Aishehs Hand anhalten; ihre guten Wünsche seien mit ihnen. Sie sprach überzeugend, beschrieb die Vorteile dieser Ehe und lobte die Verbundenheit beider Familien. Was konnte wünschenswerter sein als eine Verbindung zweier Familien, die einander schon so zugetan waren? Dann redete Zainab, pries Zahir als ernsten jungen Mann, in der Gemeinde respektiert und anerkannt, allgemein beliebt, gewissenhaft, was Gebet und Fasten betraf. Gott sei von seinem Glauben und seiner Geduld angetan, schloß sie. Aishehs Mutter hörte gelassen zu, hütete sich aber, weitere Hoffnungen zu wecken und sich zu schnell von den Schmeicheleien und Beteuerungen erweichen zu lassen. Sie schien ganz offensichtlich ihre Macht auszukosten.

Ein großes, hellhaariges Mädchen erschien geräuschlos im Türrahmen und brachte eine neue Schachtel Streichhölzer für die Wasserpfeife. Tayereh flüsterte mir zu, daß es Aisheh sei. Sie kauerte sich am Eingang nieder, murmelte Begrüßungsworte und verstummte. Zu meiner Erleichterung fand ich sie hübsch. Ich hatte schon gefürchtet, Begeisterung für eine Braut heucheln zu müssen, die mir nicht gefiel, aber sie besaß ein zartes, liebreizendes Gesicht und strahlte würdevolle Ruhe aus. Etwa vierzehn Jahre alt, schien sie, ihrer von der Küchenarbeit verschmutzten

Kleidung nach zu urteilen, ebenso wie Parwaneh die häuslichen Pflichten übernommen zu haben. Ihre ärmliche Erscheinung beeinträchtigte ihre Schönheit jedoch in keinster Weise.

Die Tante mütterlicherseits, die während des Besuchs geschwiegen hatte, mahnte schließlich zum Aufbruch. Auf dem Weg nach unten begegneten wir im Halbdunkel Aisheh. Mariam berührte ihre Hand und flüsterte ihr ein paar sanfte Worte zu, eine Geste, die mich verblüffte und zugleich rührte. Der ehrgeizige Wettstreit, dem ich wie gebannt gefolgt war, hatte mich ganz vergessen lassen, daß es sich bei Aisheh nicht um eine heißbegehrte Trophäe, sondern um einen Menschen aus Fleisch und Blut handelte. So ähnlich muß es Diplomaten ergehen, die in langwierigen Verhandlungen über ihren rhetorischen Meisterstücken das Schicksal der Betroffenen völlig aus den Augen verlieren.

An der Tür verabschiedete Mariam sich von Mutter von Sekhi. «Wir kommen morgen wieder. Das wären dann drei Besuche», erklärte sie, als hätte man bereits eine Einigung erzielt.

Eine Woche später schien die Situation nach wie vor ungeklärt zu sein. Aishehs Eltern hatten in die Heirat eingewilligt, aber einen Ehevertrag mit unannehmbaren Forderungen aufgesetzt. Dieses Dokument mußte von der Familie des Bräutigams unterzeichnet werden, wenngleich ohne rechtliche Verbindlichkeit, bevor man «Nadel und Faden» überreichte.

«Es ist mir schleierhaft, wie wir auf ihre Bedingungen eingehen können», meinte Mariam düster. «Sie verlangen 60 000 Afghani Brautgeld, dreißig Garnituren Kleider, zwanzig Paar Schuhe und dreißig *mesqal* Goldschmuck!»

Ich schnappte nach Luft. Diese Forderungen waren zwei- oder gar dreimal so hoch wie erwartet. Trotzdem unterschrieb die Familie schließlich den Vertrag und übersandte der Braut ein goldenes Medaillon im Wert von 3000 Afghani, Blumen, Kuchen und Süßigkeiten. Zugleich deuteten sie an, daß sie nicht in der Lage seien, die vereinbarte Summe in voller Höhe aufzubringen; Mariam meinte vertraulich, daß sie etwa die Hälfte zusammenbringen müßten.

Zahir zeigte sich zunehmend ungeduldig und gereizt.

«Wie ist sie denn so?» Er ließ nicht locker.

Ich versicherte ihm, daß Aisheh sehr schön sei, beschrieb ihr helles Haar, die blauen Augen und das ebenmäßige Gesicht. Konnte er wirklich dem trauen, was ich und seine Schwestern ihm erzählten? Ein Antlitz wie der Mond und Zähne wie Perlen? Lieblich wie eine Fee? Nichts vermochte seine Bedenken zu zerstreuen. Wir wußten beide, daß es die Konventionen erforderten, Aisheh als Schönheit zu preisen – seine Zweifel an meiner Glaubwürdigkeit waren in jedem Fall berechtigt.

«Sieht sie so aus?» fragte er mich und zeigte mir eine Postkarte mit einem pakistanischen Pin-up-Girl, eine vollbusige Sexbombe, die sich in einem hautengen Minikleid und schwarzen Netzstrümpfen auf einer Couch räkelte. Sah so sein Schönheitsideal aus? Aisheh sei weitaus attraktiver, beteuerte ich.

«Sie wird mich doch nicht schlagen?» äußerte er halb scherzhaft, krümmte und bückte sich unter Scheinhieben. Er überlegte offenbar, wer wohl das Sagen haben würde.

Seine Angespanntheit übertrug sich auf die anderen Familienmitglieder; zwischen Zahir und seinem Vater brach ein offener Streit aus. Mariam führte ihn auf die Eifersucht Latif Khans zurück, der seinem Sohn die hübsche junge Braut neidete, und fügte hinzu, bei Karims Heirat hätte es auch Ärger gegeben. Sie redete ihm ins Gewissen. Wollte er wirklich, daß alle ihn für einen lüsternen alten Mann hielten, der auf seinen eigenen Sohn eifersüchtig war?

Wir erhielten eine offizielle Einladung zur «Nadel und Faden»-Feier. Obgleich die wenigsten Gäste Details wie Ort und Zeitpunkt zu entziffern vermochten, gehörte eine schriftliche Einladung mittlerweile zum guten Ton. Das aufgeprägte Kartenmotiv zeigte zwei Tauben, die, einem fliederfarbenen Sonnenuntergang entgegenfliegend, ein Band im Schnabel hielten, an dem zwei goldene Ringe baumeln – eine dem christlichen Glauben entliehene Symbolik. Im Gegensatz zu Karims «Nadel und Faden» stellte Zahirs eine reine Verlobungsfeier dar. Er und Aisheh würden einander erst beim *nekah* begegnen. Jede Familie hatte etwa zwanzig nahe männliche Verwandte eingeladen, die man im Haus eines Nachbarn bewirtete.

Wir, die Frauen der Familie des Bräutigams, machten uns zu Aisheh auf den Weg. Während die Frauen auf dem Land Trommel schlagend durchs Dorf zogen, um den Nachbarn dieses freudige Ereignis kundzutun, scheuten die Städterinnen davor zurück, im geschäftigen Basar die Aufmerksamkeit auf sich zu lenken. In den verschwiegenen Gassen angelangt, ergriff Mariam die *daireh* und trommelte Hochzeitsweisen, bis wir Aishehs Innenhof erreichten. Dann nahmen wir in würdevoller Haltung als Ehrengäste im Familienzimmer Platz.

«Wo ist denn Aisheh?» fragte Mariam, nachdem sie Mutter von Sekhi und all die zu unserem Empfang versammelten Verwandten und Nachbarn begrüßt hatte.

Ihre Mutter erklärte, Aisheh habe den ganzen Tag über geweint und weigere sich, nach unten zu kommen. Sie schäme sich, da die Zeit zum morgendlichen Besuch im *hamam* gefehlt habe.

Nach Atem ringend, trat Zainab ein, ihren prallen Bauch vor sich her tragend. Mariam wunderte sich, daß Mutter von Rahim nicht mitgekommen war, wo sie doch im selben Haus wohnten. Zainab erklärte, Mutter von Rahim sei beleidigt, weil Mariam sie nicht abgeholt habe. Sie riet ihr, Nassimeh nach ihr zu schicken. Nassimeh weigerte sich, stolzierte schmollend aus dem Zimmer und ließ Mariam verärgert und verlegen zurück. Mutter von Rahims Nichterscheinen brüskierte die ganze Familie.

Nassimeh kehrte zurück und erzählte, daß die Männer gemeinsam musizierten. Da einige der Frauen zuhören wollten, legten wir unsere Schleier an und begaben uns zum Nachbarhaus, wo wir, eine geschlossene Gruppe von etwa zwanzig Frauen, beherzt vor den Augen der Männer den Hof überquerten. Trotz des Schleiers fühlte ich mich unter ihren prüfenden Blicken unbehaglich. Wir steuerten geradewegs auf einen Schuppen zu. In seinem düsteren Innern türmten sich Truhen und Kisten; getrocknetes Gemüse hing an Haken von der Decke. Die Mädchen drängelten sich vor einer Holzkiste, um abwechselnd hinaufzuklettern und durch das winzige Fenster einen Blick auf die Männer zu erhaschen. Wir übrigen kauerten im Halbdunkel und lauschten unter beifälligem Gemurmel der Musik. Mir erschien die ganze Situation lächerlich, doch ich durfte nicht vergessen, daß die wenigsten Frauen je in den Genuß einer Darbietung professioneller männlicher Ensembles kamen. Nachdem sie offenbar Mariams Bitte doch gefolgt war, überbrachte Nassimeh die Nachricht, Mutter von Rahim weigere sich zu kommen. «Du hättest mal hören sollen, wie sie über dich geflucht hat, Mariam: ‹Für wen hält sie sich eigentlich! Glaubt sie etwa, nur weil sie eine Heirat vermittelt hat, wäre sie älter und weiser als ich?›» Nassimeh besaß großes schauspielerisches Talent. Die Frauen lauschten begierig und fasziniert diesem öffentlich ausgetragenen Zwist zwischen den «Frauen des Bräutigams». Bestürzt versicherte Mariam, sie habe niemanden kränken wollen. In diesem Moment wurde uns auf kleinen Tellern Eiscreme serviert – eine willkommene Abwechslung in dieser für Mariam unangenehmen Situation. Sie schmeckte vorzüglich, mit Rosenwasser und Kardamom verfeinert und mit gehackten grünen Pistazien bestreut. Danach bat uns Aishehs Mutter, für die Gäste zu singen und zu tanzen, wie es sich für die Frauen des Bräutigams geziemte, woraufhin Mariam unverzüglich auf der *daireh* zu spielen begann.

«Fragt doch mal Aisheh, ob sie sich nicht zu uns setzen will», unternahm sie einen weiteren Versuch.

Nach ein paar Takten übergab sie Zainab das Instrument, und Mariam, Tayereh, Nassimeh, Parwaneh und ich formierten uns zum Rundtanz. Zainab spielte kraftvoll und spornte uns durch ermunternde Zurufe an. Inzwischen hatte Aisheh unbemerkt den Raum betreten und sich unauffällig neben der Tür niedergelassen.

«Sieh mal – die Braut!» wisperte Parwaneh verzückt.

Zwischen den beiden wird es noch böses Blut geben, dachte ich bei mir. Parwanehs Bewunderung für Aisheh würde nicht von Dauer sein. Zu oft schon hatte ich Rivalitäten zwischen Schwestern und Ehefrauen beobachtet, Schwestern, die mißgünstig und eifersüchtig ihre Schwägerin drangsalierten, sobald diese die Schwelle des Hauses überschritten hatte.

Mariam schritt gelassen zur Mitte des Raums. Ich hatte sie noch nie zuvor tanzen sehen. Sie bewegte sich mit außergewöhnlicher Anmut und Ausdrucksfähigkeit, bezauberte durch die fließende Abfolge graziler und harmonischer Figuren, die sie mit Händen und Armen beschrieb. Zainab trommelte, und wir klatschten. Die Zeit schien stillzustehen; ich berauschte mich an Mariams Schönheit und genoß diese seltene Darbietung. Welch eine Verschwendung an Talent! Bis auf wenige besondere Anlässe blieb Mariam aufgrund ihrer Stellung in der Familie und des damit einhergehenden sozialen Ansehens diese Art von persönlicher Entfaltung verwehrt.

Danach sangen Zainab und ich ein nomadisches Klagelied über eine Braut, die ihr Zuhause verläßt. Nach jeder Strophe fielen die anderen in den Refrain ein:

Ach Braut, weine nicht, weil du fortmußt.
Wir tragen dich hinweg wie eine Blume in unsere Heimat.

Aishehs Mutter vermochte ihre Tränen nicht länger zurückzuhalten, und Aisheh selbst saß regungslos hinter ihr, mit feucht schimmernden Augen. Zainab hob die wehmütige Stimmung auf, indem sie ein heiteres Lied anstimmte und die Mädchen zum Mitklatschen zwischen den Versen aufforderte. Die Frauen lachten und erfreuten sich an unserem Spiel.

Wir trugen zwei Tabletts mit Geschenken nach Hause und stellten sie auf die Veranda. Auf dem einen befanden sich Kuchen und Süßigkeiten, auf dem anderen das bedeutungsvolle «Nadel und Faden»: eine goldene Nadel mit einem kostbaren Faden steckte in drei Lagen viereckigen Stoffs; daneben thronte ein Zuckerhut, in einen festlichen Mantel aus rotem Brokat gehüllt, der laut Mariam nicht vor Zahirs «Süßem Essen» angerührt würde. An jenem denkwürdigen Tag würde er erstmals Aisheh ohne Schleier erblicken. Die ganze Familie lief zusammen, umarmte sich unter Glückwünschen und Segenssprüchen. Nach wochenlanger, nervenzerrender Ungewißheit war nun der glückliche Moment gekommen: man hatte Zahirs Verlobung besiegelt. Latif Khan pries die großzügige Bewirtung, lobte vor allem die teure Eiscreme. Nach dem gemeinsamen Musizieren wirkten die Männer fröhlich und ausgelassen.

«Was haben sie über mich gesagt?» erkundigte sich Zahir ängstlich bei Mariam.

«Sie waren sehr zufrieden mit dir», beruhigte sie ihn. «Deine Schwiegermutter erzählte, wie angetan sie davon war, daß du jedem einzelnen die Hände geküßt hast – wie ich es dir geraten hatte. Es hat alles geklappt.»

Er wandte sich von den Geschenken ab, streckte sich auf seinem Lager aus, auf dem er jetzt während der warmen Nächte schlief, und deckte sich mit seinem *pattu*-Tuch zu. Sein matt daliegender Körper verriet Erschöpfung und die Erleichterung über die bestandene Feuerprobe.

Schönheitspflege

Die Einladung zur Hochzeit von Azizeh, der jüngeren von Mariams knuffenden, küssenden Cousinen, traf ein. Am Vortag des großen Ereignisses ließ sich Mariam von Zainab das Gesicht «glätten», die Gesichtshaare entfernen, und bat mich, sie zu begleiten. Zu besonderen Anlässen wie Hochzeiten unterzogen sich die meisten verheirateten Frauen dieser Verschönerungs-Prozedur. Uns mag es seltsam erscheinen, doch heratische Frauen unternahmen große Anstrengungen, sich für ihr eigenes Geschlecht herauszuputzen und einander zu gefallen. Mode und Schönheit sind Fragen der Ästhetik und des Status und dienen nicht der sexuellen Anziehung. Männern zuliebe schmückten die Frauen sich nie. Hochzeitsfeierlichkeiten und *melehs* boten willkommene Gelegenheiten, sich in der Bewunderung anderer Frauen zu sonnen. Häufig trugen sie dann das Haar offen, das sie gewöhnlich zu Zöpfen geflochten unter einem Schal verbargen.

Zainab wohnte mit Mutter von Rahim in einem alten Haus, in dem auch Mariam zur Welt gekommen war. Im Gegensatz zu Mutter von Rahim, deren Räume üppig mit bequemen Sitzkissen und einem prächtigen Samowar ausgestattet waren, lebte Zainab in bescheidenen Verhältnissen in einem kahlen, spärlich möblierten Zimmer. Ihr Mann nahm jede Arbeit an, die er bekommen konnte, schaufelte Schutt auf Baustellen oder arbeitete in den abgelegenen Salzbergwerken nahe der iranischen Grenze. Während seiner oft wochenlangen Abwesenheit war die schwangere Zainab mit ihren zwei kleinen Kindern ganz auf sich gestellt, ertrug ihr Schicksal jedoch ohne Klagen und strahlte stets eine heitere Gelassenheit aus.

Sie bat Mariam, sich ans helle Fenster zu setzen, und reichte ihr eine Dose mit weißem Puder, mit dem sie sich das Gesicht einrieb. Von Nassimeh erfuhr ich, daß es sich um Kalk handelte, zur leichteren Entfernung der Gesichtshaare. Sie begann, ihn mir ebenfalls aufzutragen. Obwohl ich mich noch nicht endgültig zu dieser Behandlung entschlossen hatte, ließ ich sie aus Neugierde gewähren. Ich beobachtete Mariam, die sich einzelne Haarsträhnen aus dem Gesicht strich und unter ihrem Schal verbarg, dann Stirn, Wangen und Kinn mit dem Puder bedeckte und die Augenpartie aussparte. Zainab behandelte sie als erste. Sie nahm Baumwollzwirn, legte ihn geschickt zu einer Art Schleife, die sie mit den Zähnen und einer Hand festhielt und mit der so entstandenen scherenartigen Schneide beim Vor- und Zurückgehen winzige Härchen ausrupfte. Sorgfältig bearbeitete sie Mariams Gesicht, ging dabei methodisch vor und bewies große Fingerfertigkeit in der Handhabung der Fäden, die sie von Zeit zu Zeit mit Speichel benäßte, damit sie sanfter über das Gesicht strichen. Mit ihren gleichmäßigen, kreisenden Bewegungen glich sie einem Vogel bei einem seltsamen Paarungsritual. Mariam saß regungslos da, ertrug tapfer das schmerzhafte Zwicken. Zainab arbeitete etwa eine halbe Stunde lang konzentriert. Dann nahm sie ein Taschenmesser und zupfte Mariams Augenbrauen, wobei sie die Härchen mittels Daumen und Schneide herausriß. Erlöst, durfte Mariam schließlich das Resultat im Spiegel begutachten.

Jetzt kam ich an die Reihe. Ich setzte mich auf Mariams Platz und steckte mir die Haare fest. Zainab musterte mich mit geübtem Blick und versicherte mir, sie würde meinen Haaransatz nicht anrühren, da er hoch genug sei. Sie würde an meiner Stirn beginnen, da dort kaum ein Härchen wachse. Sie feuchtete das Garn an und ging ans Werk. Es schmerzte mehr, als ich geahnt hatte – wie tausend feine Nadelstiche. Tränen traten mir in die Augen. Ich sehnte das Ende der Tortur herbei und hatte Mühe, ruhig sitzen zu bleiben.

«Das ist gar nichts verglichen mit deiner Hochzeitsnacht! Du erinnerst dich doch noch an den Schmerz, oder?» scherzte sie, zog mein Wimmern ins Lächerliche. «Warte nur, bis du ‹auf die Steine kommst›!» (Heraterinnen gebären ihre Kinder in Hockstellung, wobei sie mit Hilfe von Ziegelsteinen ihre Position erhöhen.) «Mariam, wenn sie jetzt schon jammert, was will sie dann erst machen? Das ist doch ein Klacks!» lachte sie und suchte mich abzulenken. Ich wand mich unter Schmerzen, Tränen liefen mir über die Wangen. Warum tat ich mir das an?

«Aisheh muß sich für morgen auch ihr Gesicht glätten lassen», sagte Mariam, «sie hat genau wie du heute ihre erste Behandlung. Du erinnerst mich an eine Braut, die für ihre Hochzeit schön gemacht wird», lachte sie und amüsierte sich köstlich bei dieser Vorstellung: eine Frau in meinem Alter!

Endlich ließ Zainab von mir ab. Ich stieß einen Seufzer der Erleichterung aus. Mein ganzes Gesicht prickelte. Dann begann sie, mir die Augenbrauen zu zupfen, was weit weniger schmerzte. Und schließlich hatte ich den kosmetischen «Eingriff» überstanden.

«Wasch dein Gesicht nicht vor morgen», riet sie mir, «laß den Kalk auf der Haut. Reib dich mit etwas Creme oder Vaseline ein. Fett hilft.»

Wie sollte ich denn mit einem weißen Gesicht durch den Basar laufen? Mariam konnte sich hinter ihrem Schleier verbergen. Ich wischte den Kalk etwas ab und trug von dem Fett auf, das sie mir anbot. Meine Haut brannte, mein Gesicht war angeschwollen, und ich fühlte mich alles andere als schön. Auf dem Heimweg wies mich Nassimeh darauf hin, daß ich der bedürftigen Zainab Geld hätte anbieten sollen; Mariam hatte ihr zehn Afghanis zugesteckt. Bestürzt über mein Versäumnis, zugleich entsetzt über den Anblick, den ich bot – mein ganzes Gesicht war eine einzige geschwollene Masse winziger, juckender, roter Pusteln –, brach ich zu Hause in Tränen aus.

Am folgenden Nachmittag wurden wir bei Azizeh feierlich mit Tee und aromatischen Getränken empfangen. Später kündigten die Frauen des Bräutigams durch lautes Trommeln ihre Ankunft an.

Parwaneh und ich gesellten uns zu einer Gruppe von dreißig Frauen, die die Braut in einem Wagenzug zum *hamam* begleitete. Im Leben heratischer Frauen spielten die überall in der Stadt verstreuten *hamams* als Begegnungsstätten eine wichtige Rolle. Gewöhnlich suchten Frauen einer Familie gemeinsam etwa alle zehn Tage das Badehaus auf und verbrachten dort ein bis zwei Stunden mit Waschen und Körperpflege. Sie kamen außerdem am zehnten, zwanzigsten, dreißigsten und vierzigsten Tag nach der Geburt eines Kindes und vollzogen verschiedene reinigende und stärkende Rituale.

Ich bedauerte es, daß ich nicht am gesellschaftlichen Leben des *hamam* teilnehmen konnte, aber die unangenehme Erinnerung an meinen ersten Besuch hatte mich bislang davon abgehalten, einen erneuten Versuch zu wagen. Damals hatte uns sofort eine Schar neugieriger Mädchen umringt und mich angestarrt, und Parwaneh hatte es in weiser Voraussicht vorgezogen, eine Einzelkabine zu nehmen, statt sich der Schaulust der anderen auszusetzen. Da alle Kabinen belegt waren, baten wir um Erlaubnis, eine teilen zu dürfen. Schon bald entstand draußen ein lautstarkes Gerangel, und es wurde stürmisch an die Tür gehämmert: offenbar war man wild entschlossen, einen Blick von der interessanten Fremden zu erhaschen! Unser einstündiger Aufenthalt entpuppte sich als wahrer Belagerungszustand.

Die privaten Kabinen waren in zwei Bereiche unterteilt: in einen trockenen Vorraum, in dem man sich umzog und seine Kleider aufhängte, und in einen kleineren Raum mit Handdusche und Wasserhahn, in dem man sich niederließ und wusch. Zu allem Unglück war ich weder in die Waschrituale eingeweiht, noch besaß ich die verschiedenen Toilettenartikel, die die Frauen in den *hamam* mitbrachten: gehäkelte Waschlappen zum Abrubbeln des Körpers, einen schwarzen Bimsstein, um die Hornhaut an Füßen und Ellbogen zu schleifen, diverse Gesichtspuder, Eier und Henna fürs Haar, Eimer, um sich den Schaum abzuspülen, Samtmatten, um sich in Ruhe anzukleiden . . . Während ich innerhalb von fünf Minuten meine Reinigung beendet hatte und nichts mit mir anzufangen wußte, widmete man sich ringsherum hingebungsvoll der Pflege des eigenen Körpers.

Ich empfand die Situation als zunehmend peinlich. Dem gängigen Schönheitsideal entsprechend, herrschte eine Abneigung gegen Körperbehaarung. Selbst die Schamhaare wurden entfernt, und die Frauen im *hamam* reagierten überrascht und angewidert darauf, daß ich diesen moslemischen Brauch nicht befolgte. Sie behielten während des Waschens ihre Schlüpfer an, ich hingegen hatte meinen unbekümmert ausgezogen, weil mir diese Schamhaftigkeit albern erschien, und außerdem hatte ich keinen trockenen zum Wechseln dabei. Ich saß auf dem nassen Boden, seifte mich ein und spülte mich ab, während die Frauen mich mit offensichtlichem Widerwillen anstarrten und abfällige Bemerkungen fallenließen. Später erfuhr ich, daß viele Männer und Frauen einen Enthaarungspuder benutzten; andere hingegen bevorzugten Kaugummi zum Zupfen. Sie vermieden Rasiermesser oder Scheren – armselige Methoden in ihren Augen. Eine Frau meinte freimütig, Schamhaare seien häßlich und störten bei sexuellem Verkehr. Ich staunte über die Ungezwungenheit, mit der die Frauen, nackt bis auf den Schlüpfer, dasaßen, sich gegenseitig wuschen und schwatzten. Sie wirkten vollkommen entspannt und natürlich, und ich beneidete sie darum.

Ich hatte nie wieder einen Besuch im *hamam* vorgeschlagen; nur zu gut erinnerte ich mich an die Beklemmung, die mich in der engen Zelle befiel, an die erstickende Hitze und das Gefühl zu ertrinken, als Nassimeh mir unerwartet einen Eimer Wasser über den Kopf goß, um das Shampoo auszuspülen. Trotz allem wollte ich mir die Verschönerungsrituale, denen sich eine Braut unterzog, nicht entgehen lassen. Ich erklärte Parwaneh, ich würde mich diesmal nicht waschen, sondern nur zuschauen, woraufhin wir beide unsere Waschutensilien zu Hause ließen.

Als wir im Gänsemarsch die Stufen zum *hamam* hinunterstiegen, begrüßte man uns mit einem gemurmelten «Bismillah». Wir betraten einen großen Raum mit Betonfußboden, einem an der Wand entlanglaufenden erhöhten Podest, Haken zum Ablegen der Kleider und einer stilvollen, reich mit alten Stuckarbeiten verzierten Decke. Von diesem riesigen Umkleideraum gelangte man in den eigentlichen Waschbereich.

Die Frauen des Bräutigams breiteten einen edlen Teppich auf dem Podest aus, bedeuteten Azizeh, sich zu setzen, und begannen, sie zu entkleiden. Wie eine Marionette ließ diese sie gewähren. Ihrer Kleider entledigt, wurde sie in einen wunderschönen traditionellen *hamam*-Umhang aus roter, goldener und purpurfarbener gebatikter Seide gehüllt. Danach zogen sie sich selbst bis auf den Schlüpfer aus. Sie geleiteten Azizeh in den angrenzenden Raum, der am äußersten Ende einen großen Behälter mit heißem Wasser enthielt. Durch den Eingang konnten wir beobachten, wie sie in einem Halbkreis saßen, Azizehs Körper und Haare einseiften, sich gegenseitig den Rücken schrubbten und sich mit Eimern von Wasser den Schaum abspülten.

Ich versuchte, mir vorzustellen, wie es wäre, von fremden Frauen, die sich jetzt plötzlich Schwiegermutter oder Schwägerin nannten, von Kopf bis Fuß gewaschen zu werden. Mit großem Aufwand wurde die Braut für die kommende Nacht, die erste, die sie in den Armen ihres Ehemannes verbrachte, hergerichtet. Azizeh vertraute sich ihren Händen an, ohne eine Gefühlsregung zu zeigen. Sie war schlank, besaß eine noch fast kindliche Figur, helle Haut und kleine, runde Brüste. Die Waschung der Braut war ein intimer Vorgang, bei dem man sich mit einem neuen Körper, einem neuen Familienmitglied vertraut machte. Ich hatte einmal miterlebt, wie Frauen bei der Wahl einer Braut dieser in den Mund schauten, ihre Zähne begutachteten, ungerührt ihre körperlichen Attribute diskutierten, ihre Fehler kritisierten und ihre Vorzüge lobten, als handle es sich um eine Zuchtstute.

Nach und nach schlenderten die Frauen zum Umkleideraum zurück. Sie frottierten Azizeh ab und legten ihr neue Kleider an.

«Das ist nun ihr schönstes Kleid», teilte mir Parwaneh beflissen mit, während wir zuschauten. «Es wurde von einem Schneider genäht. Französischer Samt – es heißt, der Meter kostet siebenhundert Afghanis!»

Sie banden eine Brokattasche um Azizehs Taille und befestigten einen flachen Gegenstand an ihrem Oberarm. Die Tasche enthielte Kuchen, klärte mich Parwaneh auf, «damit sie nie

Hunger leiden müsse», und das flache Etwas sei der heilige Koran. Auf dem Land gab man der Braut Brot mit auf den Weg – Kuchen zeugte von städtischer Vornehmheit.

Am frühen Abend schließlich erreichte unsere Prozession das Haus des Bräutigams. Das Musizieren und Tanzen hatte bereits begonnen, und die Frauen sahen in ihren prunkvollen Gewändern bezaubernd aus. Da man bei solchen Anlässen mehrmals die Garderobe wechselte, hatte ich auf Mariams Rat hin entsprechend vorgesorgt. Um Mitternacht nahm Azizeh auf dem Brautthron neben ihrem Ehemann Platz, und das Paar vollzog feierliche Rituale, fütterte sich gegenseitig mit süßen Häppchen, reichte sich Getränke, las Verse aus dem Koran und betrachtete das gemeinsame Spiegelbild. Azizeh wirkte durch die grellgeschminkten Lippen und den blauen Lidschatten wie verwandelt. Bei unserer ersten Begegnung hatte sie einen kindlichen Eindruck auf mich gemacht, doch jetzt ließen sie das Make-up, die modische Lockenperücke und der hauchdünne, weiße Schleier – ein gleichfalls dem Christentum entliehenes Symbol – fast sinnlich-verführerisch erscheinen.

Ihr Ehemann, ernst, von schlanker Statur und jungenhaftem Aussehen, trug einen neuen westlichen Anzug und den Astrachanhut, mit dem ihn sein Vater während des abendlichen Zeremoniells der Männer, vom Dach aus von uns verfolgt, gekrönt hatte. Auch die Männer legten großen Wert auf ihre äußere Erscheinung, fanden Gefallen an eleganter Kleidung und kostbarem Goldschmuck. Sie scheuten sich nicht, beträchtliche Summen für hochwertige *chapan*-Mäntel, Seidenturbane, Pelzmützen und wertvolle Uhren auszugeben. Es überraschte mich, immer wieder zu hören, daß Männer schöner seien als Frauen – diese Behauptung bezog sich wohl auf das adrette, gepflegte Äußere all jener, die es sich finanziell leisten konnten und keine niederen Arbeiten zu verrichten hatten. Sie waren sich durchaus ihrer Wirkung in der Öffentlichkeit bewußt. Bedingt durch die Hausarbeit und den Umgang mit kleinen Kindern wirkten

Frauen hingegen oft schmutzig und ungepflegt. Hochzeiten aber stellten willkommene Anlässe dar, sich füreinander herauszuputzen.

Eine Nacht im Hause Latif Khans

Der Tag unserer Abreise rückte unaufhaltsam näher. John und ich planten, Herat gleich nach den Festlichkeiten zum Abschluß des Ramadan zu verlassen. Bislang hatte ich Mariams wiederholte Einladung, über Nacht zu bleiben, stets ausgeschlagen, um etwas mehr Zeit mit John verbringen zu können. Doch jetzt, da unsere Abfahrt kurz bevorstand, willigte ich in ihren Vorschlag ein.

Die Fastenzeit hatte begonnen. Vom Morgengrauen bis zur Abenddämmerung nahm man weder Nahrung noch Wasser oder Arznei zu sich. Die Gemüter erhitzten sich des öfteren, und die Menschen verfielen in Lethargie, um sich körperlich nicht zu verausgaben. Ohne Mahlzeiten, Teepausen oder die Essenszubereitung zogen sich die Stunden endlos dahin, aber des Nachts wurde ausgelassen musiziert und gefeiert, und in den Gassen wimmelte es von promenierenden Männern. Trotz der Entbehrungen des Fastens begrüßten die Menschen den Ramadan, den heiligen Monat, als Gelegenheit zur inneren Einkehr, zur Buße durch verdienstvolle Selbstdisziplin. Man fragte mich oft, ob ich auch fastete, aber ich entschuldigte mich mit den kräftezehrenden Reisevorbereitungen – außerdem fiel es mir schwer, auf Flüssigkeit verzichten zu müssen.

Um die Hitze zu meiden, ging ich schon in den frühen Morgenstunden zu Mariam und traf sie im kühlen, nach Norden gerichteten Familienzimmer an, wo sie sich während des Sommers bevorzugt aufhielt. Sie schneiderte kleine Hosen aus einem abgelegten Kleidungsstück, schnitt den Stoff nach Augenmaß zurecht und nähte dann mit großen, gleichmäßigen Stichen die langen Säume. Da Mahmood nur noch nachts Windeln trug, benötigte Mariam jetzt einen reichlichen Vorrat an Hosen zum Wechseln.

Ich zog meine Stickerei hervor, einen Wandbehang, den ich selbst entworfen hatte. Mariam bewunderte ihn und ließ ihn mich ausbreiten, um meine Fortschritte zu begutachten.

«Für wen soll er denn sein?» fragte sie und nahm selbstverständlich an, daß es sich um ein Geschenk handelte.

Selten fertigten Frauen Handarbeiten für den persönlichen Bedarf an. Sie bestickten Hemdeneinsätze für ihre Brüder oder Männer oder verzierten Tücher, Decken, Vorhänge und Kissenbezüge.

«Früher habe ich auch gern gestickt», fuhr sie fort, «aber jetzt finde ich nur noch zum Nähen oder Stopfen Zeit.»

Tayereh, Parwaneh und Nassimeh kehrten vom *hamam* zurück. Parwaneh ließ sich erschöpft auf eine Matratze fallen.

«Das Fasten bringt mich heute um, Mariam. Ich fühle mich elend und habe Sodbrennen», stöhnte sie und schloß die Augen.

«Dann iß etwas und vergiß das Fasten», riet Mariam ihr. «Wenn du dich übergibst, mußt du den heutigen Tag sowieso nachholen.»

Mariam selbst fastete nicht, da es ihr während der Stillzeit zu anstrengend war. Man erwartete von den Frauen, daß sie selbst während der Schwangerschaft das Fasten einhielten, wohingegen es ihnen während der Menstruation aufgrund ihrer «Unreinheit» strikt untersagt war, sie aber die versäumten Tage gewöhnlich später nachholten. Ausgenommen von der heiligen Fastenpflicht waren lediglich Kranke, Reisende und Soldaten in einem Heiligen Krieg. Heimliche Verstöße stellten keine Seltenheit dar, aber in der Öffentlichkeit befolgte man das Gebot, und Restaurants und Teehäuser blieben tagsüber geschlossen.

Mariam überredete Parwaneh, mittags etwas zu sich zu nehmen, aber wir mußten ihr versprechen, Tayereh nichts von ihrer

Unbeherrschtheit zu verraten. Danach tranken wir Tee und streckten uns, von der Hitze schläfrig, aus. Ich erkundigte mich nach Aisheh: sie hatten ihr kürzlich einen Krankenbesuch abgestattet und ihr Limonen mitgebracht. Mariam erklärte, daß es nun ihre Aufgabe sei, sich auch um Aisheh zu kümmern und sie mit Geschenken und Medizin zu versorgen, da sie jetzt mit zur Familie gehöre. Sie beklagte, daß Mutter von Sekhi Aisheh von ihnen fernhalte, da es sich angeblich für eine Braut nicht zieme, vor der Hochzeit das Haus des Bräutigams zu betreten. Mariam schien sich damit abfinden zu müssen, bis zu Zahirs «Süßem Essen» im Frühjahr zu warten.

Später schlachtete Mariam ein Huhn für das Nachtessen. Ich beobachtete, wie sie ihm den Hals aufschlitzte, die wild umherschlagenden Flügel zwischen die Knie gepreßt. Sie spritzte etwas Wasser über die Steine, um das Blut wegzuspülen, rupfte dann flink die Federn und band den Vogel zusammen.

Währenddessen dösten die Männer träge im Schatten auf ihren Liegen. Als die Konturen im Dämmerlicht verschwammen, erhoben sie sich zu ihren Waschungen. Es nahte das Ende des Fastentages, *iftar*, wenn man «einen schwarzen und einen weißen Faden nicht länger voneinander unterscheiden kann». Parwaneh breitete ein Tuch aus und trug das Essen rechtzeitig zum Kanonenschlag auf. Das Jahr über erklang er zur Mittagszeit, und während des Ramadan kündigte er auch Anfang und Ende eines Fastentages an. Die Männer verrichteten ihr Gebet und versammelten sich um die gedeckte Tafel, weideten sich am Duft und Anblick der Speisen, erwarteten das Signal. Beim Kanonenschuß erscholl Kindergeschrei aus allen Häusern der Stadt, die Erwachsenen sprachen das Tischgebet und begannen zu essen. Parwaneh brachte zwei Petroleumlampen nach draußen. Wir verzehrten ein köstliches Mahl aus Reis, Huhn, Tomatensalat, warmem Brot und eisgekühltem *dugh*, einem erfrischenden Getränk aus verdünntem Joghurt, gehackter Gurke und Minze. Als Nassimeh bemerkte, daß die Männer ihre Mahlzeit beendet hatten, erhob sie sich stillschweigend, reichte ihnen einen Krug Wasser zum Händewaschen und begab sich wieder auf ihren Platz.

Die Männer beratschlagten die weitere Gestaltung ihres Abends: sie diskutierten, welche der zahlreichen Musikveranstaltungen sie besuchen sollten. Während des Ramadan reisten professionelle Ensembles aus Kabul an, von geschäftstüchtigen Teehausbesitzern angeworben, und bereicherten das allabendliche Unterhaltungsangebot. Nachdem sie sich geeinigt hatten, zunächst mit Freunden im Basar Tee zu trinken, dann gemeinsam ein Konzert zu besuchen und gegen ein oder zwei Uhr morgens wieder nach Hause zu kommen, brachen sie schließlich auf.

Sobald sie uns verlassen hatten, fühlten wir uns wie befreit. Tayereh gesellte sich zu uns, gemeinsam tranken wir Tee und blickten auf den in Mondlicht getauchten Innenhof. Ich erwähnte, wie traurig ich beim Gedanken an meine bevorstehende Abreise sei: diesmal könne es Jahre dauern, bis ich wieder zurückkehrte, denn John und ich planten, eine Familie zu gründen.

«Aber du wirst zurückkommen – genau wie beim erstenmal», beruhigte mich Mariam. «Und bis dahin – wer weiß! Tayereh wird jede Menge Kinder haben, so Gott will. Aisheh vielleicht auch; sie wird dann bei uns wohnen. Vielleicht haben wir dann auch für Hossein eine Frau gefunden. Parwaneh, du wirst uns bis dahin verlassen haben», fügte sie ruhig hinzu, «du wirst in einem anderen Haus leben – verheiratet, vielleicht mit einem Baby!»

Gelassen schaute sie in die Zukunft. Während ich mich an die Gegenwart klammerte, um unsere Freundschaft bangte, tröstete sie mich, glaubte fest daran, daß wir eines Tages wieder vereint sein würden. Heute muß ich an ihre Worte denken – welch hartes Los stand ihr bevor!

Gebannt lauschte ich in die Stille, die uns umgab: leiser Gesang wehte herüber. Nassimeh erklärte, es handele sich um das sonntägliche *rowzeh* ihrer Nachbarn, das Trauerzeremoniell, das sie selbst zum Gedenken ihrer Mutter jeden Donnerstag abhielten. Sie schlug vor, aufs Dach zu steigen, um zuzuhören, woraufhin wir mit Parwaneh und Simin die Stufen hinaufkletterten und vorsichtig, um nicht entdeckt zu werden, über die niedrige Mauer spähten. Im Innenhof waren Teppiche ausgebreitet, auf denen Männer und Frauen saßen und dem melancholischen Gesang lauschten. Die zwei Sänger standen zwar außerhalb unseres Blickfelds, ihre mächtigen Schatten aber wurden von starken Gaslampen auf die Wand dahinter geworfen; einer hatte die Hand ans Ohr gelegt. Die Botschaft ihrer Musik war eindeutig. Sie priesen den schiitischen Glauben, einen Glauben, der den Tod, Martyrium, Verfolgung und Leiden überwinde, der in schweren Zeiten Tapferkeit und Kraft verleihe.

Lachen, Wortfetzen und Musik drangen von anderen Innenhöfen herüber; Familien saßen beisammen und genossen die laue Mondnacht. Lichter flackerten an der Freitagsmoschee, wo jede Nacht der Koran Kapitel für Kapitel in Gegenwart des Gouverneurs und der gläubigen Männer der Stadt verlesen wurde. Von Ferne hörte man undeutlich die verzerrte Lautsprechermusik der Konzerte unter freiem Himmel. Pulsierendes Leben erfüllte die Nacht. Wir kuschelten uns aneinander, sogen die Geräusche in uns auf und verweilten so lange unter dem klaren Sternenhimmel, daß die kleine Simin neben uns einschlief.

Später dann spielte und sang ich für sie, aber sie lehnten es ab, meinem Beispiel zu folgen. Ich kannte Mariams wunderbare Stimme von den Wiegenliedern, mit denen sie Mahmood in den Schlaf sang, und bedauerte es, daß sie so strikten Konventionen unterworfen war.

Die Verteilung der Schlafplätze erwies sich als kompliziert. Bis zur Rückkehr der Männer sollten wir alle im Hof übernachten, damit Tayereh nicht allein sei. Sie erklärte, sie schlafe, wenn Karim auf Hochzeiten spielte, immer bei Parwaneh, bis er dann heimkehrte und sie nach oben rief. Wir holten die Matratzen aus der Nische und rollten sie nebeneinander aus. Tayereh und

Nassimeh teilten sich eine, und Parwaneh und ich erhielten eine andere, aber nach vergeblichen Einschlafversuchen suchte ich mir ein freies Plätzchen. Mitten in der Nacht wankten wir, die unverheirateten Frauen und ich, schlaftrunken hinauf ins Besuchszimmer, und Tayereh begab sich zu Karim ins Ehebett. Latif Khan und seine unverheirateten Söhne schliefen auf den überall im Hof verteilten Pritschen, und Hassan bereitete sein Lager neben Mariam. Ein ungestörter Austausch von Zärtlichkeiten gestaltete sich unter diesen Umständen als recht schwierig, zumal es die meisten heratischen Frauen vorzogen, die Sommernächte gemeinsam mit ihren Kindern im Freien zu verbringen.

Während des Ramadan stand niemand früh auf – es gab keinen Grund, wertvolle Energie zu verschwenden. Jede Nacht erhob sich Parwaneh, kurz vor dem Morgengrauen, wärmte das Essen für die Fastenden und ging wieder zu Bett.

Am nächsten Morgen mahlten Mariam und ich Gewürze für ein Heilmittel gegen Magenschmerzen.

«Hossein hat die Zutaten gestern bei einem griechischen Arzneihändler besorgt», erzählte sie und öffnete die kleinen Päckchen, um mir den Inhalt zu zeigen. «Das ist ‹Pferdesalz›. Es ist in der Qualität besser als Kochsalz; man muß nicht erst den Dreck abwaschen. Und dies ist getrocknete Orangenschale.»

Verschiedene Päckchen enthielten kleine Samenkörner, die Kardamom oder Fenchel ähnelten. Ich erkannte *ajeghan*, winzige, runde Samen, die Mütter ihren Babies zur Verdauungsförderung verabreichten. In einem weiteren entdeckte ich ein seltsam aussehendes Gewürz, das an winzige, längliche Kiefernzapfen erinnerte, und Mariam erklärte, es sei so scharf wie Chili. Ich kostete von den Samen und zeichnete Skizzen in mein Notizbuch, fasziniert von dem heilkundlichen Wissen, das von den Müttern an die Töchter weitergereicht wurde.

Mariam schickte Nassimeh zu Nachbarn, um einen riesigen Messingmörser und einen Stößel auszuborgen, und wir begannen, die Gewürze zu zerstoßen. Den Puder siebten wir durch und füllten ihn in Fläschchen. Er schmeckte zwar ungewöhnlich, aber nicht unangenehm. «Salzig, bitter und scharf in einem», wie es Mariam ausdrückte.

Sie zeigte mir Sauerkirschkerne und ein paar getrocknete Rhabarberblätter und erklärte mir, der Sud daraus ergebe ein wirkungsvolles Mittel gegen Kindbettfieber. Ingwer, fügte sie hinzu, werde oft verwendet, besonders als Medizin für Babies und Wöchnerinnen, aber man dürfe beim Zerreiben kein Wort sprechen, sonst werde er fasrig. Sie fragte, ob ich den Kokon der Seidenraupe kenne, ein linderndes Mittel bei Zahnschmerzen. Ich malte mir aus, wie der weiche, seidene Kokon sich an den schmerzhaft geschwollenen Kiefer schmiegte und seine wundersame Heilkraft verströmte.

Sie schenkte mir ein paar Proben, die ich mit nach England nehmen sollte. Wenn Simin älter sei, würde sie ihr alles über die Heilmittel beibringen, einschließlich der Verwendung von Gewürzen zum Kochen. Sie wollte sie auch im Nähen und Sticken unterweisen, genauso wie es ihre eigene Mutter getan hatte. Ich fragte mich, ob sie Simin wohl zur Schule schicken würde, befürchtete aber, daß ihr der häusliche Unterricht völlig ausreichend erschien.

Nachmittags kam Mutter von Ghani vorbei, verzichtete jedoch auf die übliche Wasserpfeife, da sie fastete. Beiläufig erwähnte sie, daß ihre Söhne ein großes Haus am anderen Ende der Stadt gefunden hätten und sie alle schon bald umziehen würden.

«Wie wirst du ohne sie zurechtkommen?» fragte ich Mariam, nachdem sie sich verabschiedet hatte. Mutter von Ghani gehörte fast zur Familie, und es überraschte mich, wie gelassen Mariam auf die Neuigkeit reagierte.

«Es gibt genügend Frauen, die etwas Geld verdienen müssen», erwiderte sie. «Ich kann jederzeit eine Hilfe bekommen. Ich bezahle Mutter von Ghani ja auch, wenn sie mir zur Hand geht. Sie hat es nicht leicht. Sie mußte schon viel im Leben mitmachen. Ihr Mann starb vor Jahren, und ihre Söhne sind zerstritten. Einmal gingen sie sogar mit Messern aufeinander los.»

Die Schatten wurden länger; ich mußte langsam aufbrechen.

«Die Zeit wird schnell vergehen, jetzt, wo du schon bald abreist», sagte Mariam. «Dieser Monat ist schon halb vorüber. Wir sollten noch einmal zu Sultan Agha gehen und das Grab meiner Mutter besuchen. Am besten gleich nächste Woche, bevor du zu beschäftigt bist.»

Lebewohl

Der Besuch an Mutter von Karims Grab war unser letzter gemeinsamer Ausflug. Mariam sprach es zwar nicht aus, aber ich wußte, daß sie darin eine Art Abschied, einen letzten Gruß an ihre Mutter sah. Sie erzählte mir, sie habe unlängst geträumt, daß ich auf Zahirs Hochzeit den Gästen Trauben gereicht hätte. Dieser Traum habe ihr angezeigt, daß ich inzwischen für sie wie eine Schwester sei, die ihren Gästen Achtung entgegenbringt und am Glück der Familie teilhat. Sie wußte, daß ihre Mutter mich wohlwollend betrachtet hatte und sich über meine häufigen Besuche in ihrem Haus freute.

Wir warteten, bis die Hitze nachließ, und machten uns auf den Weg zum Friedhof – Mariam, Fereshteh, Parwaneh und ich. Mariam winkte einem *gadi*, feilschte um den Preis, wir kletterten hinein, und unter Glöckchengebimmel ruckelten wir durch den geschäftigen Basar, an offenen, von Pinien beschatteten Läden vorbei, zum Kandahar-Tor hinaus. Hier gab es keine Bäume mehr, lediglich einen riesigen, staubigen, runden Platz, auf dem es von Bauern wimmelte, die ihre Produkte verkauften: Es gab Berge von aufgetürmten Melonen am Straßenrand, Esel, schwer mit Körben beladen, Männer, die laut schreiend ihre Ware feilboten, das Gewünschte abwogen und ausgiebig über den

Preis verhandelten. Wir fuhren die holprige Straße am südöstlichen Stadtrand entlang, vorbei an den verfallenen Lehmwällen, die Herat einst bei Überfällen und Belagerungszuständen als Schutz gedient hatten. Zu unserer Linken erstreckte sich flaches, fruchtbares Land bis hin zum großen Fluß, der das Tal mit Wasser versorgte: im Frühling ein reißender Strom, aber das restliche Jahr über kaum mehr als ein klägliches Rinnsal. In dieser goldenen Jahreszeit wurde die Ernte eingebracht, und auf den Feldern trennten geduldige Rinder die Spreu vom Weizen, auf den Lehmdreschböden endlos im Kreis trottend. In der Ferne erkannte man im Dunst vage die zerklüfteten Berge, die das Tal einschlossen. Ich würde ihren Anblick schmerzlich vermissen: das sich bei Sonnenuntergang rosa färbende Gebirge, wenn die Ebene bereits in Schatten getaucht war, oder die glitzernden, schneebedeckten Gipfel an einem sonnigen Wintertag beim Spaziergang durch den Basar.

Vor uns lag der mächtige, weißgetünchte Schrein Sultan Aghas. 1485 auf einer Anhöhe errichtet, bot sich von dort ein eindrucksvoller Blick auf die Stadt und ihre Schutzwälle. Schon aus weiter Entfernung zeichneten sich am Horizont die charakteristischen Umrisse des heiligen Wahrzeichens ab, von einem Heiligenschein kreisender Tauben umgeben. Zu dieser heißen Tageszeit war der Schrein verlassen, nur die ansässigen Bettelmönche mit nachlässig gewickelten Turbanen und zerlumpten Flickenmänteln erbaten am Tor ein Almosen. Gleichmütig hockten sie da, ihre Gebetsperlen in der ausgestreckten Hand. Wir gingen hinein, sprachen am Grabmal ein Gebet, berührten den Stein mit den Lippen und brachten Süßigkeiten als Opfergaben dar. Dann überquerten wir den Hof und betraten den Friedhof, ein riesiges, offenes Areal, übersät mit rohen Grabsteinen. Ich fragte mich, wie wir je das Grab finden sollten: Die unbehauenen Steine schienen wahllos verstreut zu sein, und man konnte keinerlei Inschriften erkennen. Ich folgte den drei Schwestern über den steinigen Boden zwischen den Gräbern hindurch. Sie fanden die Ruhestätte ihrer Mutter mühelos – eine viereckige, in die Erde eingelassene Platte, deren schützende grüne Farbschicht unter der intensiven Sonneneinstrahlung abgeblättert war. Ich vermochte mir lebhaft das Bild der Trauer vorzustellen, als sie sie vor mehr als zwei Jahren beerdigt hatten: Karim mit schmerzverzerrtem, von Kummer gezeichnetem Gesicht; Latif Khan, untröstlich, aber Haltung bewahrend; Zahir und Hossein, Hassan und die anderen näheren männlichen Verwandten schweigend, mit gesenktem Kopf. Ich wußte nicht, ob die Töchter überhaupt am Begräbnis teilgenommen hatten; vielleicht kamen sie erst später, weinend und wehklagend.

Während wir am Grab standen, näherte sich uns einer der buntzerlumpten Bettler mit einem Eimer Wasser, wie ein Geier zielbewußt auf seine Beute zusteuernd. Er murmelte einen Segensspruch und kippte das Wasser sachte über das Grab, verwandelte die Oberfläche in leuchtendes, durchscheinendes Grün. Der Stein trocknete vor unseren Augen, und Mariam steckte ihm eine Münze zu, woraufhin er zufrieden davonschlurfte.

«*Roshnayi*», flüsterte sie und erläuterte damit die Bedeutung des Wassers. «Licht», das den Körper reinigt und den Geist erleuchtet.

Ein ärmlicher Vorbeter erbettelte ein weiteres Geldstück, indem er Koranverse für die Verstorbene murmelte. Danach ließ man uns in Frieden; wir knieten nieder, allein mit dem Wind, dem Staub und dem gelegentlichen Krächzen einer Krähe. Lange Zeit knieten wir unter dem weiten Himmel in der Stille, beide Hände auf den warmen Stein gelegt, wie Teilnehmer an einer Séance – und eine nach der anderen begann zu weinen.

Am Vortag unserer Abreise besuchte ich Mariam ein letztes Mal, um ihr ein paar Geschenke zu bringen. Verlegen überreichten sie mir zum Andenken ihre Gaben und entschuldigten sich, daß sie so bescheiden ausfielen. Nassimeh hatte auf ein viereckiges Stück Stoff eine kindliche Blume aus verschiedenfarbiger Seide genäht, Tayereh ein weißes Seidentaschentuch mit einer filigranen Spitzenborte umstickt, und Fereshteh legte mir schüchtern ein Stück parfümierter Seife auf den Schoß. Parwaneh zog stolz einen roten gewebten Schal für den englischen Winter hervor. Mariam schenkte mir ein kostbares «Nadel und Faden». Mir verschlug es die Sprache; ihr Einfall rührte mich zutiefst.

«Du interessierst dich für unsere Bräuche, also dachte ich, es würde dir gefallen», sagte sie lächelnd. «Ich habe meinen Vater gebeten, die Nadel beim Goldschmied zu bestellen.»

Ihr Geschenk liegt jetzt neben mir. Der kleine goldene Hahn auf dem Kopf der Nadel trägt einen pfauenradähnlichen Federschweif und einen Kamm, genannt *taj*, die Königskrone. An der Seite ist ein kleiner Türkis eingesetzt, und aus seinem Schnabel hängen drei Perlen. Der gezwirbelte, durch das Nadelöhr gezogene, grüne Faden läßt sich kaum erkennen, so reich verziert ist er mit Kardamom, schillernden Perlchen und buschigen Quasten in Grün, Silber und Braunrot. Das eine der beiden dem «Nadel und Faden» traditionell beigefügten Tücher ist aus türkisfarbener, orangefarbener und grüner handgewebter Kunstseide; das andere aus silbernem und weißem Brokat, mit einer Bordüre aus Silberfäden gerändert.

«Dieses ‹Nadel und Faden› soll dich an uns erinnern», erklärte sie an jenem letzten Tag. «Du kannst es den Leuten in England zeigen und ihnen sagen: ‹So ist es bei den Menschen in Herat Brauch.›»

Mit Wehmut denke ich an ihre Worte zurück und hoffe, mit diesem Buch in ihrem Sinne gehandelt zu haben. Als ich sie einmal nach der Bedeutung des «Nadel und Faden» fragte, erklärte sie, es solle gewährleisten, daß Braut und Bräutigam immer glücklich zusammenlebten. Mariam und mich verbindet eine tiefe Zuneigung, doch das Schicksal hat uns auseinandergerissen; ihre tröstliche Lebensweisheit jedoch wird mir immer im Gedächtnis haftenbleiben.

MUTTER VON NEBI

Einsame Frauen

Im Sommer 1974 lernte ich Mutter von Nebi kennen. Ich kannte bereits ihren Bruder Farouq, der bei einer amerikanischen Krankenschwester als Koch beschäftigt war. In den sechziger Jahren war der Clan auf der Suche nach Arbeit und besseren Lebensbedingungen in die Stadt gezogen. Ich mochte besonders Mutter von Farouq, die mich schon öfters zu sich eingeladen hatte.

Bezeichnenderweise lernte ich Mutter von Nebi als letzte ihrer vielköpfigen Familie kennen: Sie führte ein äußerst zurückgezogenes Leben zusammen mit ihrem Mann und den fünf Kindern und verließ oft wochenlang nicht das Haus.

Obwohl sie sich einsam fühlte und unter Depressionen litt, blühte sie in Gesellschaft förmlich auf. Sie empfing gern Besuch und genoß es, im Mittelpunkt zu stehen. Ihre depressive Gemütsverfassung ging auf eine ernsthafte seelische Krankheit zurück, unter der sie in den ersten Ehejahren gelitten hatte und die man durch Besessenheit erklärte. Sie erzählte mir, sie sei ein Jahr lang völlig verwirrt gewesen, phasenweise von Panik und Hysterie heimgesucht worden; eine Erfahrung, die scheinbar nachhaltige Spuren hinterlassen hatte. Hinzu kam, daß ihr streng gläubiger Ehemann ihr striktes Ausgehverbot auferlegte – ein Schicksal, das sie mit Fereshteh teilte – und sie durch seine Streitsucht noch weiter isolierte. Anders als Fereshteh beklagte sie sich nie, auch haßte sie ihren Mann nicht, sondern nahm ihn gewöhnlich sogar in Schutz und zog sich in sich selbst zurück.

In vielem unterschied sie sich von Mariam. Während Mariam als Vermittlerin auftrat und sich für ihre Familie einsetzte, galt Mutter von Nebi als kompromißlose Individualistin. Zwar half sie großzügig anderen Menschen, wenn diese sie um Hilfe baten, aber ihr fehlte Mariams Selbstlosigkeit und Taktgefühl. Mariam war von Natur aus ruhig und vorsichtig; Mutter von Nebi hingegen leidenschaftlich, eigenwillig und unkontrolliert. Doch ihre Kreativität, ihre Begeisterung für Musik und ihre hingebungsvolle Art zu tanzen faszinierten mich.

Trotz allem, der erste Eindruck bleibt unvergeßlich, und an jenem Tag, als ich sie kennenlernte, wirkte sie zerstreut und verstört. Ich war zufällig vor meinem Haus auf Mutter von Farouq gestoßen. Sie erzählte, sie sei gerade auf dem Weg zu ihrer Tochter – ob ich sie nicht begleiten wolle? Damals wohnten Mutter von Nebi und ich schon in derselben Gegend; später sollte sie meine direkte Nachbarin werden. Es war ein großzügig angelegter Vorort im Norden der Stadt, etwa eine Viertelstunde Fußweg vom neuen Touristenbasar entfernt und etwas weiter von der Freitagsmoschee und der Altstadt. Die Straßen, von Bewässerungskanälen und Bäumen gesäumt, verliefen gerade und waren gitterförmig angelegt. Zu beiden Seiten wohnten reiche Herater in komfortablen, relativ neuen Häusern, von freundlichen Gärten umgeben – «komfortabel» insofern, als sie in sicherer Entfernung von den Fliegen und den Gerüchen der Altstadt lagen, jedoch nicht, was sanitäre Anlagen wie fließendes Wasser und Toilette betraf. Hinter diesen Häusern drängten sich ältere, enge Behausungen um schmale Gäßchen. Am Ende der Sackgasse angelangt, betraten wir durch eine massive Holztür einen ummauerten Garten. Mutter von Farouq flüsterte mir zu, daß das protzige, moderne Gebäude mit dem häßlichen Ziegelmosaik dem reichen Grundbesitzer gehöre, für den Shemsaddin als Gärtner und Hausmeister arbeite. Vorsichtig liefen wir am Rand eines schlammigen Pfads entlang und erreichten das düstere Nebengebäude, in dem Mutter von Nebi mit ihrer Familie lebte.

Sie saß am Fenster und nähte, eine kleine, untersetzte Frau um die Dreißig. Sie begrüßte uns lustlos, musterte kritisch mein Gesicht und meine Kleidung und zog dann ein Kissen hervor, damit ich mich anlehnen konnte. Sie machte einen müden, erschöpften Eindruck.

«Firuzeh, stell den Wasserkessel auf!» rief sie in scharfem Ton und nahm sogleich ihre Arbeit wieder auf.

Sie und Farouq sahen sich durch die schweren Augenlider erstaunlich ähnlich, aber während Farouqs Gesicht etwas Unterwürfiges hatte, zeugte Mutter von Nebis verkniffener Mund von Unzufriedenheit. Mürrisch zerrte sie die Nadel durch den Stoff und überhäufte ihre Mutter mit einem Schwall wehleidiger Geschichten. Während sie mit ihr sprach, hielt sie die Augen unverwandt auf das Kleidungsstück geheftet, das sie gerade flickte. Dann endete ihr Redefluß abrupt, gleichzeitig biß sie den Faden entzwei. Das Sonnenlicht strömte durch die offene Tür herein und beleuchtete die munter und planlos herumschwirrenden Fliegen vor dem Hintergrund der abgewetzten, gestreiften Matten. Der Raum war spärlich möbliert, ein paar dünne Matratzen und ein Berg zusammengerolltes Bettzeug in einer Ecke. Nur der Lärm spielender Kinder durchbrach die Stille.

Ein junges Mädchen servierte uns mit schüchternem Lächeln Tee. Mutter von Nebi erzählte weiter, bemühte sich jedoch nicht, mich mit einzubeziehen. Ihre Mutter kauerte neben ihr und hörte aufmerksam zu, warf hin und wieder flüsternd etwas ein, eine dünne, sanfte Frau, deren einstige Schönheit sich noch erahnen ließ. Zweifellos hatten die beiden Frauen Dringendes zu besprechen. An jenem Tag empfand ich Mutter von Nebi als deprimiert und von ihren Problemen gänzlich in Anspruch genommen. Später bemerkte ich, daß sie sehr starken Stimmungsschwankungen unterworfen war und mein Besuch sie an einem ungünstigen Tag überrascht hatte. Dieses schwermütige, von Sorgen gezeichnete Wesen war nur eine Seite ihrer Persönlichkeit: andere Facetten ihres Charakters blieben mir noch verborgen. Tatsächlich war ich mitten in eine Familienkrise hineingeraten. Ihrem Stiefvater Sadiq und Farouq zum Trotz gewährte sie ihrer Schwester Firuzeh, die einer unglücklichen Ehe entflohen war, bereitwillig Schutz.

Im Laufe der folgenden Monate lernte ich Mutter von Nebi und ihre Familie näher kennen. Ihr ältester, dreizehnjähriger Sohn Nebi war ihr ganzer Stolz. Er hatte ein zartes, liebenswertes Gesicht, graue Augen und eine schlanke Gestalt. Er trug gepflegte Kleidung und fuhr mit dem Fahrrad zur Schule, wo er gute Leistungen erbrachte. In der Abwesenheit seines Vaters kommandierte er seine Mutter herum, wie man es von einem heranwachsenden Sohn erwartete. Mah Gol und Meri Gol, die beiden Töchter, acht und zehn, waren kürzlich von der Schule genommen worden, damit sie ihrer Mutter im Haushalt halfen. Ich erinnere mich noch, wie sie in ihren schwarzen Schuluniformen und den weißen Schals in die Stadt marschierten. Shemsaddins Arbeitgeber hatte ihn gedrängt, seinen Töchtern eine Schulbildung zu ermöglichen, aber nun, da sie in die Pubertät kamen, mußten sie das Haus hüten. Schließlich gab es noch zwei kleine Jungen im Alter von sechs und drei Jahren. Abdullah und Nadir. Nadir war ein verwöhnter, quengelnder Bengel, der ständig am Rockzipfel seiner Mutter hing. In ihrer Ungeduld versuchte Mutter von Nebi, ihnen abwechselnd mit Klapsen, Süßigkeiten und Drohungen Disziplin beizubringen.

Shemsaddin war ein stämmiger Mann bereits Mitte Fünfzig, mit grau meliertem Haar und Bart und einem Turban; ein gutwilliger, einfacher Mann vom Land, der hart arbeitete, um in der Stadt eine Existenz aufzubauen. Er hielt an vorgegebenen Verhaltensweisen fest und befolgte strikt Fasten- und Gebetsvorschriften. Obwohl er den Freiheiten, die westliche Frauen genossen, mit Argwohn begegnete, versuchte er nicht, die sich zwischen seiner Frau und mir anbahnende Freundschaft zu unterbinden.

Ich interessierte mich sehr für heratische Musik, und Mutter von Nebi erklärte sich bereit, mich zu unterrichten. Somit wurde ich ein häufiger Gast in ihrem Haus. Inzwischen waren sie in eine der Gassen hinter dem neuen Vorstadtviertel gezogen, da Shemsaddin genug gespart hatte, um eine Anzahlung zu leisten. Sie besaßen einen kleinen Innenhof, einen Brunnen, einen Weinstock und einen Schuppen, in dem sie ein Schaf hielten, einen Ofen zum Brotbacken, eine winzige, halboffene Küche und vier Zimmer. Nach dörflichen Maßstäben lebten sie in Wohlstand. Mutter von Nebi sang mit Vorliebe Bauernweisen aus ihrer Kindheit, und Mah Gol und Meri Gol fielen klatschend in den Refrain ein. Allzuoft ließ sich Mutter von Nebi von ihrer eigenen Darbietung fortreißen; ihr mangelte es an Geduld, mit mir bestimmte Trommelschläge einzuüben oder das Tempo zu verlangsamen, damit ich Melodie oder Rhythmus aufnehmen konnte. Sie war keine sehr begabte Lehrerin, denn sie änderte die Version eines Liedes täglich, aber dafür eine hervorragende Künstlerin mit einem außergewöhnlichen Talent für die Improvisation von Texten, wobei ihr die getragenen, ornamentalen Volkslieder, die *charbeitis*, besonders lagen.

Ich nahm ihre Musik auf Band auf. Sie verfügte über ein umfangreiches Repertoire an Tanzrhythmen und traditioneller Volksmusik und sang mit einer vollen, ausdrucksstarken Stimme. Als ich später versuchte, den Gesang anderer Frauen aufzunehmen, lernte ich ihre Offenheit und Großzügigkeit noch mehr zu schätzen. Sie war jederzeit bereit, ihre Kunst vorzuführen, während so viele Frauen, schüchtern und gehemmt, aus Angst vor mißbilligenden Nachbarn davor zurückschreckten. Ich besitze eine Aufnahme von ihr, die mich bewegt wie keine zweite. Es ist ein langes Wiegenlied, das sie an einem heißen Nachmittag improvisierte, als Nadir nicht einschlafen wollte; obwohl er eigentlich schon zu alt dafür war, schaukelte sie ihn in seiner großen Wiege, und man hört deutlich das gleichmäßige Quietschen der Scharniere. Energisch wiegte sie ihn hin und her, unterbrach ihren Gesang durch ein gelegentliches monotones

«Allah Hu!» – «Er ist Gott» –, eine Anrufung Gottes, von den Sufis in ihrem *zikr*, der rituellen Zusammenkunft, verwandt. Ihre kraftvolle Stimme, ihre langen träumerischen Improvisationen erfüllten den ganzen Raum; sie beschwor Ali, auf seinem heiligen weißen Pferd Doldol dahinreitend, herauf und beschrieb, wie Nadirs Herz durch einen Strom in den Schlaf gerissen werde. Sie sang von ihren Hoffnungen für ihren Sohn – daß er groß werden und den Koran wie ein Mullah studieren möge – und von ihrer mütterlichen Aufopferung und Hingabe: Inzwischen graute der Morgen, und die Mutter war noch immer an die Wiege ihres Kindes gefesselt. Mühelos sprudelten die Verse aus ihr hervor; ein anschauliches Beispiel für die Fähigkeit, aus einem reichen Schatz an Volksdichtkunst zu schöpfen und sie für sich selbst zu nutzen.

Leider wurde unsere Freundschaft später durch Eifersucht getrübt. Verletzt und enttäuscht beobachtete sie, daß ich bei Shirin Musikstunden nahm – obwohl ich schon lange die Idee begraben hatte, bei Mutter von Nebi Unterricht zu nehmen. Trotz allem hielt ich engen Kontakt zu ihr, aber sie sah, daß sich mein Gesang verbesserte und sie mit den neuen Liedern nicht Schritt halten konnte. Wahrscheinlich war sie sich ihrer Unwissenheit, was die moderne Musik anbelangte, schmerzlich bewußt, und sicher verblüffte sie die Tatsache, daß ich so viel Zeit mit den Minstrels verbrachte, die keinerlei soziales Ansehen genossen. Manchmal bat sie mich, ihr vorzusingen, aber nur ungern kam ich ihrer Bitte nach. Ich fühlte mich wie ein Vogel, dem sie das Singen beigebracht hatte und der ihr nun davonflog.

Ihre Isolation verwunderte mich. Selten verließ sie das Haus, und doch verfügte sie über einen großen Kreis von Frauen, die sie regelmäßig hätte besuchen können – nahe Verwandte oder, wie sie, aus den Dörfern Zugewanderte, die in nächster Umgebung wohnten. Als ihre Nachbarin und häufige Besucherin sah ich, daß sie sich mit den Familienfehden abfand und nichts unternahm, um Shemsaddins Streitereien auszubügeln. Shemsaddins Schwester Anar Gol wohnte nebenan, aber Mutter von Nebi besuchte sie nie, teils, weil Shemsaddin sich mit ihrem Mann überworfen hatte und teils, weil sie Anar Gol um ihre Freiheiten als kinderlose Frau beneidete. Auch zu anderen Frauen ihrer Familie hatte sie kein herzliches Verhältnis; offenbar behinderte sie Shemsaddins Streitsucht, Freundschaften zu pflegen. Dennoch wußte ich, daß sie genügend Willenskraft besaß, um sich über diesen Umstand hinwegzusetzen, und daß ihre Resignation hauptsächlich in ihrer krankhaften Angst, sich außerhalb des häuslichen Bereichs zu bewegen, begründet lag.

Die meisten Frauen nahmen jede Gelegenheit wahr, das Haus zu verlassen – Mutter von Nebi hingegen nicht. Weder ging sie zum *hamam* noch legte sie Gelöbnisse ab, die regelmäßige Besuche der lokalen Schreine erfordert hätten. Mit der Stadt kam sie kaum in Berührung, und nach mehr als zehn Jahren kannte sie nicht einmal den Weg von der Freitagsmoschee zur Zitadelle. Sie ging so selten nach draußen, daß sie sich fremd und verloren fühlte. Als wir einmal Nachbarn in unserer Straße besuchen wollten, zögerte sie, unsicher, ob es das richtige Haus sei, obwohl sie gerade drei Türen weiter wohnten.

Shemsaddin schirmte sie ab. Er erlaubte ihr nicht, einkaufen zu gehen: er brachte alles mit, was sie benötigte, einschließlich Kleiderstoffen und seidenem Stickgarn. Noch niemals war sie auf dem Altkleidermarkt nahe der Freitagsmoschee gewesen oder hatte in den Auslagen des Goldschmieds den Schmuck bewundern dürfen, um den sie andere Frauen beneidete. Es bot sich ihr kein Anlaß, mit fremden Männern in Kontakt zu treten, sei es beim Feilschen in den Läden, beim Kauf einer Busfahrkarte oder beim Herunterhandeln des Preises für eine Fahrt mit dem *gadi*.

Sie war tief verschleiert. Ich bat sie einmal, die Männer aufzuzählen, die sie ohne Schleier gesehen hatten. Sie überlegte: ihre Brüder Farouq und Timor, ihr Stiefvater Sadiq, die Schwiegerväter ihrer Brüder, ein Cousin ersten Grades (jetzt, da er verheiratet war), und schließlich Agha Seyed Osman, ihr Geistheiler, da heilige Männer eine Ausnahme darstellten. Vor ihren Schwägern hielt sie sich verschleiert, da Shemsaddin diese nicht mochte. Ich fragte sie, wer darüber entschied, ob sie sich verbarg. Shemsaddin natürlich! Wenn er Gäste mitbrachte und «außer Sicht!» rief, mußte sie sich verstecken. Es lag in seiner Macht.

Ihre Mutter verurteilte Shemsaddins Strenge. Sie vertraute mir an, daß sie der Ehe nicht zugestimmt hätte, hätte sie gewußt, wie er ihre Tochter behandelte. Sie konnte nichts tun, außer diese häufig zu besuchen und engen Kontakt zu ihr zu pflegen. Aber niemand hatte das Recht, einen Mann zu kritisieren, der seine Frau isolierte, und im Grunde bereitete ihr diese Abgeschiedenheit eine gewisse Genugtuung. Obwohl die erklärte Absicht der Abschirmung von Frauen darin bestand, attraktive, reife Frauen daran zu hindern, vor Fremden ihre Reize offen zur Schau zu tragen und damit die Familienehre in Verruf zu bringen, diente sie auch als Mittel, Feindschaften oder Mißtrauen zwischen Männern zu schüren. Männer besaßen die Macht, ihre Ehefrauen vor den Blicken anderer zu verbergen und sie sogar ihrer Familie zu entfremden. Die westliche Kritik am islamischen Patriarchat knüpft an eben diese selbstsüchtige Auslegung und Verzerrung gewachsener kultureller Normen zum Nachteil der Frauen an.

Shemsaddin, ein einfacher Mann, liebte die Vorstellung von Fegefeuer und Verdammnis und ergötzte sich an den Geschichten über die Qualen, die den Sünder in der Hölle erwarten. Er glaubte an das Leiden und pflichtete Mutter von Nebi bei, als sie einmal feststellte, das Los der Frau sei härter als das des Mannes, sah aber keine Notwendigkeit, ihr das Leben zu erleichtern. Ich ahnte, daß er sich insgeheim von Frauen bedroht fühlte und seine Autorität verteidigen mußte. Vielleicht lag die Ursache für sein Minderwertigkeitsgefühl auch in seinem Status als Waise oder in der Tatsache, daß er in die Familie seiner Frau eingeheiratet hatte. Im Vergleich zu Mutter von Nebi, ihrer Aufgewecktheit und Kreativität, wirkte er schwerfällig und begriffsstutzig, was ihn möglicherweise veranlaßte, sie noch mehr zu unterdrücken. Doch sie zeigte ihm gegenüber selten Groll. Manchmal stritt sie mit ihm, gelegentlich ignorierte sie ihn, aber selten schien er ihr gleichgültig zu sein.

Als wir jedoch einmal allein waren und sie sich über etwas geärgert hatte, beschwerte sie sich in einem Anfall von Wut und Bitterkeit über ihr eingeschränktes Leben.

«Was ist eigentlich nicht sündig, sag mir das mal? Ohne Schleier herumzulaufen, so laut zu reden, daß die Nachbarn jedes Wort verstehen können, Radio hören, ins Kino gehen . . .? Kannst du mir mal sagen, was man überhaupt machen darf?»

Ich hatte sie noch nie so aufgebracht erlebt und war schockiert. Gewöhnlich verinnerlichten Frauen diese strikten Verhaltensmaßregeln und stellten sie nicht in Frage.

Das Drama um Firuzeh zeigte mir deutlich die Charakterstärke Mutter von Nebis und bewies, daß sie tatkräftig zu handeln vermochte und sich nicht scheute, persönliche Verantwortung zu übernehmen. Das schüchterne Mädchen, das uns bei meinem ersten Besuch Tee serviert hatte, war Sadiqs Tochter Firuzeh. Bereits in ihrer Kindheit hatte man sie mit ihrem Cousin ersten Grades verlobt und die Mitgift über die Jahre hinweg bezahlt, aber ihr Verlobter entpuppte sich als Taugenichts, und sie wollte ihn nicht heiraten. Ihr Vater sah sich gezwungen, die Vereinbarung einzuhalten und seine Tochter wegzugeben, und die Ehe entwickelte sich zu einem einzigen Alptraum. Ihr Mann war nachts selten zu Hause. Sie vermutete, daß er in einer Bande herumzog, stahl und Prostituierte aufsuchte; sie fürchtete sich vor bösen Geistern und schlief deshalb nur ungern allein. Wenn er heimkam, behandelte er sie grob und schlug sie hin und wieder. Nach monatelangen Qualen schlich sie sich eines Tages aus dem Haus, unter Zurücklassung all ihrer Kleider und ihrer kostbaren Aussteuer. Sadiq und Farouq waren darüber empört und weigerten sich, sie bei sich aufzunehmen, woraufhin sie sich an Mutter von Nebi wandte, die sich ihrer annahm.

Sadiq, im Grunde seines Herzens eine gutmütige Natur, zwang sie nicht, zu ihrem Mann zurückzukehren. Wahrscheinlich sah er ein, daß ihr Mann ein charakterloser Mensch und ungeeigneter Partner war, und zweifellos legte Mutter von Farouq ein gutes Wort für Firuzeh ein. So zahlte er das Brautgeld zurück und beglich die Gebühren für die Scheidung, was zusammen mit der verlorenen Aussteuer einen erheblichen finanziellen Verlust für ihn bedeutete. Firuzeh blieb drei Monate lang bei Mutter von Nebi, hielt die vorgeschriebene Frist zur Läuterung vor einer Wiederheirat ein, in welcher im Falle einer Schwangerschaft die Vaterschaft festgestellt werden konnte und die Scheidung in Kraft trat. Eine Scheidung war nichts Ungewöhnliches und ließ sich problemlos abwickeln. Ich erfuhr, daß sie vorbrachten, Firuzehs Ehemann habe sie zu Analverkehr gezwungen, aber wahrscheinlich diente ihnen dieses Argument nur als Schachzug, um einen erfolgreichen Ausgang zu bewirken.

In der Familie herrschte Unstimmigkeit über Firuzehs Wiederverheiratung. Ihre jüngere Schwester Habibeh war mit dem wohlhabenden Ingenieur Resul, einem Waisen und Nichtfamilienmitglied, verheiratet. Dieser schlug seinen jüngeren Bruder als Bräutigam vor und erbot sich, das Brautgeld für ihn zu entrichten, aber Sadiqs Sohn Timor lehnte Resul ab und wollte verhindern, daß dessen Bruder ebenfalls in die Familie einheiratete. Fast wären sich die beiden Männer in die Haare geraten, und Timor drohte auszuziehen, ließ aber schließlich davon ab. Firuzeh konnte nicht bei Mutter von Nebi bleiben, und da sich keine andere Lösung fand, setzte Resul seinen Willen durch. Es folgte ein kurzer Austausch von Formalitäten; Firuzeh fand sich ohne viel Aufhebens zu einer zweiten Ehe bereit und wurde als Braut wieder in das elterliche Haus aufgenommen.

Als ich die Einzelheiten erfuhr, erwärmte ich mich für Mutter von Nebi, die einzige, die Firuzeh Asyl gewährt hatte. Ohne ihre Unterstützung und Hilfe in dieser kritischen Situation hätte Firuzeh womöglich zu ihrem unseligen Ehemann zurückkehren müssen oder wäre auf die Barmherzigkeit entfernter, vielleicht weniger großzügiger Verwandter angewiesen gewesen.

Von Geistern besessen

Stück für Stück reimte ich mir Mutter von Nebis Geschichte zusammen, vor allem die Umstände, die zu ihrem Nervenzusammenbruch geführt hatten. Da der Clan in letzter Zeit von heftigen Streitigkeiten zerrissen gewesen war, konnte ich mir allerdings nur schwer ihre harmonische Gemeinschaft im Dorf vorstellen.

Ihr Dorf Bagh-i Ali, «Alis Garten», lag etwa fünfzehn Kilometer von der Stadt entfernt, eine Stunde Fahrt mit dem Kleinbus auf ungepflasterter Straße. Es besaß eine Moschee, eine Schule und einen Schrein und war von ummauerten Gärten voller Trauben, Aprikosen und Granatäpfeln umgeben; ein kleiner, von Bäumen gesäumter Fluß rann mitten hindurch. Mutter von Nebi verlebte eine unbeschwerte Kindheit im Kreis ihrer Familie, die Großeltern, Tanten, Onkels und Cousins miteinschloß. Ihren Vater, der unter tragischen Umständen ums Leben kam, als sie noch ein Baby war, hatte sie nie kennengelernt. Sadiq, ihr sanftmütiger und liebevoller Stiefvater, war zugleich ihr Onkel, da er Mutter von Farouq gemäß des Brauchs der «Witwenvererbung» an den jüngeren Bruder geheiratet hatte. Auf Grund des Altersunterschieds besaß Mutter von Farouq großen Einfluß in ihrer Ehe. Sie hatten zahlreiche Kinder, die Mutter von Nebi großziehen half.

Schon in ihrer Kindheit begeisterte sich Mutter von Nebi für Musik, und ihr künstlerisches Talent wurde allseits gerühmt. Die Frauen im Dorf musizierten leidenschaftlich gern, wann immer sie Zeit dazu fanden. Bei Feierlichkeiten bestellten sie keine professionellen Musiker, sondern traten selbst auf und wetteiferten um die Gunst des Publikums. Sie erzählte mir, daß sie als Kind oft gebeten wurde, bei Hochzeiten zu singen und vorzutanzen. Ihre Freundinnen und sie saßen oft stundenlang im Freien, spielten auf der *daireh* und sangen gemeinsam. Sobald sich die Gelegenheit bot, eine Vorstellung zu geben, kam ihre Neigung zur Selbstdarstellung zum Vorschein, und sie sonnte sich in der Bewunderung der Zuschauer. Sie liebte vor allem die Dorftänze, ihres temperamentvollen Rhythmus wegen. Sie drehte sich und klatschte so lange, bis ihr heiß und schwindlig wurde.

Als sie Shemsaddin, ihren Cousin ersten Grades, heiratete, war sie gerade vierzehn. Er stammte aus dem Nachbardorf Du Chenar, «Zwei Platanen». Nach dem frühen Tod seines Vaters hatte seine Mutter wieder geheiratet. Dann plötzlich starb auch sie. Ihr Tod hatte die Einheirat des damals über dreißigjährigen, verwaisten Shemsaddin in die Familie beschleunigt. Der Braut blieben Tränen und der seelische Schock der Trennung, das Bemühen um freundschaftliche Beziehungen zu den angeheirateten Verwandten und die Anpassung an ungewohnte Lebensumstände erspart. Sie blieb zwar in vertrauter Umgebung, aber ihre Freiheit war von nun an beschnitten: Sie durfte nicht mehr ohne Erlaubnis das Grundstück verlassen. Die Mauern hielten sie gefangen; oftmals mußte sie sich von der übrigen Familie fernhalten, damit sie von ledigen männlichen Familienmitgliedern nicht gesehen wurde. Ihr Nervenzusammenbruch ereignete sich ein paar Jahre später. Sie erinnerte sich mit bemerkenswerter Klarheit daran:

«Es war Nacht, und der Vollmond am Himmel leuchtete hell wie eine Lampe. Ich saß allein in unserem Zimmer und wartete beim Mondschein auf Shemsaddins Rückkehr. Er war unterwegs, um Petroleum zu kaufen; ich wußte, es würde eine Weile dauern. Plötzlich fing ich an, mit mir selbst zu reden, aber ohne etwas davon zu verstehen. Ich begriff nicht, wie mir geschah, ich schlug auf mich ein und zerkratzte mich. Als sie mich fanden, hatte ich mir ganze Haarbüschel ausgerissen . . .»

Sie war verwirrt, und Phasen von Hysterie und Lethargie wechselten sich ab. Ihre Umgebung deutete ihre Symptome umgehend als *maraz*, «Die Krankheit», was soviel hieß wie «von einem bösen Geist besessen sein», ein Zustand, der große Bestürzung auslöste und den man nur durch Exorzismus glaubte heilen zu können. Obwohl ihre Krankheit möglicherweise auf völlig natürlichen Ursachen beruhte, wie beispielsweise dem Tod ihres ersten Kindes, einer postnatalen Depression oder auch auf ihrer extremen Zurückgezogenheit, stellte niemand diese praktischen Überlegungen an; dennoch bestand eine stillschweigende Übereinkunft darüber, daß *maraz* durch unglückliche Lebensumstände bedingt war. Bei einer Hochzeit wurde ich einmal Zeugin eines hysterischen Anfalls der Braut, und man munkelte, daß ihr *maraz* auf ihrem Status als rangjüngerer Ehefrau beruhte, was sehr wohl auf Verständnis für deren Unzufriedenheit und Hilflosigkeit schließen ließ. Bezeichnenderweise litten mehr Frauen als Männer unter *maraz* – vielleicht weil sie weniger über ihr Leben bestimmen konnten.

Man brachte Mutter von Nebi zu verschiedenen Heilern, aber ohne Erfolg. Schließlich gingen Sadiq und Shemsaddin mit ihr zu Agha Mohammad Ali, einem berühmten heiligen Mann, der in einem weit entfernt liegenden Dorf wohnte. Sie beschrieb, wie sie vor ihm saß und er sie kräftig auf Kopf und Schultern schlug. Die Schläge taten nicht weh, aber sie spürte ihre Wucht, und von jenem Tag an erholte sie sich langsam. Ein Jahr lang suchte sie ihn regelmäßig einmal pro Woche auf.

«Agha» bedeutet «Vater» – eine ehrerbietige Anrede. Ihr Agha war ein direkter Nachfahre des Heiligen Propheten und heilte nach althergebrachten Methoden. Ich bin ihm nie persönlich begegnet: Nach jahrelangem Leiden starb er 1976 knapp fünfzigjährig an Tuberkulose. Bis zu seinem Tod heilte er seine Patienten durch Gebete und kurierte sie mit seinem heiligen Atem. (Er hatte keine Angst, jemanden anzustecken, fügte Mutter von Nebi hinzu, die von Holly, der amerikanischen Krankenschwester, etwas über Bakterien und Hygiene aufgeschnappt hatte.) Tausende von Menschen trauerten um ihn und erwiesen ihm die letzte Ehre. Sein Sohn Seyed Osman führte seine Arbeit fort.

Die Menschen glaubten, daß bestimmte heilige Männer Krankheiten heilen konnten, indem sie Lebenskraft in Form von Berührung, Atem, Speichel, gesungenen oder geschriebenen Gebeten übertrugen. Diese Geistheiler spezialisierten sich auf die Behandlung von schwer zu diagnostizierenden und chronischen Leiden, vor allem in Verbindung mit seelischen Störungen.

Mutter von Nebi erzählte mir von einer dramatischen Heilung, die sie einst miterlebt hatte:

«Wir hatten uns alle im Zimmer des Agha versammelt und warteten auf seinen Segen, als man eine Frau zu ihm brachte. Sie hatte die Sprache verloren, und ihr rechter Arm war gelähmt. Erst flüsterte er ihr etwas ins Ohr und beschwor sie immer wieder, doch etwas zu sagen, dann nahm er ihre gelähmte Hand und spannte sie in einen Schraubstock ein.» Sie beschrieb dieses Werkzeug als eine Art Folterinstrument, mit Holzklötzen, um die Finger zu spreizen und einem Band, das die Knochen zusammenquetschte. «Wäre ihre Hand in Ordnung gewesen, hätte sie vor Schmerzen brüllen müssen – aber sie zuckte nicht einmal mit der Wimper! Dann fragte der Agha sie: ‹Wann bist du verstummt?› und auf einmal konnte sie wieder reden! Sie erzählte ihm, daß ein Mann bei ihrem Vater um ihre Hand angehalten hätte, aber er hätte ihn abgelehnt. Und von da an war sie stumm und gelähmt.»

Nach einigen Stunden monotoner Gebetsrezitation hatte der Agha offenbar einen weiteren Versuch unternommen, die Lähmung zu beheben. Ich lauschte fasziniert: Ihre Geschichte erinnerte mich an eine Freudsche Fallstudie von Hysterie und sexueller Verdrängung. Es schien, als benutzte der Agha eine Art Schock-Therapie, um das Trauma aufzubrechen.

Zweifellos spielte bei diesen Sitzungen der eigene Glaube an die Heilung eine entscheidende Rolle, vor allem, wenn er auf solch eindringliche Weise genährt wurde. Heiligen Männern wie dem Agha schrieb man wahre Wunder zu. Ich hörte Geschichten über Aghas, die weite Entfernungen in Sekunden überwanden, die Rosen im Winter zum Erblühen brachten oder der Haft entkamen, indem sie auf die Größe einer Maus zusammenschrumpften. Man begegnete ihnen mit Ehrfurcht, denn nur sie besaßen die Fähigkeit, böse Geister auszutreiben.

Es herrschte ein weitverbreiteter Glaube an *djinns*, Feen und Engel. Wir kennen *djinns* als dienstbare Flaschengeister aus «Aladin und die Wunderlampe», aber jene waren eher launisch und boshaft. Der islamischen und vorislamischen Weltsicht zufolge sind sie zwischen menschlichen Wesen und Engeln angesiedelt. Von ihrer äußeren Erscheinung her wirken sie oft angsteinflößend, und die Menschen fürchten sich vor ihren vermeintlichen Aufenthaltsorten, da sie die menschliche Seele heimsuchen und so Geistesgestörtheit und Tod herbeiführen können. Man erzählt sich, daß sie Wasser und Blumen lieben und deshalb gern in *hamams*, Parks, Obstgärten und Flüssen verkehren. Vor allem nachts werden sie aktiv und treiben in Schreinen ihr Unwesen. Manche Menschen haben Angst, allein zu schlafen, fühlen sich durch umherstreichende *djinns* bedroht. Alpträume und Schlafwandeln werden dem Einfluß der *djinns* zugeschrieben, und wenn Kinder schlecht schlafen, unterzieht man sie einer Geisteraustreibung.

Nach ihrer Genesung entwickelte Mutter von Nebi ungewöhnliche hellseherische Fähigkeiten, wurde eine Schülerin des Agha und erhielt von ihm die offizielle Erlaubnis, anderen Menschen wahrzusagen. Im Norden Afghanistans existiert ein weiblicher Schamanenkult, der eindeutig in Beziehung zur weitverbreiteten mittelöstlichen *zar*-Beschwörungszeremonie steht, aber in der Provinz Herat waren Wahrsagerinnen wie Mutter von Nebi eine Seltenheit. Der Agha gab ihr außerdem ein Buch, aus dem ihr Sohn Nebi magische Sprüche abschreiben konnte, die man häufig als Amulette, sogenannte *tawizes*, zum Schutz gegen unheilvolle Kräfte trug. Sie zeigte mir die mystischen Formeln – seltsame Aneinanderreihungen von Buchstaben und Zahlen.

Sie baute sich einen kleinen Kreis von Frauen auf, denen sie wahrsagte. Sie wollten von ihr wissen, wie es ihren Lieben auf fernen Reisen erging oder wünschten die Ursache einer mysteriösen Krankheit zu erfahren oder befragten sie nach dem Verbleib verlorener Gegenstände. Ihre Arbeit brachte ihr Prestige und ein gewisses Maß an finanzieller Unabhängigkeit ein, obwohl sie die Hälfte ihrer Einkünfte an den Agha abführte. Zusätzlich diente sie ihr als Mittel, Shemsaddins strenger Überwachung zu entschlüpfen, denn er konnte weder ihre Hellseherei herabwürdigen noch sie daran hindern, den Agha zu besuchen.

Es gab eine enge Verbindung zwischen Agha Mohammed Alis Wirken und dem Sufismus, jener mystischen Ausdrucksform des Islam, die sich seit Jahrhunderten in ganz Zentralasien eines regen Zustroms erfreut. Trotz eines deutlichen Rückgangs in den siebziger Jahren fand man vor allem auf dem Land noch einige praktizierende Bruderschaften. (Die sowjetische Invasion trug offensichtlich zu einem Wiederaufleben des Sufismus bei, und einige der traditionellen religiösen Führer wurden zu Kommandanten im «Heiligen Krieg» gegen die Eroberer.) Sufi-

Führer besitzen, wie Agha Mohammad Ali, eine charismatische Ausstrahlung und leiten ihre Autorität in spirituellen Belangen von einer weit zurückreichenden Dynastienfolge her. Gewöhnlich findet man sie an bestimmten Schreinen und Sufi-Versammlungsstätten, sogenannten *khaneqahs*; ein Teil ihrer Aufgabe besteht darin, Menschen durch Berührung oder Segnungen zu heilen. Agha Mohammad Ali leitete weder eine aktive Bruderschaft noch hielt er wöchentliche Versammlungen zum *zikr*, dem «Gottesgedenken», ab, wenngleich er am *zikr* in der Hauptmoschee nach dem freitaglichen Mittagsgebet teilnahm.

Mutter von Nebis Vater und Großvater waren Sufis gewesen, und es überraschte von daher nicht, daß auch sie sich von Übersinnlichem und von Spiritualismus angezogen fühlte. Sie erzählte mir, daß die Bruderschaft ihres Vaters den Brauch des *chilleh*, einer vierzigtägigen Klausur, pflegte – eine Zeit der inneren Einkehr, des Fastens und Schweigens. Sie aßen nur abends eine Dattel und morgens ein Stück Brot und verbrachten ihre Tage mit Meditation und Gebeten. Diese Phasen der Askese und Isolation zählten zum Initiationritual, das Berichten zufolge die jungen Glaubensbrüder fürchterlichen Begegnungen mit *djinns* aussetzte. Falls es ihnen gelang, diese zu «zähmen» und ihrem Willen zu unterwerfen, konnten sie, ähnlich wie Mutter von Nebi, mittels der Geister zu übersinnlichen Kräften gelangen.

Die Aktivitäten der Sufi-Bruderschaften konzentrierten sich auf das *zikr*, eine beschwörende, auf der ständigen Wiederholung des Namen Gottes beruhende Anrufung, die eine ekstatische Vereinigung mit dem Göttlichen anstrebt. Entsprechend der unterschiedlichen Sufi-Orden existieren verschiedene Variationen des *zikr*: eine der berühmtesten ist die der türkischen Mevlevi, der «Tanzenden Derwische» – ein Tanz mit Instrumentalbegleitung. Die Chishti kennen ebenfalls das musikalische *zikr*, während die Naqshbandi eine stille, innerliche Variante praktizieren. Mutter von Nebis Vater gehörte dem Orden der Qadiri an, deren gesprochenes *zikr* gewöhnlich von gesungenen religiösen Versen begleitet wird. Ich habe ein solches Ritual miterlebt: Die Sufis stehen im Kreis, rollen ihre Köpfe und atmen im Rhythmus ihres monotonen «*Allah Hu*» oder einer anderen Glaubensformel. Die Sänger bewegen sich langsam um die Gruppe herum, preisen mit ihrem reichverzierten Gesang den Rausch göttlicher Liebe und brechen hin und wieder bewegt in Tränen aus. Ein *zikr* dauert in der Regel mehrere Stunden und bewirkt durch seine Intensität, vor allem durch Hyperventilation und das ständige Rollen mit dem Kopf einen veränderten Bewußtseinszustand. Später einmal beobachtete ich, wie Mutter von Nebi sich in Gegenwart ihres Agha in denselben Zustand versetzte.

Obwohl sie ihren Vater nie gekannt hatte, schien Mutter von Nebi seine geistigen Kräfte und seine Liebe zur Musik und Poesie geerbt zu haben. Ihr Großvater, der ein hohes Alter erreichte, hatte ebenfalls einen Hang zu mystischer Dichtung und Talent zur Improvisation. Sie trat in deren Fußstapfen, und man hätte sie leicht für eine Sufi-Anhängerin halten können. Obgleich in der Literatur über den Sufismus weibliche Sufis erwähnt werden, spielten sie in den afghanischen Orden so gut wie keine Rolle. Ich habe von keinem Fall gehört, wo Frauen aktiv am *zikr* teilnahmen. Trotz alldem fühlte sich Mutter von Nebi stark zu dieser ekstatischen, hingebungsvollen Form der Anbetung hingezogen.

Landbewohner

Im Herbst 1976 bezogen wir ein Haus direkt gegenüber von Mutter von Nebi. Sie lud mich oft zu sich ein und schickte ihre Kinder herüber, um mich zu holen. Ich wollte die Kunst der

Stickerei erlernen, und sie zeigte mir schmuckvolle Bordüren und Blumenarabesken und lehrte mich die klassischen Stiche und Muster. Sie brachte mir bei, wie man eigene Entwürfe auf Stoff aufzeichnet und wie man die Handarbeit im Sitzen zwischen den Knien festhält. Wir genossen das gemeinsame Nähen und Plaudern.

Sie und Shemsaddin hatten sich viele ihrer alten, dörflichen Gewohnheiten bewahrt. Sie buk weiterhin ihr Brot im Lehmofen, statt es beim Bäcker zu kaufen, hängte Auberginenscheiben an Schnüren auf, breitete Tomaten auf dem Dach aus, damit sie in der Sonne trockneten, und lagerte Vorräte für den Winter, wie es für Dorfbewohner lebensnotwendig war. Oft bereitete sie *qolur torush* zu, eine wohlschmeckende Mischung aus Mehl, Knoblauch, Joghurt, Tomaten und zehn verschiedenen Gewürzen, die man mehrere Tage gären läßt, bevor sie getrocknet aufbewahrt und zum Andicken von Suppen verwendet wird. Stadtmenschen mochten zwar den Geschmack, bezeichneten *qolur torush* aber verächtlich als Bauernkost. Sie hielten sich auch ein Schaf, das man zweimal täglich molk, um aus der Milch Joghurt herzustellen. Vor dem Winter, wenn Frischfleisch knapp und teuer wurde, schlachtete man das Tier und legte einen Vorrat an Trockenfleisch, sogenanntem *land*, an. Herater aßen mit Vorliebe *land*, kauften aber meist die schon fertig zugeschnittenen Stücke beim Metzger.

Ich sah zu, als das Schaf geopfert wurde. Zunächst löste Shemsaddin den Strick, dann gab er ihm ein Schälchen Wasser, streichelte zärtlich sein Fell und erklärte, daß es eine Sünde sei, ein durstiges Tier zu töten. Dann band ihm Mutter von Nebi die Beine zusammen, damit es nicht ausschlug, und gemeinsam legten sie es, mit ausgestrecktem Hals, seitlich auf eine Steinplatte. Shemsaddin zog sein Messer, stieß ein lautes Gebet hervor, schlitzte ihm die Gurgel auf und trennte den Kopf fast vollständig ab. Das Blut spritzte nach allen Seiten, rann gurgelnd über den Boden, und das Schaf zuckte heftig. Nachdem es ausgeblutet war, bachte er an einem Bein einen Schnitt an und blies hinein, damit die Haut sich aufblähte und vom Kadaver ablöste. Die Kinder machten sich eifrig daran, die Wolle auszurupfen; später entfernte Shemsaddin die Innereien und behielt nur die Leber, eine Delikatesse, zurück. Nebi schnitt sie in kleine Stücke, rieb sie mit etwas Salz ein und begann gleich darauf, sie zu braten, fächelte die Glut hin und wieder und verteilte Kostproben an die begierig wartenden Kinder. Danach grillte Mutter von Nebi Kopf und Füße über dem offenen Feuer, schabte die verkohlten Stellen mit einem Messer ab und riß die Hufe heraus, sobald sie sich lösen ließen. Die Kinder halfen ihr, das entbeinte Fleisch mit Steinsalz und Chili einzureiben, das sodann an eine Stange gebunden und zum Trocknen in die Sonne gehängt wurde. Man ließ es mindestens zehn Tage lang trocknen, was Schwärme von Wespen anzog. Abends beobachtete ich Mutter von Nebi beim Auslassen des Schwanzfettes – die Schwänze afghanischer Schafe sind relativ dick und liefern große Mengen an Bratfett.

In ihrer Küche, einem winzigen Verschlag, hatten wir beide kaum Platz, uns auf den Boden zu hocken. Die Wände waren vom Kochen rußgeschwärzt. Auf einem kleinen Regal aus Lehm befanden sich Streichhölzer, eine Dose mit Gewürzen und Salz, und in das eigens dafür vorgesehene Loch konnte sie ihren Kochlöffel einhängen. Brennholz und Reisig zum Anzünden wurden in einem Schuppen aufbewahrt.

Sie zerteilte den Schwanz in kleine Stücke, rieb diese mit Salz ein und legte sie in einen großen Kochtopf, den sie aufs Feuer stellte.

«In unserem Dorf haben wir das jedes Jahr gemacht», sagte sie und wischte sich den Schweiß vom Gesicht. «Dieser Schwanz ist wirklich sehr gut – viel besser als das russische Pflanzenfett aus der Dose, das man hier in der Stadt bekommt. Da ist so viel Wasser drin, daß es dir in die Augen spritzt und nichts übrig bleibt. Nur ‹gelbes Fett›, die Butter, die man aus Joghurt herstellt, ist besser als das Schwanzfett.»

«Wird dir das Schaf nicht fehlen?»

«Jetzt, wo der Sommer vorbei ist, wird uns das Futter zu teuer. Außerdem gab es immer weniger Milch. Es wurde Zeit, es zu schlachten – schließlich haben wir es ja wegen dem Fleisch gekauft», erwiderte sie nüchtern.

Das Fett schmolz sehr langsam. Sie hatte mich gebeten, ihr beim Warten Gesellschaft zu leisten. Unsere Gesichter wurden vom Feuer beleuchtet, das unter dem Topf flackerte. Hin und wieder legte sie einen Scheit nach.

«Erinnert dich das an dein Dorf?»

«Irgendwie schon. Wir haben es zu Hause immer so gemacht. Aber hier ist unser Lebensstandard höher. Im Dorf gibt es keine Arbeit für Nebis Vater – nur als Bauer oder Pächter. Auf dem Land kann es keiner zu etwas bringen.»

Schließlich war das Fett geschmolzen. Zischend schwammen die Rückstände in der klaren, schäumenden Brühe. Vorsichtig nahm sie den Topf vom Feuer, holte einen zweiten, löffelte das klare Fett hinein und ließ die Brocken zurück. Ich bewunderte die Geschicklichkeit, mit der sie das siedend heiße Öl abschöpfte, ohne dabei einen Tropfen zu verschütten. Nachdem es sich etwas abgekühlt hatte, füllte sie das Fett in zwei große Vorratsbehälter ab. Nur die Grieben schwammen noch in einem Rest heißen Öls. Dann warf sie eine Handvoll Fleisch und einen Berg Zwiebelringe hinein, rührte kräftig um und ließ beides eine Weile brutzeln. Dann verteilte sie das Gericht auf kleine Teller und schickte sie, mit einem Laib selbstgebackenen Brots versehen, als wohlwollende Geste an Nachbarn und nahe Verwandte. Auf diese Weise hatten alle an der feierlichen Opferung des Schafes teil, ähnlich wie Hochzeitsgäste durch die ihnen zugedachten gezuckerten Nüsse in das Glück des Brautpaars miteinbezogen wurden. Ich bemerkte, daß sie bestimmten Verwandten nichts zukommen ließ: diese kleine Gabe vermochte sowohl freundschaftliche Bande zu festigen als auch Feindschaften zu vertiefen.

Trotz Mutter von Nebis ländlicher Gepflogenheiten schien sie ihr Dorf nicht zu vermissen und nahm keine Gelegenheit wahr, ihre Heimat zu besuchen. Selbst Beerdigungen, die ihre Anwesenheit erfordert hätten, blieb sie fern, und Shemsaddin ging allein. Sie wirkte desinteressiert, aber ich hatte den Eindruck, daß sie nur die forschenden Blicke und die Neugier der Leute fürchtete oder sich nicht der Flut auf sie einstürzender Erinnerungen aussetzen wollte. Sie lebte in einem Vakuum – war kein aktives Mitglied ihres Dorfes mehr, blieb aber auch in der Stadt eine Außenseiterin.

Trotz allem setzte sich ihre Klientel, der sie wahrsagte, aus Mitgliedern ihres Clans aus Bagh-i Ali oder Shemsaddins Heimatort Du Chenar zusammen. Einmal, als wir gemeinsam in ihrem sonnigen Innenhof saßen und nähten, wollte es der Zufall, daß ich einer Sitzung beiwohnte. Eine Frau aus Bagh-i Ali trat durch das Eingangstor. Nebi führte deren männliche Begleiter sofort ins Besuchszimmer und scheuchte seine Mutter und Schwestern ins Haus, außer Sichtweite.

«Sie ist wegen einer Weissagung gekommen», flüsterte Mah Gol, während wir hastig ins Haus liefen.

Unsere Besucherin war klein, dünn und ärmlich gekleidet, besaß die unverkennbare Adlernase und die dunkle Haut einer Frau vom Land. Sie setzte sich hin und zupfte nervös ihren Schleier zurecht, während sie, ohne uns anzuschauen oder ihrer Umgebung die geringste Beachtung zu schenken, eine Begrüßung murmelte.

«Mutter von Nebi, du mußt mir unbedingt helfen. Ich habe drei erwachsene Söhne und versuche verzweifelt, eine Braut für den ältesten zu finden, aber ganz gleich, was ich unternehme, keine will ihn haben», redete sie eindringlich auf Mutter von Nebi ein und fixierte sie mit flehentlichem Blick. Sie erzählte und ihr ganzer Körper schmerzte vor innerer Anspannung und Sorge.

Zunächst reagierte Mutter von Nebi zurückhaltend.

«So etwas mache ich nur für Familienmitglieder», begann sie unwillig. «Dafür ist mir meine Zeit zu schade. Alle kommen, trinken meinen Tee und gehen wieder, ohne mir irgend etwas zu geben. Weißt du, daß Agha Sahib die Hälfte von meinem Verdienst bekommt? Ihm habe ich es zu verdanken, daß ich wahrsage, und deshalb steht ihm die Hälfte des Geldes zu.»

Wir alle wußten, daß sie letztendlich einwilligen würde, aber zunächst mußte sie ihre Konditionen festlegen. Ihr Gast wirkte keineswegs entmutigt, sondern fuhr fort, mitleiderheischend über ihre Sorgen zu klagen. Mutter von Nebi schien unbeeindruckt, ging aber zum Schrank, um ihre Gebetsperlen zu holen, die Agha Mohammad gesegnet hatte und die sie benutzte, um sich in Trance zu versetzen. Sie bedeutete ihrem Gast, sich direkt ihr gegenüber niederzulassen, und begann, mit den Perlen zu spielen und mit halbgeschlossenen Augen vor sich hin zu murmeln. Ihre Kinder, unsere Besucherin und ich beobachteten gespannt, wie sich ihre Lippen bewegten und sie ihren Oberkörper hin und her wiegte. Aus ihrem Mund drangen seltsame Laute, zunächst leise, dann allmählich anschwellend; ein unverständliches Krächzen, das aus tiefster Kehle aufzusteigen schien. Vermutlich nahm sie gerade Verbindung mit der Geisterwelt auf, und diese Geräusche stammten von den *djinns*, die durch sie, das Medium, sprachen. Ihre Klientin wandte keinen Blick von ihr; Tränen standen ihr in den Augen.

Nach einigen Minuten verstummte Mutter von Nebi, ein wenig zitternd. Sie hielt die Augen geschlossen und bewegte die Lippen nur noch kaum merklich. Dann erlangte sie ihr Bewußtsein wieder, richtete sich auf und schlug die Augen auf.

«Dein Sohn wurde verhext», verkündete sie.

«Wer hat das getan?» fragte die Frau, ohne Mutter von Nebis Behauptung im geringsten anzuzweifeln.

«Ein Mann, der ihm weder nah noch fern ist.»

«Es könnte der Bruder von meinem Mann gewesen sein», schlug ihre Klientin vor, die sich mit dieser vagen Erklärung offensichtlich begnügte. Hexerei, Flüche oder Verwünschungen vermochten das Glück eines Menschen «versiegen» zu lassen, so daß ihm nichts Gutes mehr widerfahren konnte. Die Aufgabe eines Wahrsagers bestand meist darin, die verantwortliche Person zu benennen, damit weitere Schritte unternommen werden konnten.

«Dein Sohn hatte einen Freund», fuhr Mutter von Nebi fort und beobachtete, wie die Besucherin den Hinweis aufnehmen würde. «Es war ein sehr guter Freund – doch jetzt nicht mehr.»

«Ich weiß nicht. Er war nie eng mit irgend jemand befreundet», meinte die Frau und blickte etwas verwirrt drein.

Mutter von Nebi überging ihre Bemerkung und wartete darauf, daß sie weitersprach.

«Was ist mit meinem anderen Sohn?» wollte sie wissen. «Er ist in den Iran gegangen, und ich mache mir solche Sorgen um ihn. Sag mir, ob es etwas Neues gibt!»

Mutter von Nebi begann wieder, ihre Perlen zu zählen. Diesmal schien sie ganz begierig darauf, sich dem Trancezustand hinzugeben. Sie rollte mit den Augen und fing an, wie zuvor zu stammeln. Dann kam sie wieder zu sich und tat ihre Eingebung kund.

«Es geht ihm gut. Er ist mit einem Freund zusammen, und sie haben eine Menge Geld gespart. Sie hatten vor, über Neujahr heimzukommen, haben es sich dann aber anders überlegt. Das einzige, was ihn bedrückt, ist, daß ihm seine Mutter fehlt. Aber er arbeitet hart und verdient viel Geld.»

Die Frau war überglücklich und bedankte sich herzlich.

«Auf deinem Sohn lastet ein schwerer Fluch», fuhr Mutter von Nebi ernst fort. «Ich werde Nebi bitten, einen *tawiz* für ihn zu schreiben. Und ich rate dir, den Schrein in unserem Dorf aufzusuchen – er ist alt und mächtig. Du machst dir mit Recht Sorgen um deinen Sohn. Ich sehe, daß er in Schwierigkeiten ist.» Eindringlich erklärte sie ihr, daß «der Staub der Feen an ihm hafte». Feen sind übernatürliche Wesen, unberechenbar und böswillig wie *jinns*, aber von attraktivem Äußeren. Indem sie einen *tawiz* gegen böse Geister verschrieb, überschritt sie ihre Handlungsbefugnis. Ihr Agha hatte ihr lediglich gestattet, die glücksbringenden Amulette bei beruflichen Schwierigkeiten, zwischenmenschlichen Problemen und als Schutz vor den Gefahren einer Reise anzuwenden.

«Du hast recht, er bekommt Anfälle», flüsterte die Frau. «Manchmal, wenn er *sazdohol*-Musik hört oder wenn er den Stocktanz aufführt.»

Beim Verabschieden küßte sie ehrfürchtig Mutter von Nebis Hand, bedankte sich überschwenglich und steckte ihr beim Hinausgehen heimlich Geld zu. Mutter von Nebi spürte den Schein in ihrer Hand und überhäufte sie, sichtlich erfreut, sogleich mit Grüßen und Wünschen für die Bewohner des Dorfes. Doch nachdem die Klientin gegangen war, beschwerte sie sich darüber, daß sie nur zwanzig Afghanis erhalten habe. Auf dem Land hätten sie keine Ahnung von den Lebenshaltungskosten in der Stadt, meinte sie und hoffte zugleich, in der kommenden Woche, wenn die Besucherin ihren *tawiz* abholte, noch etwas Geld zu bekommen. Für Nebi bedeutete das Abschreiben der Segenssprüche viel Arbeit. Sie beruhigte sich mit dem Gedanken, daß die Frau vom Dorf schon einsehen würde, daß das Amulett nur bei entsprechender Bezahlung seine Wirkung zeigte.

Meine Neugier war geweckt: Was wußte sie über Hexerei? Wie war es den Feinden des unglücklichen jungen Mannes gelungen, diesen Fluch über ihn zu verhängen? Sie antwortete ausweichend, nur schlechte Menschen täten so etwas, doch sie wüßte nichts über ihre Methoden. Sie hätte schon davon gehört, daß man in sieben verschiedenfarbige Fäden Knoten band und dazu irgendwelche Beschwörungsformeln sang – damit war das Thema für sie beendet.

Ihre Arbeit als Hellseherin war für Mutter von Nebi äußerst wichtig, nicht allein des Prestiges wegen, sondern auch wegen ihrer finanziellen Unabhängigkeit, obgleich sie ihre Fähigkeit nur sporadisch einsetzte und relativ wenig damit verdiente. Es ließ sich nicht leugnen, es war ihr nicht gelungen, in der Stadt Klienten zu gewinnen. Sie glaubte, ein neidischer Feind habe ihr Glück «versiegen» lassen und schien nicht zu begreifen, daß ihre Kunden deshalb ausblieben, weil sie gewisse Leute in Bah-i Ali und Du Chenar vor den Kopf gestoßen hatte. Dorfbewohner reagierten empfindlich auf Städter, denen sie sich unterlegen fühlten und die sie für hochmütig hielten. Zweifellos hatte sie sie durch ihre Reserviertheit verletzt.

Ihre Entfremdung von Bagh-i Ali schien unvermeidlich. Zwischen ihren Besuchen verstrichen Jahre, und die Menschen in ihrer Heimat mußte sie zunehmend als eigentümlicher und distanzierter empfinden. Einerseits war sie durch ihr künstlerisches Erbe, die Geschichten, Tänze und Lieder ihrer Kindheit, tief mit dem Dorf verwurzelt; andererseits war dieser Ort mit schmerzlichen Erinnerungen an die Qual ihrer ersten Ehejahre und den Nervenzusammenbruch behaftet.

Die Verlobung

Seit einer fehlgeschlagenen Heiratsvermittlung für Nebi waren die Beziehungen zu Shemsaddins Dorf Du Chenar gespannt. Ursprünglich war er mit der ältesten Tochter Ghulam Mohammads, Shemsaddins Cousin ersten Grades, verlobt gewesen, aber unglücklicherweise starb das Mädchen, und statt dessen versprach man ihm eine jüngere Tochter, Sherifeh. Brautgeld wurde keines bezahlt. Shemsaddin glaubte, sein Cousin schätze sich schon glücklich, durch die Ehe eine engere Beziehung zu seinen wohlhabenden Verwandten in der Stadt geknüpft zu haben, aber das sollte sich als Trugschluß erweisen.

Ich erinnere mich noch an die Verlobungsfeier für Sherifeh und Nebi im Sommer 1974, nicht lange nachdem ich Mutter von Nebi kennengelernt hatte. Sherifeh war damals gerade fünf Jahre alt. Pummelig, unattraktiv, ohne Anmut, wirkte sie unnatürlich steif in ihrem Kleid aus metallisch glänzendem Brokat. Sie hatte hochrote Wangen und weinte pausenlos, bis man sie mit Süßigkeiten besänftigte. Ihre Mutter weinte ebenfalls und betupfte ihre Augen mit einem rosafarbenen Schal. Sie trug die auf dem Land übliche Kleidung: ein wadenlanges, weit ausgestelltes Kleid, mit riesigen Blumen in leuchtendem Orange und Limonengrün bedruckt, über locker fallenden Hosen im Punjab-Stil, die in der Stadt längst aus der Mode gekommen waren.

Das *nekah*-Zeremoniell vereinte die beiden Kinder zu künftigen Eheleuten. Nebi zeigte kein Interesse an den Feierlichkeiten, sondern zog die Raufereien mit seinen Cousins vor. Ich empfand die Atmosphäre als äußerst bedrückend. Ich wunderte mich, warum so viele Verwandte fern geblieben waren, denn ich wußte damals noch nichts über die Fehden, die die Familie entzweiten. Im Raum herrschte drückende Schwüle, und die *daireh* gab nur dumpfe Töne von sich. Mutter von Nebi, die den Gesang anführte, schimpfte ständig mit den Kindern, ermahnte sie, still zu sein, während die älteren Frauen mit ihren Schals wedelten, um die Fliegen von den schlafenden Babies zu verscheuchen, und die Kinder, die sie fast niedertrampelten, mit Flüchen überhäuften. Die stickig-heiße Luft in den Zimmern und die Horden lärmender, herumtobender Kinder wurden mir unerträglich. Mit dröhnendem Kopf verließ ich schließlich erleichtert das Fest, beschenkt mit einem Päckchen gezuckerter Nüsse.

Die ersten Probleme mit diesem Ehebündnis traten auf, als Shemsaddin für sein neues Haus und die Hypothek darauf dringend Geld benötigte. Er ging ins Dorf mit der Absicht, Land zu verkaufen, mußte aber zu seiner Bestürzung feststellen, daß Ghulam Mohammad es als Brautgeld für Sherifeh beanspruchte. Die übrigen Dorfbewohner standen hinter ihm, was Shemsaddin veranlaßte, unter großen finanziellen Opfern schließlich vor Gericht zu gehen. Der Richter entschied, das Land gehöre nun Sherifeh, gehe aber nach der Heirat in den Besitz des Ehemannes über. Folglich waren Nebis Eltern bestrebt, die Ehe endgültig zu besiegeln, da sie fürchteten, Sherifeh könnte gleichfalls sterben, und ihr Land wäre unwiderbringlich verloren. Zugleich scheuten sie die vielen kostspieligen Geschenke, mit denen sie Sherifeh zu jedem festlichen Anlaß hofieren mußten. Sherifehs Jugend stellte für sie ein grundlegendes Problem dar; ihre Eltern waren moralisch nicht verpflichtet, sie vor der Pubertät aus dem Haus zu geben.

Mutter von Nebi und Shemsaddin tobten angesichts des über sie hereingebrochenen Unglücks. Das Zerwürfnis mit seinen dörflichen Blutsverwandten verletzte ihn zutiefst, doch er gab sich alle Mühe, die Wogen wieder zu glätten. Er konnte es sich nicht erlauben, ihnen lange zu grollen, denn das Dorf, das Land und seine Familie gaben ihm beachtlichen Halt und Sicherheit.

Nebi wuchs heran. Er kam bereits in den Stimmbruch, und ein zarter Flaum zeichnete sich auf seiner Oberlippe ab. Er war intelligent und lerneifrig und beeindruckte mich durch sein ruhiges, ernstes Auftreten. Pflichtbewußt besuchte er weiterhin Du Chenar, überreichte kleine Geschenke und baute freundschaftliche Beziehungen zu Sherifehs Familie auf. Er ging auf sie ein, spielte mit ihr, und allmählich überwand sie ihre Schüchternheit und schenkte ihm Vertrauen. Zu Hause ignorierte er die Sticheleien seiner Schwestern über «Verlobungsspiele» und schwieg, wenn seine Eltern Ghulam Mohammad verfluchten. Ich bewunderte den Gleichmut, mit dem er die schwierige Situation meisterte.

Gelegentlich besuchten Sherifeh und ihre Mutter, Mutter von Nassar, für ein paar Tage Mutter von Nebi. Die Mädchen hänselten sie, machten sich erbarmungslos über Sherifehs Kleider lustig und zogen sie an den Haaren, wenn Nebi nicht zu Hause war. Mutter von Nebi ließ sie gewähren. Es war offenkundig, daß sie für ihre zukünftige Schwiegertochter keinerlei Sympathie hegte. Schockiert hörte ich mit an, wie sie Sherifehs Mutter in Gegenwart der Nachbarn beschämte, indem sie die Geschichte vom gestohlenen Land erzählte und Ghulam Mohammad als Betrüger diffamierte.

«Zumindest würde Sherifeh ein paar Dinge lernen, wenn sie zu uns ins Haus käme», argumentierte sie und versuchte die Gegenseite von der Notwendigkeit einer sofortigen Heirat zu überzeugen. «Meine Töchter können schon alle hausfraulichen Tätigkeiten erledigen. Mah Gol kann kochen und eine Nähmaschine bedienen, und beide haben Sticken gelernt. Was soll aus dem Mädchen in diesem trostlosen Nest je werden? Sie kann ja nicht einmal Tee servieren!»

Sherifeh klammerte sich an ihre Mutter, versteckte sich halb unter der *kursi*-Decke, doch Mutter von Nassar, weder mutig noch redegewandt, konnte nichts zu ihrer Verteidigung vorbringen, obwohl ihre Augen mitleiderregend um Verständnis und Erbarmen flehten. Mutter von Farouq widersprach ihrer Tochter und erklärte, es sei eine Sünde, ein Mädchen zu früh aus dem Haus zu schicken. Sie würde Bassireh, ihre Jüngste, keinesfalls so früh gehen lassen. Sie wollte, daß sie weiter die Schule besuchte. Ich erinnerte mich, daß Mutter von Farouq schon mit sieben Jahren in das Haus ihres Ehemannes gekommen war, und es mußte für sie eine schmerzvolle Erfahrung gewesen ein.

Der Brauch der Kinderverlobung hielt sich auf dem Land besonders hartnäckig, da die Landbevölkerung es vorzog, Brautgeld in Raten zu zahlen. Die Verheiratung von Mädchen vor der Pubertät kam hingegen relativ selten vor; mir waren nur Einzelfälle bekannt: zum Beispiel Timors Frau Peri, die ebenfalls aus Du Chenar stammte. Ich erinnere mich noch an die Zeit, als sie ihre erste Periode bekam. Damals raunte mir Mutter von

Farouq zu, sie hoffe, Peri würde nicht schwanger werden, bevor sie voll entwickelt sei und bevor Timor zum Militärdienst eingezogen würde. Sollte ich daraus schließen, daß die beiden bereits sexuellen Verkehr hatten? Sie schliefen im selben Bett, aber vielleicht hatte man ihnen geraten, sich bis zu Peris Menstruation zurückzuhalten. Peri wurde tatsächlich schwanger und brachte im Jahr darauf ein bemitleidenswert winziges Baby zur Welt.

Mir tat die kleine Sherifeh leid, die damals gerade sieben oder acht Jahre alt war und einen hilflosen, verletzlichen Eindruck machte. Ich wünschte, ihre Eltern würden sich nicht Mutter von Nebis Druck beugen und in eine sofortige Heirat einwilligen. Als Sherifeh dann in den Haushalt aufgenommen wurde, bereitete Mutter von Nebi den beiden ein gemeinsames Lager, damit sie sich aneinander gewöhnten. Doch sie beklagte sich, daß Sherifeh weinte und verdächtigte deren Mutter, sie vor einem allzu intimen Umgang mit Nebi gewarnt zu haben. Sie versicherte mir, Nebi würde es nicht wagen, sie «anzurühren». Ich schloß daraus, daß sexuelle Aufklärung Aufgabe der Frauen war und fragte mich, was sie ihm riet, war aber sicher, daß die Bedürfnisse ihres Sohnes für sie im Vordergrund standen.

Die Regeln des Koran verbieten ausdrücklich Ehe und Sex vor der Pubertät, aber in der Praxis schienen Mädchen wie Peri und Sherifeh ihrem Schicksal schutzlos ausgeliefert zu sein. Hin und wieder hörte man das Argument, Braut und Bräutigam könnten sich so von früher Kindheit aneinander gewöhnen. Zweifelsohne resultierten viele glückliche Ehen aus diesem Brauch – aber auch viele leidvolle Erfahrungen. Mir fiel auf, daß die Haltung der Frauen davon abhing, ob sie die Position der Mütter oder der Schwiegermütter vertraten. Mutter von Farouq mochte die Interessen ihrer Tochter vehement vertreten, doch der Heirat ihres Sohnes Timor, eines erwachsenen, gesunden Mannes von zwanzig Jahren, mit der kindlichen, flachbrüstigen Peri hatte sie bedenkenlos zugestimmt.

Vor dem Opferfest, das die jährliche Pilgerfahrt nach Mekka markiert, ging Shemsaddin zum Basar und kaufte für Sherifeh Stoffe. Es war Brauch, zu diesem feierlichen Anlaß neue Kleider zu tragen, und Shemsaddin fiel die Aufgabe zu, sie damit auszustatten. Stolz präsentierte er seine Einkäufe: drei Meter feinen, modischen Kleiderstoffs, zwei Meter Crêpe de Chine für einen Schal und zwei Meter weißen Nylons für Hosen.

«Warum mußtest du so viel Geld ausgeben?» platzte es aus Mutter von Nebi heraus. «Keiner von uns kann sich leisten, so etwas zu tragen.»

«Ich mußte etwas Ordentliches kaufen», verteidigte er sich. «Die Leute im Dorf werden den Stoff betrachten und denken, daß ich in meinem Beruf erfolgreich bin.»

«Da müssen sie nur mal zu Besuch kommen und sich die Kleidung der Jungen ansehen!» warf sie verärgert ein. «Was hast du für sie gekauft?»

«Sie müssen warten. Wir können nicht alle für jedes Fest etwas Neues haben», erwiderte er entschlossen.

Sie wandte ihm den Rücken zu und weigerte sich, ihm Tee einzuschenken, wütend darüber, daß er Sherifeh so verwöhnte. Sie legte mehr Wert auf die Meinung ihrer Nachbarn als auf die der Leute in Du Chenar. Meri Gol brach in Tränen aus, als sie die Stoffe sah, und Mah Gol stürmte blaß vor Neid davon.

Drei Tage vor dem großen Ereignis fuhr John uns ins Dorf, damit wir die Geschenke überreichen konnten. Nur Nebi, der zur Schule mußte, und seine Mutter, die sich standhaft weigerte, ihren Fuß je wieder über Ghulam Mohammads Schwelle zu setzen, hüteten das Haus. Wir brachen am frühen Morgen auf und fuhren Richtung Süden, durch die Basare aufs offene Land hinaus und überquerten bei der alten Brücke Pul-i Malan das breite Flußbett. Dann folgten wir der Landstraße nach Westen, auf der wir von den Schlaglöchern unsanft durchgerüttelt wurden. Die Kinder kicherten und quietschten vor Vergnügen. Weiter ging es einige Kilometer an einem kleinen, baumbestandenen Kanal entlang, durch mehrere friedliche Dörfer hindurch, und schließlich bogen wir in flaches Ödland ab, auf dem nur vereinzelt dürres Dornengestrüpp wuchs. Abseits der grünen Kanallandschaft war es heiß und staubig, und wir zogen eine Staubwolke hinter uns her – wie der Kondensstreifen eines Flugzeugs am Himmel. Nach etwa einer Stunde Fahrt wies Shemsaddin auf Du Chenar, das undeutlich in dunstiger Ferne vor uns auftauchte.

Ich mußte Mutter von Nebi zustimmen, das Dorf war wirklich häßlich. Das umliegende Land, hauptsächlich karge Salzwüste, lag ausgetrocknet da. Unter den zwei schattenspendenden Platanen, die dem Dorf seinen Namen gaben, warteten ein paar Dorfbewohner auf den Kleinbus, das einzige öffentliche Verkehrsmittel in die Stadt.

«Ruf Vater von Peri und sag ihm, daß Besuch kommt», beauftragte Shemsaddin einen kleinen Jungen, der vorausrannte, um unsere Ankunft anzukündigen.

Wir folgten einem von Mauern begrenzten Weg zum Haus von Timors Schwiegervater, wo wir uns für die Prozession zu Sherifehs Haus sammelten. Die Männer begaben sich ins Besuchszimmer, während die Kinder und ich die unebenen Lehmstufen zum Familienzimmer hinaufkletterten, das auf ein flaches Dach hinausführte und darüber mit dem Nachbarhaus verbunden war. Einige Frauen saßen in der Sonne und spannen Wolle auf rostigen Spinnrädern. Mutter von Peri, klein und rotwangig wie ihre Tochter, hieß uns willkommen. Mah Gol und die Kinder wirkten plötzlich schüchtern und unbeholfen in ihrem Sonntagsstaat und erröteten verlegen, als sie ein paar Begrüßungsworte murmelten.

Ich ging zu den Frauen hinüber, um beim Spinnen zuzusehen, und sofort erkundigten sie sich nach Mutter von Nebi. Warum war sie nicht mitgekommen? Mah Gol druckste verlegen herum und stammelte mit hochrotem Kopf eine wenig überzeugende Entschuldigung. Ich erklärte hastig, sie müsse wegen Nebi zu

Hause bleiben. Und es wäre unhöflich gewesen, nur einen Tag lang ihre Verwandten zu besuchen. Den ganzen Tag über wurde mir dieselbe Frage gestellt, und bald gingen mir meine Ausflüchte mühelos über die Lippen, doch die Dorffrauen fühlten sich trotz allem gekränkt. Auch Mutter von Peri verteidigte Mutter von Nebi, aber alle kannten den wahren Grund ihres Fernbleibens.

Shemsaddin brachte die Geschenke nach oben und vermied es taktvoll, in Richtung der eilig davonhuschenden Spinnerinnen zu schauen. Die Gaben waren auf drei runden Tabletts angeordnet, die mit leuchtend bunten Schals, unten zu einem Knoten geschlungen, bedeckt waren: auf dem ersten die Stoffe für Kleid und Schal, auf dem zweiten ein Paket mit gezuckerten Nüssen und der Hosenstoff und auf dem dritten ein kleines Päckchen Nüsse (von besserer Qualität und für die Männer gedacht), etwas Henna und Parfum.

Bevor wir mit den Geschenken zu Sherifehs Haus aufbrachen, nahmen wir ein einfaches Mittagessen aus Brot und *qorut* (ein in Wasser gelöstes Trockenmilchprodukt, im Tauschhandel von den Nomaden erworben) zu uns, während den Männern unten gebratene Eier und Brot serviert wurden. Als wir Mutter von Nebi später davon erzählten, empörte sie sich – *qorut*! Es war unfair von ihr, so verächtlich über das Essen herzuziehen, vor allem, da Mutter von Peri bereitwillig eingesprungen war, an ihrer Stelle den Zug des Bräutigams anzuführen.

Etwa zwanzig Frauen und Kinder versammelten sich auf dem Dach, um an der Prozession teilzunehmen. Zweifellos waren sie froh, ihre Arbeit einmal ruhen zu lassen und an einem Fest teilzunehmen, andererseits wußten sie aber auch, daß man ihnen ihre Abwesenheit verübelt hätte. Die meisten trugen den traditionellen Schleier der Landfrauen, ein handgesponnenes Tuch, das über den Kopf gelegt, vorn locker geknotet, das Gesicht frei ließ. Die Kinder führten den Zug an, die Tabletts mit den Geschenken auf dem Kopf balancierend. Dann folgten die Männer, dahinter eine Schar Jungen und zuletzt die Frauen und übrigen Kinder. Eine von uns spielte auf der *daireh*, und wir klatschten dazu, während wir den schmalen Weg entlanggingen. Einmal bedeutete uns Vater von Peri mit einem Handzeichen anzuhalten, verschaffte sich mit einem stimmgewaltigen «Ho!» Ruhe und deklamierte ein Reimpaar. Lautstark, mit erhobenen Händen klatschend, fiel die Menge ein und antwortete im Chor. Mutter von Nebi erläuterte später, daß Männer ihre Verse auf der Straße verkündeten, während Frauen sie hinter der Eingangstür vortrugen. Wäre sie dabeigewesen, fügte sie hinzu, so hätte sie oben auf Ghulam Mohammads Treppe mit kräftiger Stimme ein Verspaar rezitiert – womit sie Gespür für eine wirkungsvolle Inszenierung bewies.

Ghulam Mohammads Haus lag nicht weit entfernt. Er war ein gebeugter alter Mann mit langem, buschigem Bart, der auf mich umgänglich und gutmütig wirkte, keinesfalls wie der gerissene Gauner, den ich mir vorgestellt hatte. Während er die Männer ins Besuchszimmer geleitete, führte uns Mutter von Nassar in einen anderen, äußerst schmutzigen Raum. Sie gab jedem Geschenketräger eine kleine Münze (laut Mutter von Nebis kritischem Kommentar hätte sie jedem zwei Münzen, je in ein buntes Taschentuch eingeschlagen, überreichen müssen). Sie lebten in sehr ärmlichen Verhältnissen und bewohnten zwei karge Räume über einer Vorratskammer für Viehfutter und Brennmaterial. Mir fiel ein, daß Mutter von Nebi erzählt hatte, die Familie besitze nicht einmal ein Plumpsklo, sondern hocke sich, wie die Tiere, in den Hof. Die groben, steilen Stufen waren bei Eis sicher tückisch. Verglichen mit der Stadt schienen die Menschen auf dem Land ein hartes und entbehrungsreiches Leben zu führen.

Wir ließen uns nieder. Die älteren Frauen saßen an der gegenüberliegenden Wand, musterten eingehend unsere städtische Garderobe, ließen sich über die Kleider und den Schmuck der Mädchen aus und mokierten sich über die Plateausohlen der

Schuhe aus dem Secondhand-Basar. Eine Frau öffnete unser Paket mit gezuckerten Nüssen und verteilte sie auf einem Tablett; eine andere nahm unsere Geschenke und reichte sie zur Begutachtung herum. Sherifeh konnte ich nirgends entdecken. Mutter von Nassar war hinausgegangen, um für die Männer Tee zu bereiten. Eine der Besucherinnen fragte, wieviel Mah Gols Ohrringe gekostet hätten, befühlte sie und rief angewidert aus, sie seien ja aus Plastik. Eine weitere erkundigte sich bei Mutter von Peri, ob Mah Gol schon verlobt sei. Während sie genüßlich an ihren Wasserpfeifen zogen, beratschlagten sie, welche Dorfjungen in Frage kämen.

In einer anderen Ecke kauerten mehrere frisch verheiratete junge Mütter mit entblößten Brüsten und stillten ihre Babies, die es scheinbar alle gleichzeitig nach Zuwendung verlangte. An der Tür umringten kleine Mädchen die *daireh* und sangen den Frauen abwechselnd etwas vor. Mutter von Peri versuchte, die Atmosphäre aufzulockern und forderte, um Stimmung aufkommen zu lassen, die jungen Mütter zum Tanzen auf. Diese reichten ihre Babies weiter und erhoben sich ohne Scheu, ganz anders als die schüchternen Mädchen in der Stadt, die man erst überreden mußte.

Die Zeit schien wie im Flug vergangen zu sein, als man mir ausrichtete, John wolle aufbrechen. Die Frauen fingen gerade zu singen an und waren bestürzt, daß wir schon so früh gehen wollten. Sie fürchteten, uns irgendwie beleidigt zu haben und versuchten, uns mit den üblichen Höflichkeitsfloskeln zum Bleiben zu bewegen. Auf ihren erschrockenen Protest hin erklärte ich beschwichtigend, daß mein Mann zum Aufbruch dränge – ich appellierte an ihr Verständnis, was weiblichen Gehorsam und männliche Autorität betraf. Mutter von Peri bestürmte uns, über Nacht zu bleiben, da es sonst heiße, sie hätte nicht genug Platz.

Ich war enttäuscht, weil ich das Musizieren verpaßte, aber zugleich erleichtert, der deutlich spürbaren Feindseligkeit gegenüber der abwesenden Mutter von Nebi zu entfliehen. Die Dorfbewohner wirkten beklemmend auf mich in ihrer fast zwanghaften Sorge, was andere Leute wohl denken oder sagen mochten.

Shemsaddin hingegen war angeregter Stimmung und zuversichtlich, einen guten Eindruck hinterlassen zu haben. Der Besuch war erfolgreich verlaufen.

Als wir nach Hause kamen, fanden wir Mutter von Nebi lustlos und gereizt vor. Wahrscheinlich hatte sie sich gelangweilt und darüber geärgert, daß sie sich die Gelegenheit zu einem unterhaltsamen Nachmittag hatte entgehen lassen. Sie machte Nadir heftige Vorwürfe wegen der Wagenschmiere auf seiner besten Kleidung, und es gab Tränen und gegenseitige Anschuldigungen. Ihr kläglicher, einsam verbrachter Tag hatte ihren Haß auf Ghulam Mohammad und ihr Mißtrauen gegenüber den Bewohnern von Du Chenar nur noch verstärkt.

Beim Geistheiler

Mutter von Nebi versprach, mich einmal Agha Seyed Osman, dem Sohn Agha Mohammad Alis, vorzustellen. Eines Freitagmorgens brachen wir gemeinsam mit den Kindern auf, um sie vom heiligen Mann segnen zu lassen. Nur Nebi mußte, während sein Vater zum Mittagsgebet ging, das Haus hüten. Mutter von Nebi wirkte nervös, da sie der Schleier daran hinderte, ihre Kinder zur Ordnung zu rufen. Sie wählte einen Schleichweg, um den Trubel des Touristenbasars zu meiden, reagierte aber schockiert und peinlich berührt, als Kinder hinter mir herriefen und mich verspotteten (damals trug ich noch keinen Schleier). Als wir schließlich ankamen, wirkte sie atemlos und unendlich erleichtert, das feindliche Territorium zwischen ihrer häuslichen Enklave und der Zufluchtsstätte des Agha durchquert zu haben.

Wir genossen eine bevorzugte Behandlung und wurden gebeten, im Haus von Agha Mohammads rangjüngerer Witwe zu warten, statt uns zu den übrigen Klienten zu gesellen. Wir betraten einen bescheidenen, aber freundlichen Raum mit zahlreichen Fotografien an den Wänden. Mutter von Nebi zeigte mir Agha Mohammad Ali, einen weißhaarigen Mann, der gütig aus einem Goldrahmen auf uns herabblickte, und seinen Vater auf der handkolorierten Vergrößerung eines alten Schwarzweißfotos. Eine stämmige, unter einem schweren Baumwollschleier verborgene Frau, die rangjüngere Witwe, servierte uns Tee und setzte sich zu uns, um Neuigkeiten auszutauschen. Mutter von Nebi klagte, ihre Kundschaft schwinde, weshalb sie dem Agha nur wenig Geld geben könne. Sie erklärte, sie sei in der Absicht gekommen, Nadir, der unter Alpträumen litt, segnen zu lassen. Und für Nebi, der später zu uns stoßen würde, wünschte sie ebenfalls des Aghas Segen, damit er seine Prüfungen erfolgreich ablegte.

«Wie ich sehe, bekommst du ein Baby», bemerkte die rangjüngere Witwe und betrachtete vielsagend ihren Bauch.

Ich blickte Mutter von Nebi prüfend an. Vor Wochen hatte sie einen Hinweis auf eine mögliche Schwangerschaft entschieden zurückgewiesen; sie wollte es nicht wahrhaben. Jetzt fiel mir auf, daß die Anzeichen nicht mehr zu übersehen waren. Ich erklärte der rangjüngeren Witwe, daß der Arzt ihr auf Grund ernster Magenbeschwerden geraten hatte, die Pille abzusetzen. Seitdem war ihre Periode ausgeblieben. Nachdem sie kurz nachgerechnet hatte, gab sie zu, sie müßte, in Mondmonaten gerechnet, etwa im fünften Monat schwanger sein.

Peri und Bassireh, die unsere Nachricht erhalten hatten, stießen zu uns, und wir wurden alle zum Mittagessen eingeladen. Anschließend statteten wir dem Agha einen Besuch ab. Wir überquerten den Innenhof und betraten sein kleines, dunkles Gebetszimmer, in dem sich zahlreiche Frauen drängten, die alle auf seinen Segen warteten. Der Agha selbst saß im Schneidersitz in einem niedrigen Alkoven und umhüllte die Frau direkt vor ihm mit seinem weichen, monotonen Singsang. Beim Singen wiegte er sich sanft hin und her, dann beugte er sich nach vorn und blies sie zum Abschluß der Segnung mit geschürzten Lippen an. Die Frau verneigte sich und schlurfte zurück. Mutter von Nebi ließ sich vor dem Agha nieder, ohne abzuwarten, bis sie an die Reihe kam. Ich saß etwas hinter ihr und musterte ihn eingehend, hielt den Kopf aber ehrerbietig gesenkt. Er schien etwa zwanzig Jahre alt zu sein, wohlgenährt und rotwangig, trug einfache weiße Baumwollkleidung, einen weißen Turban fest um ein schlichtes Käppchen geschlungen, ähnlich wie ein Mullah, und einen grauen Mantel vom Secondhand-Basar als Schutz gegen die Kälte. Er wirkte nicht wie ein Heiliger auf mich, sondern strahlte die Selbstsicherheit und Würde eines Arztes oder Geschäftsmanns aus. Auf den Regalen hinter ihm im Alkoven türmten sich bergeweise Zettel, die, alle mit Stempeln versehen, für *tawize* gedacht waren.

Mutter von Nebi legte ihm etwas Geld vor die Füße, und auch ich reichte ein paar Münzen nach vorn, da ich beschlossen hatte, ebenfalls seinen Segen zu erbitten. Zuerst ersuchte sie ihn, für Peris Baby, das seit seiner Geburt schwächlich war, zu beten, woraufhin Peri unsicher nach vorn trat und der Agha für beide ein kurzes Gebet sang. Dann bat sie ihn um seinen Segen für Nadir und die anderen Kinder. Als sie ihre Anliegen vorgetragen hatte, erbebte ihr Körper in wilden Zuckungen. Sie zog ihren Schal über das Gesicht und warf den Kopf vor und zurück und bewegte den Oberkörper immer hektischer von einer Seite zur anderen, während sie wie ein Sufi ein dumpfes «Allah Hu!» ausstieß. Diese Form der Ekstase ist unter Moslems weit verbreitet. Das heftige, rhythmische Ausatmen und die leidenschaftlichen, schwungvollen Bewegungen des Kopfes, die Benommenheit und Trance hervorrufen, gleichen dem rasenden Tanz eines Besessenen.

Teilnahmslos beobachtete der Agha, wie sie zu seinen Füßen

krächzte und sich krümmte, gänzlich ungerührt von ihrer Vorführung wartete er geduldig ab, wie sich der Anfall weiter entwickeln würde. Die anderen Patientinnen regten sich und verfolgten interessiert das Geschehen. Mah Gol und die Kinder wanden sich vor Verlegenheit über das Schauspiel, das ihre Mutter bot. Schließlich versuchte der Agha, sie zu beruhigen, indem er mit sanfter Stimme auf sie einsprach. Allmählich ebbten ihre Zuckungen ab. Ihr Gesicht war von dem verrutschten Schal halb verdeckt, und gelegentlich lief ein Zittern durch ihren zusammengesunkenen Körper.

Als der Anfall endgültig abgeklungen war, fragte er sie, warum sie erst so spät zu ihm gekommen sei. Sie antwortete mit rauher, aber leidenschaftlicher, theatralischer Stimme – sie habe zu wenige Klienten gehabt. Fünf Monate waren inzwischen vergangen, und sie hatte ihm kaum etwas vorzuweisen.

«Das macht nichts», erwiderte er. «Hör zu, ich will dich etwas fragen. Man hat mir etwas entwendet. Wer hat es genommen, und werde ich es zurückerhalten oder nicht?»

Sie versetzte sich in Trance und verkündete dann laut, ein Mann hätte es genommen. Sie könnte nicht sagen, wer es sei, aber der Gegenstand befände sich weit weg. Der Agha würde ihn nie wiedersehen. Er akzeptierte ihre Deutung, wandte sich dann mir zu und erkundigte sich nach meinen Wünschen. Ich erläuterte, ich vermisse meine Heimat und bedeutete mir vorzutreten, um seinen Segen zu empfangen. Ich senkte den Kopf, und sein Singsang umfing mich. Danach schrieb er ein Gebet auf, befragte mich nach dem Namen meiner Mutter und nach meinem eigenen und kritzelte zuversichtlich etwas auf das Papier. Geschickt faltete er das Blatt mit zwei weiteren gestempelten *tawize* zu einem dicken, ordentlichen Dreieck und trug mir auf, es um den Hals zu tragen. Bevor wir uns verabschiedeten, überreichte er Mutter von Nebi mehrere Gebetszettel, wie ein Arzt entschieden seine Rezepte aushändigt. Es hätte mich interessiert, ihn andere Patientinnen heilen zu sehen, aber Mutter von

Nebi führte uns nach draußen; sie verspürte keine Lust, noch länger zu verweilen.

Wir gingen zum Besucherraum im Haus der rangälteren Witwe und schlossen uns einer Gruppe von Frauen an, die gemütlich um den *kursi* saßen. Einige von ihnen waren Besucherinnen, andere gehörten zum Haushalt des Agha. Mutter von Nebi verlangte forsch ein paar Stoffetzen von der rangälteren Witwe, die nach kurzer Suche das Gewünschte zutage förderte und es ihr zusammen mit Nadel und Faden reichte. Mutter von Nebi begann unverzüglich, die *tawize* einzunähen. Nach der Begegnung mit dem Agha wirkte sie energiegeladen und tatendurstig.

Sie stellte mir ein sehr schönes junges Mädchen mit einer zarten Tätowierung auf der Stirn vor, die derzeitige Frau des Agha, eine Nomadin, die aus Badghis, nahe der sowjetischen Grenze, stammte. Ich fragte sie, wie es zu ihrer Ehe mit dem Agha gekommen sei. Ihre schwerkranke Mutter, für die es kaum noch Hoffnung gab, hatte einst geschworen, falls der Agha sie heilte, seinem Sohn das Kind, das sie unter dem Herzen trug, zu überlassen – vorausgesetzt, es würde ein Mädchen. Die junge Frau war eben jenes Baby. Ihre Familie hatte dem Agha schon lange Jahre gedient, und als Zehnjährige kam sie als Braut in sein Haus. Jedes Frühjahr reiste ihr Vater nach Herat, um auf dem Markt seine Produkte zu verkaufen und wohnte dann bei ihnen. Wenn er seine Geschäfte und Vorratskäufe beendet hatte, nahm er seine Tochter mit nach Hause, damit sie ihre Mutter zwanzig Tage lang besuchen konnte. Die rangältere Witwe erklärte, das Mädchen habe noch keine Kinder geboren, aber der Agha lege dies als Willen Gottes aus und lehne es ab, eine andere Frau zu heiraten. Ich erkundigte mich, wer nach ihm seine Arbeit fortführen würde, und sie meinten, daß er bei Gelegenheit einen seiner Brüder auswählen würde.

Eine alte Frau lauschte unserem Gespräch; ein kleines Mädchen kauerte an ihrer Seite. Sie hatten die weite Reise von einem fernen Dorf auf sich genommen. Ich fragte sie nach dem Grund.

«Ich bin wegen meinen Augen gekommen. Sie sind trüb», antwortete sie, «und ich habe meine kleine Enkelin mitgebracht. Sie hat Schmerzen in der Brust – und eine verkrüppelte Hand.» Sie hielt die Hand des Mädchens hoch: sie besaß nur drei Finger, und zwei davon waren durch Hautgewebe miteinander verwachsen. «Das hat sie schon seit der Geburt», fügte sie hinzu.

Eine andere Besucherin schlug eine Operation vor, um die zwei Finger zu trennen, aber das Mädchen erwiderte heftig, das sei eine Sünde.

«Ich würde sie nie zu einem dieser Ärzte bringen» (sie meinte westlich orientierte Mediziner), «sie zwingen einen, sich auszuziehen und fassen das Gesicht an und gucken einem in den Mund», meinte die Großmutter bestimmt.

Die anderen Frauen hielten sich zurück, sie zögerten zu widersprechen. Das Mädchen war noch nicht einmal in der Pubertät, und doch kannte sie die Vorstellung von Sünde. Ihrer Kleidung nach zu urteilen besaß die Familie sehr wenig Geld, und ich bezweifelte, daß sie eine solche Operation befürwortet hätte. Aus Mädchen würden Ehefrauen, wäre ihr Argument. Worin lag der Sinn, Geld in sie zu investieren? Das arme Mädchen hielt seine Hand unter der Decke versteckt und hoffte offensichtlich, daß das peinliche Thema bald beendet wäre. Dann bat die rangältere Witwe Mutter von Nebi, für sie weiszusagen. Sie willigte ein, weigerte sich jedoch, dies für die anderen ebenfalls zu tun, und schützte Kopfschmerzen vor.

Es war nach drei Uhr, als wir schließlich aufbrachen. Nebi hatte sich zu uns gesellt, nachdem er das Mittagessen, das ihm seine Mutter aufgehoben hatte, verzehrt und des Aghas Segen empfangen hatte. Sie schien es plötzlich eilig zu haben, nach Hause zu kommen, offenbar aus Angst, sich zu verspäten und Shemsaddins Zorn heraufzubeschwören.

Ich bemerkte ihr gegenüber, welch ein hartes Leben der Agha

führe – ständig damit beschäftigt, Kranke zu heilen. Ich stellte mir die langen Stunden vor, die er in jener kleinen, düsteren Kammer verbrachte, und fragte mich, wie er es ohne einen Partner, mit der er sich die Arbeit aufteilen konnte, aushielt. Er behandle auch Männer, erklärte sie – nahe der Eingangstür gebe es einen weiteren Raum, der stets voller männlicher Patienten sei. Manchmal würden Wahnsinnige mitten in der Nacht zu ihm gebracht, oder er werde an ein Krankenlager gerufen. Sie erzählte, daß er Tag und Nacht für die Hilfesuchenden Gebete sang. Die Frauen des Agha arbeiteten gleichfalls unermüdlich. Immerzu waren Gäste anwesend, und sie mußten für jeden Neuankömmling Tee bereiten und alle Anwesenden mit Mahlzeiten versorgen. Als Entschädigung erhielten sie von den Besuchern so viel an Geld und Geschenken, wie diese es sich leisten konnten.

Ich bedauerte die Frauen des Geistheilers. Offensichtlich lebten sie in noch größerer Isolation als ihre Geschlechtsgenossinnen und mußten pausenlos dem Allgemeinwohl dienen. Tag und Nacht über ihre Kochtöpfe gebeugt, ständig von kranken Menschen umgeben, fanden sie nur selten Gelegenheit, den Hof zu verlassen – vor allem die Frauen der Aghas in ländlichen Gegenden. Die Frau eines Sufi-Agha erzählte mir einmal, sie habe während ihrer fünfjährigen Ehe nur ein einziges Mal ihre Familie besucht.

Ich bemerkte, daß Mutter von Nebi aus der Begegnung mit den Frauen ihres Agha erstaunlich viel Lebensfreude und Trost bezog – vielleicht mehr als vom Agha selbst – und daß sie weit mehr Zeit bei ihnen verbrachte als bei ihm. Ihre Treffen mit dem Agha waren kurz und intensiv, aber die Frauen gaben ihr praktische Ratschläge und brachten ihr Sympathie entgegen, verköstigten sie und hatten stets ein offenes Ohr für sie. Sie leisteten wertvolle, doch wenig anerkannte Arbeit.

Das Gesundbeten spielte im Alltagsleben der Afghanen eine zentrale Rolle. Bei geringfügigen Leiden suchten sie ihren örtlichen Sheikh oder Mullah auf, bei ernsthaften oder chronischen Krankheiten jedoch wandten sie sich an ihren Geistheiler, den

Agha. Der Glaube an die Heilung konnte Wunder bewirken: neugeschöpfte Hoffnung führte manchmal zum völligen Abklingen der Symptome. Die Menschen beäugten die im Westen ausgebildeten Ärzte oft mißtrauisch, schreckten vor den Nebenwirkungen starker Arzneimittel zurück und fürchteten unbekannte Diagnoseverfahren wie Röntgenaufnahmen, Blutabnahme und Urinproben oder auch die Untersuchung selbst. Häufig wurde Frauen und Mädchen – wie dem mit der verkrüppelten Hand – eine ärztliche Behandlung aus Gründen der Moral und des Anstands vorenthalten. Der Agha stellte somit ihre letzte Hoffnung dar.

Die verschwundenen Kinder

Als ich eines Abends, es war Mitte Dezember, heimkehrte, sah ich Mutter von Nebis Schwester Habibeh und Farouqs Frau Zuleikha hastig das Haus verlassen. Sie grüßten mich kaum, sondern eilten offensichtlich verstört die Gasse hinunter; ich ging hinüber, um herauszufinden, was geschehen war. Es mußte etwas Ernstes passiert sein, da Zuleikha auf Grund eines Streits der beiden Ehemänner Mutter von Nebi normalerweise nie besuchte. Meri Gol platzte heraus, die beiden vierjährigen Söhne der Frauen, Jalil und Ahmad, seien verschwunden.

Im Familienzimmer warf die Petroleumlampe auf dem *kursi* riesige Schatten an die Wände; die Kinder wirkten merkwürdig still, als hätten sie gerade ein dramatisches Ereignis miterlebt. Mutter von Nebi tauchte in der Tür auf, brachte noch eine Lampe aus der Küche mit und erzählte mir, die beiden Frauen hätten sie gebeten, etwas über den Verbleib ihrer Söhne herauszufinden.

Die beiden Familien waren vor kurzem in zwei benachbarte, freistehende Häuser gezogen, etwa fünfzehn Minuten zu Fuß von uns entfernt, aber Mutter von Nebi kannte die Gegend nicht, wodurch ihre hellseherische Fähigkeit stark beeinträchtigt wurde. Eines der Häuser gehörte Sadiq, Farouq und ihren Angehörigen und das andere Resul, dem reichen Ingenieur, dessen Bruder Firuzeh geheiratet hatte. Die Häuser lagen inmitten von Feldern, die von schmalen Bewässerungsgräben und schlüpfrigen Pfaden durchzogen wurden: ein gefährlicher Ort, besonders bei Nacht. Mutter von Nebi erklärte, daß Habibeh zu Hause gewesen sei, sich um das Baby gekümmert habe und Jalil sicher in Zuleikhas Hof beim Spielen geglaubt habe. Man hatte Zuleikhas Bruder zum Basar geschickt, und die beiden Jungen waren ihm zum Tor hinaus gefolgt. Zuleikha hatte angenommen, sie hätten ihn begleitet, wohingegen er sie ins Haus zurückgescheucht hatte. Seitdem hatte sie niemand mehr gesehen, ihr Verschwinden wurde jedoch erst bemerkt, als der Junge vom Einkaufen zurückkehrte.

Ich fragte sie, was sie «gesehen» habe. Sie sprach mit schleppender Stimme und versuchte angestrengt, den Sinn einiger persischer Brocken zu erfassen, die sie in Trance von sich gegeben hatte. Ich hatte schon bei früheren Weissagungen bemerkt, daß ein bestimmtes Wort oder ein Satz oft den Schlüssel zur Interpretation des Problems boten, aber diesmal schien sie sich ihrer Botschaft unsicher: «Nördlich, östlich, westlich: in der Stadt . . . Sag nicht, am Kanal.» Sie grübelte über die Bedeutung der Worte nach, als versuche sie, einen geheimnisvollen Traum zu deuten.

«Habibeh war außer sich», flüsterte Meri Gol. «‹Ich bin am Ende meiner Kraft› hat sie zu mir gesagt. Sie hat schon zwei Babies verloren und steht Todesängste um ihr Kleines aus. Es ist sehr schwach, und sie hat so wenig Milch . . .»

«Und erst letzte Woche war sie im Krankenhaus, um sich Verhütungsmittel zu besorgen», fügte Mah Gol hinzu und stellte das Teetablett ab. Jetzt würde Jalil da draußen in der Kälte sterben und sie kinderlos zurücklassen, lautete der unausgesprochene Gedanke.

«Man wird sie finden», widersprach ihnen ihre Mutter bestimmt. «Ich weiß noch, wie du, Mah Gol, vermißt wurdest. Es war Maulbeerzeit. Wir haben dich überall gesucht – drei Stunden lang! Schließlich fanden wir dich: du saßt unter einem Maulbeerbaum und hast die heruntergefallenen Beeren gegessen.» Sie lachte, wie um Hoffnung aus dieser Erinnerung zu schöpfen. «Und einmal ging Nadir verloren; er war gerade drei. Überall haben wir nach ihm gesucht und waren schon völlig verzweifelt, und dabei spielte er ganz seelenruhig im Nachbarhaus!»

«Aber heute nacht scheint kein Mond, und es wird bitterkalt», wandte ich ein und fuhr fort, schweigend meinen Tee zu schlürfen, beunruhigt durch die lebhafte Vorstellung von zwei kleinen Jungen, die weinend und zitternd, barfuß und verängstigt in der Kälte umherirren.

Die Haustür schlug zu, und Shemsaddin erschien im Eingang. Sein besorgtes Gesicht ließ erkennen, daß er sich an der Suche beteiligte. Die Kinder schwiegen kleinlaut, während er seinen Platz am *kursi* einnahm und uns berichtete, er käme gerade von Sadiq, wo die Frauen in heller Aufregung seien. Ihre Männer seien noch nicht heimgekehrt, und sie fürchteten, verprügelt zu werden, wenn diese vom Verschwinden der Jungen erfuhren. Er trank einen Schluck heißen Tees, seufzte tief, erflehte Gottes Gnade und beteuerte, die Kinder würden gefunden werden, aber bis dahin müßten wir unser Leid tapfer ertragen.

Er erinnerte sich daran, wie einmal ein kleiner Junge in Bagh-i Ali vermißt worden war. Die Männer des Dorfes hatten drei Tage lang die ganze Gegend durchkämmt, selbst die Kanäle durchtaucht und mit Stangen nach dem Jungen gefischt. Mutter von Nebi berichtete, die Frauen seien vor Kummer schier wahnsinnig geworden, hätten sich das Gesicht zerkratzt, die Haare ausgerissen und ihre Kleider zerfetzt: das ganze Haus sei von Wehklagen erfüllt gewesen. Sie hatten sie gebeten, das Schicksal des Jungen zu erkunden.

«Ich versetzte mich in Trance und sah seine Leiche», erzählte sie mit dramatischer Stimme; ihre Kinder lauschten mit weit aufgerissenen Augen. «Ich sagte ihnen nichts davon. Ich behielt das schreckliche Wissen für mich und ließ sie hoffen. Am vierten Tag wurde sein toter Körper ins Haus gebracht.»

Shemsaddin schüttelte traurig den Kopf – den Jungen hatte man ertrunken am Wehr gefunden. Die gegenwärtige Situation verlieh seiner Geschichte etwas Beklemmendes. Ich konnte mich des Eindrucks nicht erwehren, daß Shemsaddin die immer bedrohlichere Atmosphäre in dem halbdunklen Raum bewußt heraufbeschwor, um den eigenen Kindern eine Lehre zu erteilen.

«Kanäle sind sehr gefährlich», fuhr er fort. «Mutter von Nebis Vater starb, nachdem er durch einen eisigen Fluß geschwommen war. Sie war gerade zur Welt gekommen, und er wollte eine Abkürzung nehmen, um schneller bei seiner Frau zu sein. Er war gemeinsam mit Freunden auf einem *meleh* gewesen. Sie versuchten, ihn von der Idee abzubringen, aber er bestand darauf. Das Wasser war durch den geschmolzenen Schnee eiskalt, und er holte sich eine böse Erkältung.» Er konnte sich noch daran erinnern, daß der Arzt abends den kranken, schwer atmenden Mann untersucht und wortlos das Zimmer verlassen hatte. «Gibt es denn keine Medizin, Doktor?» hatten sie ihn besorgt gefragt.

«‹Wenn er bis Mitternacht durchhält, wird er vielleicht überleben›, erwiderte der Arzt.»

«Das war alles, was er sagte», fuhr Shemsaddin fort, «und er hatte recht: der Mann starb gegen elf Uhr am selben Abend.»

«Jetzt ist die schlimmste Jahreszeit, vierzig Tage lang eisige Kälte!» warf Mutter von Nebi ein, wie um die Spannung noch zu steigern. «In dieser Zeit treibt es die hungrigen Wölfe in die Dörfer hinunter. Die starken Schneefälle und die bittere Kälte lassen sie zu rasenden Bestien werden. Sie kommen ganz nah heran, selbst am hellichten Tag.»

Hatte sie wirklich schon Wölfe gesehen? fragte ich. Sie beschrieb zwei Situationen in Bagh-i Ali, wo sie um ihr Leben gerannt war. Alles verstummte, als sie begann, uns eine Geschichte zu erzählen.

«Es war einmal eine Familie – Vater, Mutter und ihr kleines Baby –, die befand sich auf dem Heimweg aus Pul-i Malan. Sie ritten mitten am Tag auf ihrem Pferd. Es war tiefer Winter, und es lag hoher Schnee. Sie näherten sich Ziyaratja, ihrem Dorf, als sie plötzlich vier oder fünf Wölfe am Wegrand lauern sahen. Geschwind bogen sie ab und ritten zum Schrein von Mullah Kalan – dem Großen Mullah –, wo sie Unterschlupf fanden.»

Ich konnte mir die Szene bildlich vorstellen. Ziyaratja, «Ort der Schreine», lag in eine bizarre Berglandschaft eingebettet, vor dem Hintergrund schroffer Felsen. Früher befand sich hier ein bedeutendes religiöses Zentrum. Ich besichtigte einmal die kleine unterirdische Kammer, die den Sufis zu ihrer vierzigtägigen Einkehr diente. Das Dorf wurde von den Ruinen des majestätischen Großen-Mullah-Schreins überragt; das imposante Gewölbe war auf Grund seines vernachlässigten Zustands kürzlich eingestürzt.

«Sie banden das Pferd innerhalb der Schreinmauern fest und kletterten aufs Dach, duckten sich und verharrten regungslos, während sie die schwarzen Umrisse der Wölfe auf dem weißen Schnee beobachteten ... Plötzlich sahen sie einen jungen Mann aus dem Dorf hinausreiten. Er hatte ein Gewehr am Sattel hängen und trug einen Patronengürtel über der Schulter. Sie dachten, er müsse verrückt sein, einfach so loszureiten. Der Mann wollte ihn warnen, obwohl er dadurch die Aufmerksamkeit auf sich lenkte.

‹O Bruder!› rief er. ‹Siehst du nicht, daß dein Leben in Gefahr ist? Auf deinem Pfad sind Wölfe!›

‹Ich fürchte mich nicht›, antwortete der Mann. ‹Ich habe ja mein Gewehr!› – und er ritt weiter. Eine Minute später fielen die Wölfe über ihn her und rissen Pferd und Reiter in Stücke. Noch bevor er Zeit hatte, sein Gewehr zu laden oder auch nur einen einzigen Schuß abzufeuern, hatte sich die Meute an seiner Kehle festgebissen.»

Eine seltsame Erregung erfüllte den Raum. Die schaurige

Geschichte sollte offenbar die Kinder dazu animieren, sich ihre Cousins als verlorene Lämmchen vorzustellen, in dunkler Wildnis, blutüberströmt und von Wölfen zerfetzt. Welch ein Kontrast zu meiner eigenen wohlbehüteten Kindheit in England, wo ich vor allen Grausamkeiten bewahrt wurde! Mutter von Nebis Kinder spielten ihren Part in diesem Drama: es wurde von ihnen erwartet, daß sie Mitgefühl für Jalil und Ahmad aufbrachten und aus deren abschreckendem Beispiel lernten.

Ungeduldig forderte Mutter von Nebi Shemsaddin auf, sich draußen nach Neuigkeiten umzuhören. Dann nahm sie ihre Gebetsperlen und versetzte sich erneut in Trance, um etwas über das Schicksal der Jungen in Erfahrung zu bringen. Sie rollte die Augen, zuckte und bebte und stieß sonderbar gepreßte Schreckenslaute hervor. Dann verfiel sie in Schweigen und spielte gedankenverloren mit ihren Perlen.

«Ich weiß nicht, wo sie suchen sollen», äußerte sie endlich und wirkte unsagbar müde, «aber ich weiß, daß man sie finden wird.»

Sie schickte Mah Gol hinaus, um für Nadir, der zu wimmern angefangen hatte, Brot zu holen und verkündete, sie würde heute kein Abendessen kochen. Wie könnte sie es beim Gedanken an die Kleinen da draußen in der Finsternis übers Herz bringen, etwas zu essen? Sie würden alle mit leerem Magen zu Bett gehen.

Am nächsten Morgen erkundigte ich mich nach Neuigkeiten. Meri Gol erzählte mir, daß man die Jungen gefunden habe und sie zu Hause in Sicherheit seien.

«Heute morgen hat man sie entdeckt», berichtete Mutter von Nebi, die einen erschöpften Eindruck machte. «Gestern abend wußte ich, daß man sie nicht vorm Morgengrauen finden würde, aber das behielt ich für mich, denn ihre Mütter wären sicher vor Angst fast wahnsinnig geworden. Eine Frau sah die Jungen, gerade als es dunkel wurde, und nahm sie auf. Einer der beiden trug nasse Kleidung – Ahmad, glaube ich –, weil er in den Bewässerungsgraben gefallen war. Sie trocknete sie ab, gab den Jungen

Suppe und legte sie ins Bett. Sie hatten überhaupt keine Angst; im Gegenteil, sie erzählten zu Hause ihren Müttern, sie seien auf einem Fest gewesen! Gestern abend ging ich verwirrt zu Bett und hoffte, im Traum ihren Aufenthaltsort zu erfahren. Als ich aufwachte, sagte ich zu Shemsaddin: ‹Es geht ihnen gut, und sie sind zusammen. Sie werden heute noch nach Hause kommen.›»

Ich hatte mich gefragt, wie glaubhaft und zuverlässig ihre Weissagungen wohl sein mochten, inwieweit sie nur bluffte und auf Spekulationen angewiesen war. Ich wollte gern an ihre besonderen Fähigkeiten glauben und an ihre Gabe, sich in einer anderen Dimension zu bewegen, aber ich wurde meine Zweifel nicht los. Verständlicherweise kostete es sie enorme Anstrengungen, den Verbleib ihrer verlorengeglaubten Neffen zu erkunden, ebenso wie es Ärzten schwerfällt, bei Angehörigen eine objektive Diagnose zu stellen. Ich hatte Verständnis dafür, daß sie am vorangegangenen Abend über ihr eigenes Unvermögen, etwas zu «sehen», enttäuscht gewesen war, bemerkte aber jetzt erstaunt, daß sie vorgab, die Situation erkannt zu haben. Sie schien großen Wert darauf zu legen, daß man ihr hellseherisches Können nie in Frage stellte.

Wochenlang kursierten Gerüchte über die verschwundenen Jungen, eines abwegiger und abenteuerlicher als das andere. Jedenfalls stieg Mutter von Nebi in ihrem Ansehen als Wahrsagerin. Die Leute betonten, daß sie von Ahmads Sturz ins Wasser gewußt und die Auffindung der Jungen vorhergesehen hatte; aber beruhte ihre Kunst vielleicht nur auf gesundem Menschenverstand? Mir fiel auf, daß sie keine exakten Aussagen machen konnte, was sie selbst zugab. Aus Erfahrung wußte sie, daß herumstreunenden Kindern gewöhnlich nichts zustieß. Ich hegte den Verdacht, daß sie bei einem Unfall oder der Ermordung der beiden Jungen die Tatsachen zu ihren Gunsten gewendet und behauptet hätte, sie hätte absichtlich nichts verlauten lassen – wie damals bei dem im Wehr ertrunkenen Jungen. Möglicherweise hätte sie auch auf ihre Geschichten verwiesen und diese als Beweis für ihre Vorahnung angeführt. Niemand zweifelte ihre Fähigkeiten an; alle schenkten ihr uneingeschränktes Vertrauen. Zweifellos war sie all jenen Frauen eine wertvolle Hilfe, die dringend Rat suchten, aber ich stellte fest, daß ihre Prophezeihungen diese gewöhnlich nur in ihren Vermutungen bestärkten oder so vage formuliert waren, daß sie weiten Interpretationsspielraum boten.

Man gab den Müttern die alleinige Schuld am Verschwinden der Kinder, und Jalil und Ahmad wurden in keiner Weise bestraft oder verwarnt. Bis zum Alter von sieben Jahren, einem Meilenstein auf dem Weg zum Erwachsensein, wurden Kinder für ihre Taten nicht zur Verantwortung gezogen. Dennoch hatte Mutter von Nebi vorsätzlich die Gelegenheit ergriffen, ihre eigenen Kinder zu verschrecken und hungrig zu Bett zu schicken, um dem Los der Cousins Gewicht zu verleihen; dieses Ereignis sollte ihnen eine Lehre sein: Tragödien wie Unfall, Tod oder eine Naturkatastrophe spielten sich nicht im Film oder in fernen Ländern ab, sondern gehörten zum alltäglichen Leben. Geschehnisse wie das Verschwinden der Jungen bildeten den Stoff für die Geschichten, die man sich am *kursi* erzählte. Obwohl alle aufrichtige Angst und Bestürzung empfunden hatten, zeugten doch die gruselige Atmosphäre und der furchteinflößende Erzählton von der Lust am Nervenkitzel und an makabrer Unterhaltung.

Nachwuchs

Mutter von Nebis Schwangerschaft schritt voran, aber sie traf keinerlei Vorbereitungen und nahm nur unwillig das sich in ihr entwickelnde Leben zur Kenntnis. Sie hatte schon für ihre fünf Kinder zu wenig Geduld: Was sollte sie mit noch einem weiteren anfangen? Sie waren ungezogen, ermüdeten sie und bereiteten eine Menge Arbeit. Ich schenkte ihr ein Stück Stoff, um Babykleidung daraus zu nähen, aber sie legte es ohne Interesse oder Dankbarkeit beiseite und gab zu, daß sie keine Lust habe, sich mit dem Kind zu beschäftigen, das sie in sich trug. Schließlich bat sie mich um eine Plastikdecke, die sie bei der Geburt auf dem Boden ausbreiten wollte. Wie fast alle Frauen in Herat plante sie, zu Hause zu entbinden. Man ging nur ins Krankenhaus, wenn es Komplikationen gab. Sie bat mich auch um etwas Geld, damit Shemsaddin im Basar «gelbes Fett» und spezielle Gewürze besorgen konnte, die sie und das Kind für ihre vierzigtägige Spezialkost nach der Geburt brauchen würden. Sie prophezeite eine baldige Niederkunft, noch während der dunklen Mondphase, und daß sie ein Mädchen bekommen würde.

Eines Morgens in aller Frühe wurde ich durch lautes Klopfen geweckt. Nebi stand vor der Tür.

«Das Baby ist da. Es ist ein Mädchen!» verkündete er begeistert.

Ich folgte ihm ins Haus, bitter enttäuscht, daß man mich nicht zur Geburt gerufen hatte. Im Vorbeigehen sah ich Shemsaddin auf einem Holzbett im Hof sitzen, müde und gelangweilt nach seiner langen Verbannung: Männern war es streng verboten, während der Entbindung anwesend zu sein. Das Baby war erst vor zehn Minuten zur Welt gekommen. Mutter von Nebi hockte noch über dem Boden; ihre Nachbarin Mutter von Gol Shah hielt ihr die Arme, und Mutter von Farouq stützte sie von hinten. Bis auf ihre Hose war sie vollständig angezogen, selbst ihr Unterleib war bedeckt. Die Haare klebten ihr schweißnaß am Kopf. Sie wirkte erschöpft. Mit matter, heiserer Stimme begrüßte sie mich.

«Wir warten auf die Nachgeburt», erklärte Mutter von Gol Shah, die als Hebamme fungierte. Sie verfügte zwar über keinerlei medizinische Ausbildung, besaß aber eine langjährige Erfahrung mit schwangeren Frauen. «Wir lassen von Anar Gol eine Wasserpfeife kommen. Das hilft manchmal.»

Ich sprang auf, erbot mich, schnell meine eigene zu holen, die ich für rauchende Besucher bereithielt. Ich eilte wieder zurück, füllte die Pfeife mit Wasser und entzündete sie. Mutter von Nebi nahm einen Zug und fing sofort an zu husten, sie war den strengen Tabak nicht gewohnt; im selben Augenblick krümmte sie sich zusammen und stieß die Nachgeburt aus. Sie wischten ihr das Blut von den Beinen, gaben ihr eine Art Binde und führten sie hinüber zum Bett. Sie ging langsam, lehnte sich schwer auf ihre Mutter und verlangte quengelnd nach ihrem Schal.

In der Hektik hatte ich nicht einmal einen Blick auf das Baby werfen können, das ruhig und friedlich, in ein Tuch gewickelt, auf dem Boden lag. Die Hebamme fragte Mutter von Nebi erst um Erlaubnis, bevor sie die Nabelschnur durchtrennte. Dann beauftragte sie Mutter von Farouq, die Nachgeburt wegzubringen und zu vergraben.

Anar Gol kam herein, die Augen vor Aufregung weit aufgerissen. Sie nahm das Baby hoch und putzte ihm mit einer geschickten Bewegung von Daumen und Zeigefinger die Nase – erstaunlich sicher für eine Frau, die noch nie entbunden hatte. Afghanische Babies sind keine zerbrechlichen Porzellanpuppen, die man nicht anzurühren wagt; Mutter von Gol Shah mußte sogar die kleine Meri Gol davon abhalten, das Baby hochzuheben. Sie nahm es selbst auf den Arm und steckte ihm den Finger in den winzigen Mund, um ihm «die Zunge zu befreien», wie sie erklärte. Dann wickelte sie das Mädchen, zog ihm Kleid und Jäckchen an, band ihm einen Schal um den Kopf, setzte ihm ein Mützchen auf und legte das Bündel neben seine Mutter.

Mutter von Nebi hatte überlegt, wie sie sagte, mich wegen eines Schmerzmittels rufen zu lassen. Die Wehen hatten während der Nacht begonnen, aber sie hatte es verschwiegen, um niemandem den Schlaf zu rauben. Diese Geheimnistuerei um das Einsetzen der Wehen war typisch für heratische Frauen. Mariam zum Beispiel war trotz ihrer Wehen früh morgens aufgestanden, um einen Kräutertee aufzubrühen. Es schien eine

Frage des Stolzes zu sein, so lange wie möglich ohne fremde Hilfe durchzuhalten. Gegen zwei Uhr morgens hatte Mutter von Nebi nach Mutter von Gol Shah und ihrer eigenen Mutter geschickt. Zu diesem Zeitpunkt war sie bereits zweimal ohnmächtig geworden. Sie sei herumgelaufen, solange es ging, sagte sie, und habe auf das Einsetzen der Preßwehen gewartet. Auch jetzt kamen ab und zu noch Wehen, und sie schob meine Hand unter ihr Kleid, damit ich fühlte, wie heiß und verschwitzt ihre Haut war.

Ich ging nach Hause, um Schmerztabletten zu holen. Inzwischen war es hell geworden, und die Vögel zwitscherten. Shemsaddin döste auf dem Bett im Hof. Als ich zurückkehrte, reichte Mutter von Farouq den Tee. Shemsaddin folgte mir ins Haus, würdigte das Baby jedoch keinen Blickes. Er wirkte gereizt und ungehalten über die ganze Aufregung und nahm schweigend sein Glas Tee entgegen. Mutter von Nebi, auf den Ellbogen gestützt, trank ebenfalls ein paar Schluck, lehnte es aber ab, etwas zu essen: später würden sie ihr ein *changali* zubereiten, ein besonderes Gericht für frisch entbundene Mütter aus Fett, Brot und Zucker, allesamt «heiß» und nahrhaft.

«Diese Geburt war viel leichter als die von Nebi!» verkündete Mutter von Nebi bereits etwas munterer. «Bei ihm hatte ich zwei Tag lang Wehen. Schließlich riefen sie einen *gadi* aus der Stadt, um mich ins Krankenhaus zu bringen, aber in der Zwischenzeit kam das Baby zur Welt. Wir haben dem Fahrer Süßigkeiten und Geld gegeben und ihn wieder fortgeschickt. In den Dörfern ist das nicht so einfach, da gibt es keine Ärzte oder Krankenschwestern, die man im Notfall rufen kann. Man kann nur beten, daß alles gutgeht. Vor allem im Winter ist es gefährlich, wenn der Schnee so hoch liegt, daß es aussichtslos ist durchzukommen.»

Mutter von Farouq kramte in einem Koffer herum und förderte ein Döschen mit schwarzer Augenschminke und einen groben Stift zum Auftragen. Sie reichte es herum, und wir alle schwärzten uns die Augen, selbst dem Neugeborenen wurden Augenbrauen und Augen dick bemalt. Ich erkundigte mich nach dem Zweck der Übung: Das Baby sollte von der allgemeinen Schläfrigkeit angesteckt werden. Spürbare Erleichterung, wenn nicht Überschwang, breitete sich aus. Nebi holte aus dem Eckladen ein spezielles Kraut, das in einem Glas Tee eingeweicht, dann durch Mah Gols schmuddeligen Schal gesiebt und schließlich dem Baby eingeflößt wurde. Ich schauderte angesichts der Prozedur, sagte aber nichts.

Nachmittags brachten John und ich Mutter von Farouq und das Baby zur Freitagsmoschee, von allen Kindern außer Mah Gol begleitet. Mutter von Farouq trug den Säugling im Innenhof umher, was ihm ein langes Leben bescheren sollte. Wir setzten unseren Weg zum Färberviertel fort und wanderten durch eine schmale Gasse, an langen, vor Farbe tropfenden Strängen Wolle vorüber. Ein beißender Geruch entströmte den Kesseln. Mutter von Farouq betrat forsch eine der Werkstätten und bat den Färber, das schutzverheißende Ritual zu vollziehen. Fachmännisch beschrieb er mit dem Körper des Kindes einen großen Kreis über seinem Kessel, tauchte dann einen Finger hinein und betupfte ihm Wangen und Stirn mit schwarzer Farbe, was dem Mann mit einer Münze gedankt wurde.

Da viele Säuglinge innerhalb der ersten Lebenstage starben, gab es zahlreiche Rituale und Tabus, die sie schützen sollten. In manchen Familien durften in den ersten zehn Tagen keine Besucher, außer den bei der Geburt anwesenden, das Haus betreten; aber Mutter von Nebi ignorierte diese Regel. Sie hatte schon fünf Kinder und konnte es sich erlauben, ein Risiko einzugehen.

Ich erzählte ihr, daß mir kürzlich Freunde wegen eines Neugeborenen den Zutritt zu ihrem Haus verwehrt hatten. Müde von dem langen Weg hatte ich sie um Aufnahme gebeten, und sie hatten mich schließlich zögernd und nur unter der Bedingung, daß ich kein Wort sprach, hereingelassen. Später, milder gestimmt, zeigten sie mir sogar den Säugling. Ich lächelte anerkennend, schwieg aber während meines ganzen Besuchs aus Angst, versehentlich Anstoß zu erregen. Mutter von Nebi erkundigte sich, ob es ein erstes Kind gewesen sei. Das erste sei gestorben, erklärte ich, und die Mutter habe zwei Jahre lang auf eine erneute Schwangerschaft gewartet. Ihr Erstgeborenes war zum Saugen zu schwach gewesen, und ich erinnerte mich, wie sie die Milch herausgepreßt hatte, um das Baby mit dem Löffel zu füttern. Sie saß im Hof und drückte sie in eine Emailleschüssel – ich hatte so etwas noch nie gesehen, und es kam mir wie ein äußerst schmerzhaftes Verfahren vor. In dieser Familie hatten alle drei Schwiegertöchter Kinder verloren und sehr viel Kummer und Leid erfahren.

«Wie in jeder afghanischen Familie», bemerkte Mutter von Nebi. «Welche Frau kennt nicht den Schmerz, ein Baby zu verlieren? Meine Mutter – wie viele sind ihr gestorben? Habibeh – sie ist nicht mal zwanzig und hat schon zwei tote Kinder. Deine Freunde fürchteten den bösen Blick oder die *djinns*, deswegen wollten sie keine Fremden ins Haus lassen. Ich bin nicht mal zu meinen eigenen Schwestern gegangen, als sie ihre Kinder bekamen. Ich habe gewartet, bis die zehn Tage um waren. Falls irgend etwas passiert wäre, hätten sie mir die Schuld zugeschoben. Die Leute hätten gesagt, ich würde die *djinns* einschleusen.»

Während der ersten Wochen ließ man einen Säugling keine Sekunde lang aus den Augen. Das Kleine trug gewöhnlich eine Reihe Talismane am Mützchen oder Wickelband und eine türkisfarben glasierte Perle mit zwei kleinen Löcher darin, die den bösen Blick abwehren sollte.

Am nächsten Tag traf ich Anar Gol bei Mutter von Nebi an, eifrig Brot backend. Sie hockte im Durchgang und knetete den Teig in einer Schüssel, die sie zwischen den Knien hielt. Sie war eine untersetzte, stets freundliche Frau, äußerlich Shemsaddin sehr ähnlich, aber ohne seinen grimmigen Gesichtsausdruck. Zuvor war sie immer als Gast aufgetreten, aber jetzt arbeitete sie als vollwertiges Familienmitgleid im Haushalt mit. Sie vertraute mir an, sie wünsche sich sehnlichst ebenfalls ein Kind, aber nach jahrelanger Ehe habe es leider immer noch nicht geklappt. Ihre Nebenfrau habe bereits acht Kinder geboren; somit liege es an ihrer eigenen Unfruchtbarkeit. Ich mußte sie enttäuschen und entschuldigte mich, daß ich leider keine Medizin hätte, um ihr zu helfen.

«Ich habe Schreine aufgesucht, aber mein Wunsch wurde nicht erfüllt», sagte sie. «Einmal bin ich zu Mutter von Nebi gegangen, und sie weissagte mir, meine Nebenfrau hätte mir etwas in den Tee getan», flüsterte sie mir verschwörerisch zu.

Verständlicherweise war das Verhältnis zwischen den beiden Frauen gespannt, und sie redeten kein Wort miteinander. Anar Gol glaubte, ihre Rivalin hätte ihr Glück «versiegen lassen», damit ihr gemeinsamer Mann sie weniger und die rangältere Ehefrau mehr lieben würde. Und wie wäre es mit einer Adoption? schlug ich vor. Sie lachte und meinte, ihr Mann würde das nicht wollen; er habe schon genug Kinder mit seiner Erstfrau. Das Kind eines anderen Mannes großzuziehen käme für ihn nicht in Frage.

Anar Gol lebte im Grunde allein. Sie nahm die Geburt des Kindes zum Anlaß, sich in die Familie zu integrieren. Mutter von Farouq und sie blieben die ersten Tage da und kümmerten sich zusammen mit Mah Gol um die Wäsche und das Kochen und versorgten Mutter von Nebi und den Säugling. Ich traf auch eine weitere Besucherin, eine alte, blinde Nachbarin, die offenbar gleichfalls aus einer unangenehmen Familiensituation geflüchtet war. Sie war damit beschäftigt, aus Joghurt «gelbes Fett» herzustellen, indem sie das Gefäß geduldig hin und her rollte.

«Gelbes Fett tut dem Baby gut», erklärte Mutter von Nebi, die an die Wand gelehnt dasaß. Sie erzählte mir von Mutter von Gol Shahs Besuchen; sie sah zehn Tage lang täglich nach ihr. Die Beine der Hebamme schmerzten immer noch von ihrer tatkräftigen Unterstützung bei Mutter von Nebis Entbindung. «Nach den Geburten von Firuzen und Habibeh taten mir die Beine noch tagelang weh!» fuhr sie fort. Sie hatte kaum Zeit, sich zu erholen, als sie schon zur nächsten Geburt gerufen wurde. Zuleikha und die Schwestern hatten kurz nacheinander entbunden. Ich hatte von ähnlichen Fällen gehört: dieses Phänomen erinnerte mich an Nonnen und junge Mädchen, die in Wohnheimen leben und eigenartigerweise zur selben Zeit ihre Menstruation bekommen.

«Würdest du auch einmal als Hebamme aushelfen?» fragte ich Mutter von Farouq.

«Nein! Aber meine Mutter hatte sehr viel Erfahrung. Sie wußte, wie man die Wehen vorantreiben kann, indem man die Fruchtblase öffnet.»

Beim Gedanken an das Risiko einer Infektion schauderte es mich.

Mutter von Nebi war in überschwenglicher Stimmung. Sie erinnerte sich an Habibehs Flüche während der Wehen und erzählte uns von einer Frau aus Bah-i Ali, die, völlig außer Fassung geraten, ihren Ehemann angebrüllt hatte: «Niko! Komm her und hol das Ding raus, das du mir angedreht hast.» Alles lachte. Mutter von Nebi erklärte mir, daß es sich nicht gehörte, während der Wehen zu fluchen: man solle zu Gott beten, damit er die Schmerzen lindere. Selbst bei einer Geburt schien es wichtig, Haltung zu bewahren. Es war ein öffentliches Ereignis, bei dem andere Frauen und Kinder zugegen waren, und die Schwangere mußte darauf achten, ihren Körper bedeckt zu halten. Manchmal wurden Verwandte eingeladen, die Tee tranken, Geschichten erzählten und musizierten, um der werdenden Mutter die Zeit bis zur Geburt zu vertreiben.

Am dritten Tag gab Mutter von Nebi die Geburt offiziell bekannt und brachte der Verwandtschaft gezuckerte Nüsse. Dem Brauch zufolge erhielten Babies an diesem Tag ihren Namen, wobei diese Aufgabe nicht den Eltern zufiel, sondern einem rangälteren Familienmitglied oder dem Mullah, der das heilige Buch an einer beliebigen Stelle aufschlug und einen Namen herauspickte. In diesem Fall war es Anar Gol, die das Kind Zia Gol taufte. Herater wählten gern ähnlich lautende Namen – Mahmood, Massood und Mahboob für drei Brüder oder Halimeh, Habibeh und Khadijeh für drei Schwestern. Diesmal waren es drei Mädchen, alle mit der Endsilbe «Gol», die «Blume«: Mah Gol, Meri Gol und Zia Gol.

Ich überreichte Mutter von Nebi Geld und Geschenke für das «Erblicken» des Säuglings – eine allgemein übliche Geste, wenn man ein Neugeborenes oder eine Braut zum erstenmal «erblickt». Sie machte einen fiebrigen Eindruck und erzählte, sie hätte in der Nacht erhöhte Temperatur gehabt, das sogenannte «Dritte-Tag-Fieber». Ihre Brüste hätten sich mit Milch gefüllt und schmerzten stark. Sie habe etwas Milch für Habibehs Baby abgepumpt, da Habibeh nicht genug habe. Sie sorgte sich um die Knoten in den Achselhöhlen, wollte aber auf jeden Fall weiter stillen, ganz gleich, was passierte: sie konnte sich nicht leisten, ihre Milch versiegen zu lassen.

Draußen im Hof hängten ihre Mutter und Anar Gol Wäsche auf. Mutter von Farouq wollte am selben Tag noch nach Hause, da Timor gerade Urlaub vom Militärdienst hatte und dies sein letzter Abend war. Warum er das Baby nicht anschauen wollte, fragte ich sie. Er sei zu angegriffen, erwiderte Mutter von Farouq, er wolle es vermeiden, seine Erschöpfung auf das Baby zu übertragen. Die Leute ließen sich mit ihren Besuchen Zeit, bis Zia Gol ihre Widerstandskräfte entwickelt hatte.

Am siebten Abend nach der Geburt versammelten wir uns zum *daireh*-Spielen, ein alter Brauch, um die *djinns* zu verscheuchen. Glücklicherweise hatte Shemsaddin noch etwas vor und verdarb uns nicht unsere gute Laune. Anar Gol brachte ihre Stiefkinder mit, zum Teil sehr begeisterte Sänger, und Mutter von Farouq kam mit Bassireh. Wir sangen abwechselnd, und selbst Nebi amüsierte sich.

Zunächst saß Mutter von Nebi unbeteiligt und mimosenhaft

an der Wand, aber schon bald riß die ausgelassene Stimmung sie mit, und sie konnte der *daireh* nicht länger widerstehen.

«Wie wär's mir ‹Fatimeh Khanum›!» schlug Meri Gol vor.

Das war ein komischer Tanz über eine häßliche Braut. Nebi stand auf und tanzte den Part der Braut, und Mutter von Nebi sang dazu. Am Ende jeder Strophe widerfuhr der Braut irgendein Unglück – sie erblindete, wurde lahm und stumm und so weiter, und immer häßlicher. Nebi hinkte im Raum herum, während wir im Takt klatschten und uns über seine Darbietung vor Lachen krümmten. Der arme, nichtsahnende Bräutigam wurde zum Narren gehalten.

Anar Gols Stieftöchter trugen abwechselnd populäre Schlager vor, die sie vom Radio aufgeschnappt hatten. Mutter von Nebi sang Volkslieder aus ihrer Kindheit, und Mutter von Farouq und Anar Gol unterhielten uns mit volkstümlichen Vierzeilern, wobei sie aus ihrem reichen Repertoire an Verse schöpften.

Wir saßen bis gegen Mitternacht zusammen; niemand mochte das Beisammensein beenden. Schließlich entschloß sich Anar Gol, die Kinder, denen vor Müdigkeit schon die Augen zufielen, nach Hause zu bringen. Draußen mußten wir mit Erstaunen feststellen, daß alles vor Nässe glitzerte. Während wir feierten und lärmten, war ein heftiges Gewitter niedergegangen, ohne daß wir etwas davon bemerkt hatten.

Das Baby Zia Gol wuchs und gedieh. Auf ihren Wangen zeigten sich Grübchen, und sie begeisterte uns mit ihrem Lächeln und Glucksen. Mutter von Nebi stillte und umsorgte sie liebevoll; ihr Herz hatte schließlich gesiegt.

Afghanische Babies werden in den ersten Monaten fest in ein Windelpaket gepackt. Andernfalls, so argumentieren die Frauen, würden ihre Arme und Beine nicht gerade wachsen. Dieser Brauch ist weit verbreitet, und die Neugeborenen empfinden sicher eine gewisse Geborgenheit, eine Art Nestwärme wie im sicheren, warmen Bauch der Mutter. Dennoch erscheint mir die Zeitspanne für unnötig lang – wenngleich sehr bezeichnend für eine hierarchische, konformistische Gesellschaft.

Windeln wurden aus alten Stoffresten zusammengenäht, ähnlich den Binden menstruierender Frauen. Ständig mußten sie gewaschen und wieder getrocknet werden. Man legte sie nicht zwischen die Beine, sondern um die Hüften. Mutter von Nebi breitete gewöhnlich das Wickelband und die dreieckige Windel auf dem Boden aus und darüber mehrere Lagen zusammengenähter Lappen. Dann placierte sie Zia Gol so, daß ihre Schultern mit dem oberen Band des Tuchs übereinstimmten und wickelte sie darin ein, steckte beide Arme mit hinein und schlug das andere Ende des Dreiecks um ihre Beine. Danach nahm sie das Band und schnürte das Baby zu einem steifen Päckchen. Zuletzt berührte sie Zia Gols Bauch und den Boden abwechselnd dreimal, eine Sitte heratischer Frauen, um «die Schmerzen zu nehmen», vermutlich, um sie vom Bauch in die Erde zu leiten.

Die heiligen vierzig Tage nach der Geburt gingen glücklich vorüber, und Mutter von Nebi gelangte wieder zu Kräften.

Der böse Blick

Eines Abends bemerkte ich ein hartnäckiges Flimmern vor dem linken Auge. Beim Lesen tanzte der verschwommene Fleck über die Wörter wie ein lästiger Fussel auf der Linse einer Kamera. Ich überlegte, ob mich vielleicht die Abendsonne auf meinem langen Heimweg von einem entfernt liegenden Dorf geblendet hatte – jedenfalls ließ sich das Problem nicht lösen. Meine heratischen Freunde erklärten, der böse Blick habe mich getroffen und rieten mir, von einer Wahrsagerin herausfinden zu lassen, wer diesen Fluch über mich verhängt hatte.

Der Glaube an den bösen Blick war weit verbreitet. Man fürchtete, daß allein dadurch Unheil heraufbeschworen wurde, daß jemand eine Person oder Sache bewunderte, ohne vorsorglich die Formel «Mashallah» hinzuzufügen. Im Minstrel-Viertel hatte ich einmal die Wirkung des bösen Blicks miterlebt. Einer der Musiker hatte ein funkelnagelneues Harmonium mitgebracht und es uns stolz vorgeführt. Beim Einpacken fiel ihm der schützende Glasdeckel aus der Hand und zerbrach: er hatte das Instrument gelobt und dadurch ruiniert. Ein weiteres Opfer des bösen Blicks war ein Mädchen, das die Verbrannte genannt wurde. Jemand hatte ihre außergewöhnliche Schönheit bewundert, woraufhin sie sich mit heißem Fett Gesicht und Hals verbrühte und fortan mit Häßlichkeit gestraft war.

Ich hatte von verschiedenen Methoden gehört, den bösen Blick zu bannen, die immer darauf beruhten, daß man immer die Namen möglicher Verursacher aufzählte und dabei entweder Eier (oder Samen) zerdrückte, zerschlug oder zerknackte. Zerbrach das Ei, war der gleichzeitig genannte Name derjenige der Person, die für den Fluch verantwortlich war. Die Leute versicherten mir, mein Auge werde nicht eher heilen, bis ich Gewißheit hätte, und so beschloß ich, mich Mutter von Nebi anzuvertrauen; durch eine positive Grundeinstellung hoffte ich, meine Genesung zu beschleunigen.

Sie holte eine Schaufel mit glühenden Kohlen aus der Küche und legte sie auf zwei Backsteine auf den Boden; dann nahm sie ihre Gebetsperlen, setzte sich mir gegenüber, placierte ein Ei senkrecht auf die Kohlen und fächelte, um das Feuer wieder aufleben zu lassen. Im Raum herrschte Stille: Zia Gol lag schlafend in ihrer Wiege, und Nebi war in einer Ecke in seine Schulbücher vertieft. Die anderen Kinder spielten draußen; wir waren also völlig ungestört. Sie starrte auf das Ei und hob zu einem leisen, stets tiefer werdenden Singsang an, wobei sie ihre Gebetsperlen zwischen den Fingern drehte.

«Das Feuer ist nicht heiß genug», bemerkte Nebi und schaute auf. «So wird das Ei nie zerplatzen.»

«Schwarzer Blick, neidischer Blick, grüner Blick, böser

Blick», rezitierte sie, während sie wedelte und dabei das rußende Ei beobachtete.

Dann forderte sie mich auf, alle Personen zu nennen, die ich regelmäßig besuchte, bei den Frauen in Shirins Haus angefangen. Ich zählte mehrere Namen auf, fühlte mich aber dabei unbehaglich und schämte mich, jemanden zu verdächtigen. Erleichtert ging ich zu Latif Khans Familie über. Sie fächelte weiter, aber nichts passierte. Ich erwähnte andere Leute, Musiker, die uns regelmäßig besuchten und solche, die ich vom Basar her kannte. Es war eine widerliche Prozedur. Als mir niemand mehr einfiel, zögerte ich, betrachtete gleichfalls angestrengt das Ei, und einige Sekunden verstrichen in Schweigen. Ich hatte alle bis auf Mutter von Nebis eigene Familienmitglieder aufgezählt, wovor ich zurückschreckte.

«Was ist mit Latif Khans Familie?» hakte sie nach; anscheinend hatte sie die Namen nicht erkannt.

«Die habe ich schon genannt.»

Plötzlich gab es einen lauten Knall. Das Ei zerplatzte, und Funken sprühten nach allen Seiten. Sie klatschte in die Hände und rief triumphierend aus: «Staub auf Latif Khans Augen! Das Ei ist zerbrochen.»

Mah Gol kam, durch die Explosion erschreckt, herbeigelaufen und begann sofort, die Funken auszutreten. Alles war mit winzigen Brandlöchern übersät, mein Kleid, das von Mutter von Nebi und die Matratze, auf der wir gesessen hatten. Der Schaden schien ihr völlig gleichgültig zu sein, sie wischte die Funken weg, lachte und rief aufgeregt: «Verflucht sei Latif Khan!»

Eine Hälfte der Eischale war davongeflogen. Das Eiweiß war erstarrt, und das Eigelb ragte aus der Schale hervor.

«Sieh mal! Ein Gesicht!» rief sie aus. «Das sind die Augenbrauen, und hier ist die Zunge.» Sie berührte mit dem Finger das überhängende Eigelb, aber meiner Meinung nach bildete sie sich diese Gesichtszüge bloß ein.

Jetzt, da die vermeintliche Ursache meiner Krankheit entdeckt worden war, hätte ich mich eigentlich erleichtert fühlen müssen, aber davon konnte keine Rede sein. Warum war das Ei nicht geplatzt, als ich Latif Khans Namen zum erstenmal nannte? Und dennoch mußte ich zugeben, daß er mir bewundernde Blicke zuwarf, er, der durchaus Augen für weibliche Schönheit hatte ... Ich erkannte, daß mein Fall ungewöhnlich war, da diese Art der Hellseherei normalerweise in einem Kreis von Frauen vorgenommen wurde, die alle die Freunde des «Opfers» kannten und die Verdächtigen bedenkenlos der Reihe nach durchgingen.

Mutter von Nebi beruhigte sich wieder. Sie prophezeite, daß mein Auge nur langsam heilen würde, weil das Ei erst so spät zerbrochen sei. Sie erzählte mir von Timors Krankheit im letzten Jahr, als ihre Mutter sie um eine Sitzung gebeten hatte und das Ei ebenso lange gebraucht hatte. Tatsächlich zog sich Timors Genesung monatelang hin. Ich fragte sie, wer ihm den bösen Blick zugefügt hatte, aber sie verweigerte die Antwort. Obwohl sich der böse Blick angeblich nicht durch den Willen steuern ließ und weder Schuldzuweisung noch Bestrafung zur Folge hatte, schien ihre Geheimnistuerei dem zu widersprechen. Warum hatte sie Latif Khans Augen verflucht, wenn man ihm nichts vorwerfen konnte?

Ich wollte wissen, ob nur von bestimmten Menschen der böse Blick ausging. Jeder sei dazu in der Lage, nur Kinder nicht, die seien noch unschuldig. Manchmal konnte auch dadurch Unheil heraufbeschworen werden, daß man jemandes Arbeit bewunderte. Einmal hatten sich ihre Augen entzündet, als eine Nachbarin sich lobend über ihre Stickerei geäußert hatte.

Sie schickte Abdullah und Meri Gol, das Ei wegzutragen, wickelte es aber zuvor sorgfältig in ein Stück Brot ein. «Legt dieses Ei an den Straßenrand am Ende unserer Gasse», befahl sie den Kindern. «Eßt nichts davon. Ein Hund wird es fressen, und so Gott will, werden Veronicas Augen wieder gesund.»

Ich suchte den besten Augenarzt Herats auf, der in London studiert hatte und, ebenfalls Musikliebhaber, zu meinem Bekanntenkreis gehörte. Seine Praxis lag in der Neustadt in einem Haus im ersten Stock. Ich stieg die unbehauenen, nach Urin stinkenden Steinstufen zum Wartezimmer hinauf, wo Männer, Frauen und Kinder teilnahmslos in jedem nur verfügbaren Eckchen hockten, teils mit verbundenen Augen, teils mit sichtbaren, häßlichen Augenleiden. Frauen hielten Babies mit vereiterten Augen auf dem Arm, ständig bemüht, die aufdringlichen Fliegen zu verscheuchen. Mich beschlich zunehmend ein Gefühl von Abscheu und Panik, ganz im Gegensatz zur ruhigen Gelassenheit der anderen Patienten. Aber ich mußte nicht lange warten. Niemand protestierte, als ich als nächste aufgerufen wurde; sie akzeptierten meine Sonderstellung als Ausländerin und Gast. Nach einer sorgfältigen Untersuchung teilte der Arzt mir mit, ich litte unter Bindehautentzündung und möglicherweise auch an einer Granulose. Ich solle mir keine Sorgen machen, beruhigte er mich, er behandle ständig Patienten mit Granulose, und meine Entzündung sei noch im Frühstadium. Großmütig lehnte er eine Bezahlung ab und verschrieb mir Antibiotika, Salbe und Vitaminpillen.

Es dauerte Monate, bis eine Besserung eintrat: ein chronischer Fall von Granulose. Tag und Nacht trug ich die Salbe auf und betete, sie möge endlich wirken. Ich vermied außerdem «heiße» und «scharfe» Gerichte, da meinen Freunden zufolge diese die Augen reizten. «Kalte» und «saure» Nahrungsmittel wie Gurken, Zitronensaft und Joghurt hingegen seien förderlich. Der Augenarzt lachte, als ich ihm davon erzählte. Er hielt es für überflüssig, auf bestimmte Nahrungsmittel zu verzichten und meinte, es beruhige die Leute nur, selbst irgend etwas zu unternehmen. Aber unter der Bevölkerung Herats war es nichts Ungewöhnliches, verschiedene Heilmethoden gleichzeitig anzuwenden. Agha Mohammad Ali, ein traditioneller Heiler, hatte zur Behandlung seiner Tuberkulose einen im Westen ausgebildeten Arzt aufgesucht und war sogar vom Dorf in die Stadt gezogen, um in seiner Nähe sein zu können. Kein Mensch empfand dies als absurd oder widersprüchlich: Herater wählten stets den pragmatischsten Weg, um ihre Leiden zu kurieren.

Durch die Bedrohung meines Augenlichts erfuhr ich am eigenen Leib die tiefverwurzelte Angst der Frauen vor einer Krankheit. Als treusorgende Mütter waren sie für das Wohlergehen ihrer Familie verantwortlich und gleichzeitig, wie ihre Kinder auch, auf die Zustimmung und das Geld ihrer Männer angewiesen, wenn es um eine Behandlung ging. Ungerechterweise verweigerten Männer ihren Frauen und Kindern gelegentlich ärztliche Hilfe, und deshalb verwunderte es nicht, daß Frauen auf Wahrsagerei und spezielle Ernährungsweisen zurückgriffen, die für sie erschwinglich waren und ihrer eigenen Kontrolle unterlagen. Dankbar trug ich meine Salbe auf und beklagte das Los der vielen Menschen, die sich ohne medizinischen Rat behelfen mußten. Mutter von Nebis blinde Nachbarin hatte niemals einen Arzt konsultiert. Aus Mangel an ärztlicher Versorgung erblindeten Menschen an Krankheiten wie Granulose, die man leicht von verschmutztem Wasser und dem Staub bekommt, der während der Sommermonate durch die orkanartigen Winde aufgewirbelt wird.

«Ganz allmählich wurden meine Augen schwächer», erzählte mir die alte Frau. «Nein, ich bin nicht zum Doktor gegangen. Wie hätte ich das ohne Geld machen sollen? Ich kann immer noch ein bißchen Licht sehen.»

Sie war noch nicht völlig erblindet.

Abschied

Während unserer letzten Wochen traf ich Mutter von Nebi nur noch selten. Ich ging völlig in den Musikstunden bei Shirin auf, und mir blieb kaum noch Freizeit. Mutter von

Nebi nahm es mir übel und verhielt sich mir gegenüber reservierter.

Zwei Verlobungen folgten unmittelbar aufeinander. Ich besuchte gerade Mutter von Nebis Tante, Mutter von Yunis, als ich zu meiner Überraschung erfuhr, daß Mah Gol sich verlobt hatte. Es kränkte mich, daß Mutter von Nebi mich nicht eingeweiht hatte, und ich erkundigte mich nach dem Bräutigam.

«Es ist Hafiz, mein Neffe», erwiderte Mutter von Yunis. «Du kennst meine Schwester, Mutter von Faizeh? Ihr Sohn. Er ist zur Zeit nicht hier, sondern arbeitet im Iran. Er ist noch sehr jung, vielleicht siebzehn ... Ich verstehe gar nicht, warum sie es dir verschwiegen haben. Auch sonst schien niemand davon zu wissen. Komisch! Wir hätten es auch nicht erfahren, wenn wir nicht die *daireh* gehört hätten, als sie an unserer Tür vorbeizogen: Meri Gol und die Jungen trugen das ‹Nadel und Faden› zu Hafiz!»

Bei meinem Besuch reagierte Mutter von Nebi ausweichend und vermied es, mich anzusehen. Sie erklärte, sie hätten lediglich «Nadel und Faden» hingeschickt; ich hätte kein offizielles Fest verpaßt. Als ich sie auf das Brautgeld ansprach, meinte sie, es sei noch nichts entschieden und fügte hinzu, daß das Geld auf jeden Fall für Mah Gols Aussteuer verwendet würde. Ich konnte den Grund für die Geheimniskrämerei und diese verschämte Zurückhaltung nicht verstehen. Mah Gol wirkte verlegen, schien jedoch von ihren Zukunftsaussichten eher angetan zu sein. Zumindest wurde sie nicht in ein Dorf verheiratet und damit in die Einöde verbannt.

Mutter von Yunis' ledige Tochter Sadiqeh platzte eines Tages mit Neuigkeiten über Mah Gols Brautgeld heraus.

«Hast du schon gehört? Sie geben 100 000 Afghani für Mah Gol und haben schon 20 000 bezahlt!»

Diese riesige Summe erklärte das ausweichende Verhalten. Mutter von Yunis hieß Sadiqeh, still zu sein, offensichtlich über die Indiskretion ihrer Tochter verärgert. Obwohl die Beziehung zwischen ihr und Mutter von Nebi gespannt war, respektierte sie das Schweigen ihrer Nichte gegenüber Außenstehenden wie mir. Sadiqeh lief rot an und hielt sich die Hand vor den Mund.

Zwei Wochen später verlobte sich Sadiqeh ihrerseits mit einem wohlhabenden jungen Mann aus der Altstadt. Mutter von Yunis arbeitete als Putzfrau in einer Mädchenschule, und seine Mutter hatte Sadiqeh dort gesehen, und sie hatte ihr auf Anhieb gefallen. Mutter von Nebi erblaßte vor Neid. Sadiqeh erhielt kostbare Geschenke, während Mah Gol leer ausging. Es sei besser, in einen anderen Clan einzuheiraten, betonte sie: man brachte Bräuten mehr Achtung entgegen.

«Mutter von Yunis gab ein Fest für die Frauen des Bräutigams, um unsere Familie kennenzulernen, doch uns hat sie nicht eingeladen», fügte sie bitter hinzu.

Sie war gerade mit Backen beschäftigt, bestäubte ihr großes Brett mit Mehl und formte dann den Teig zu Kugeln. Sie ließ ihre Wut am Teig aus, knetete ihn kräftig, aber lieblos durch. Ich begleitete sie zum Tonofen neben dem Haus, der bereits mit trockenem Dornengestrüpp angeheizt war. Sie konnte unmöglich erwarten, zu Sadiqehs Festlichkeiten eingeladen zu werden, wenn sie sich selbst so unfreundlich verhielt, vor allem nachdem sie aus Mah Gols Verlobung ein großes Geheimnis gemacht hatte.

Sie nahm eine Teigkugel, drückte sie zu einem Oval platt und klatschte dieses energisch gegen die heiße Innenwand des Ofens. War der Laib gebacken, holte sie ihn mit der Gabel heraus, spritzte Wasser darüber und legte ihn zum Abkühlen zur Seite. Schweigend bewegte sie die Lippen, und ihr Gesicht drückte geballte Wut aus, während sie über die Sadiqeh zugefallenen Reichtümer brütete. Backen war eine Strafe; Rauch und Hitze brannten in den Augen. Als sie ihr Haus neu bezogen hatten, mußte sie monatelang für Fremde Brot backen, um zusätzlich Geld zu verdienen. Sie hatte absichtlich darauf verzichtet, es ihren Töchtern beizubringen, um ihnen diese Mühsal zu ersparen.

Als ich zwei Wochen später zu Besuch kam, traf ich sie sehr aufgebracht an. Shemsaddin hatte sie gezwungen, eine Goldkette zu verkaufen, die sie sich erst kürzlich als Belohnung für die Näharbeiten, die sie für mich erledigt hatte, gegönnt hatte. Er benötige das Geld dringend, hatte er behauptet, um ihrem Onkel den Weizen zu bezahlen, und ihren Vorschlag, statt dessen das Schaf zu verkaufen, strikt abgelehnt. Sie beklagte sich, weil er die Kette mit 300 Afghanis Verlust hergegeben hatte, und nahm mit Sicherheit an, daß sich nun alle über sie lustig machen würden.

Es war Ramadan. Fromm fastete sie jeden Tag, selbst während ihrer Menstruation, obwohl ihr dies nicht als verdienstvoll angerechnet wurde. Sie wusch sich jeden Abend besonders gründlich und verrichtete ihre Gebete, bevor sie das Fasten beendete. Ohne Klage ertrug sie Hunger und Durst, genoß ihre eigene Willensstärke. Das Fasten kam ihrem zurückgezogenen Lebensstil entgegen. An ihrem Alltag änderte sich wenig; um Kräfte zu sparen, nahm sie an keinerlei Vergnügungen mehr teil, und doch waren ihre Tage noch mehr ausgefüllt als gewöhnlich.

Ich verbrachte einen letzten Abend mit der Familie. Als der Kanonenschuß ertönte, nahmen wir unsere Mahlzeit ein, und danach ging Shemsaddin in die nahe gelegene Moschee. Wir sangen Lieder und spielten mit den Kindern, und Mutter von Nebi dachte sich Rätsel für uns aus. Später erzählte sie uns seltsame Geschichten, die eine verschlüsselte Botschaft zu enthalten schienen. Die Kinder lauschten gebannt den vertrauten Erzählungen ihrer Mutter; sie fühlten sich in der anheimelnden Dunkelheit und beim flackernden Schein der Lampe geborgen.

Zum Abschied besuchte ich noch einmal alle meine Freunde. Ich überreichte Sadiqeh, der jungen Braut, ein «Erblickens»-Geschenk.

Ihr Aussehen erschreckte mich. Innerhalb von zwei Wochen hatte sie ihr rundes, mädchenhaftes Gesicht eingebüßt; ihre eingefallenen Wangen zeugten von Schlaflosigkeit. Sie war völlig vernarrt in ihren Bräutigam. Offensichtlich raubten ihr seine nächtlichen Besuche jeglichen Schlaf und Appetit. Er hatte ihr befohlen, jeden Tag streng zu fasten, und sie wirkte nervös und fahrig.

Mein letzter Besuch bei Mutter von Farouq stimmte mich traurig. Bassireh, ihre jüngste Tochter, saß etwas abseits und wiegte sich vor und zurück, während sie im Koran las. Während des Fastenmonats rezitierte sie täglich ein Kapitel, bis sie durch das heilige Buch vollständig durch war. Sie hatten keine Neuigkeiten von Timor, der nach wie vor seinen Militärdienst ableistete, was sie mit Sorge erfüllte.

«Du wirst uns fehlen, wenn du fort bist», sagte Mutter von Farouq mit sanfter Stimme. «Mutter von Nebi wird dann noch einsamer sein.»

Mutter von Nebi nahm mich zu ihrem Agha mit, damit ich mich von ihm verabschieden konnte. Wie beim letztenmal bekam sie einen ekstatischen Anfall, schwang sich hin und her, verfiel in einen Singsang und gab grunzende Laute von sich. Er schaute ihr aus seinem Alkoven geduldig zu und besänftigte sie nach einer Weile. Später suchten wir ihn in seinem freundlichen, mit Teppichen ausgelegten Privatzimmer auf. Eingehend betrachtete er meine Kamera und erbat sie als Geschenk, aber Mutter von Nebi erklärte rasch, sie gehöre der Universität. Ohne beleidigt zu sein, gab er sie zurück, aber allein seine Bitte hatte mich befremdet.

Der bevorstehende Abschied von Mutter von Nebi erfüllte mich mit Trauer. Wenn ich auf unsere Freundschaft zurückblicke, fallen mir jene Momente ein, in denen sie voller Begeisterung alles um sich herum vergessen konnte und in ihrem Tanz oder Gesang so völlig aufging, daß ihre Bitterkeit verflog. Ich erinnere mich an eine Situation, wo wir uns in der Dämmerung um den *kursi* versammelt hatten und gemeinsam beim Schein einer einzigen Paraffinlampe sangen – Mutter von Nebi, ihre

Mutter, Bassireh und die Kinder. Sie hatte Verse über Timor, den fernen Soldaten, gedichtet, und unsere Augen waren mit Tränen gefüllt, so schmerzlich spürten wir die erzwungene Trennung. Sie schaukelte hin und her und hielt die Augen beim Singen hingebungsvoll geschlossen.

An jenem Abend war Shemsaddin nicht zu Hause, und wir fühlten uns unbeschwert. Plötzlich meinte Nebi, seine Autorität ausspielen zu müssen, denn inzwischen war es schon recht spät, und die Kinder tobten ausgelassen und völlig übermüdet herum. Er befahl seiner Mutter aufzustehen und das Essen zu kochen, aber sie entgegnete, ihr Herz sei zum Bersten voll und stimmte trotzig ein neues Lied an. Sie erglühte, wie von einem inneren Feuer beseelt. Und wenn die ganze Welt in Flammen aufging, sie mußte diese tiefen Gefühle ausleben. Sie würde tanzen, bis sie Schwindel erfaßte, trommeln, bis ihr die Ohren dröhnten und magische, gruselige Geschichten erzählen, die ihren Kreis von atemlos lauschenden Zuschauern in Bann hielten. Am mysteriösesten und ungewöhnlichsten war ihre Gabe wahrzusagen und mit Geistern in Verbindung zu treten. Eben diese schillernden Seiten ihrer Persönlichkeit faszinierten mich.

Am Morgen unserer Abreise nahm ich Abschied von ihr. Der Landrover war gepackt, und vor uns lag eine lange, gefährliche Überlandfahrt. Aufgeregt und befangen überquerte ich die Gasse und betrat ihr Grundstück, den Schleier bereits über den Kopf gezogen und zur Abfahrt bereit. Als sie mich sah, sprang sie auf und brach in Wehklagen aus. Meine Tränen waren versiegt, aber mein Magen krampfte sich zusammen. In Gedanken war ich noch bei den letzten schleppenden Vorbereitungen und dem schier endlosen Packen, und ich empfand dumpfe Trauer darüber, daß ich Herat verlassen mußte. Ich versuchte, sie zu trösten und verließ sie dann, ein trauriges Häufchen Elend mit tränenüberströmtem Gesicht.

Ich verspürte Schmerz und Erleichterung zugleich, als ich ihrem Leid entfloh. Sie verkörperte für mich all die Zwänge, denen eine islamische Frau unterworfen ist; eine intelligente, willensstarke, äußerst kreative Frau, die von ihrem einfältigen, fanatischen Ehemann ihrer Freiheit beraubt wurde. Hätte sie als Mann unter *maraz* zu leiden gehabt? Wäre sie dann ebenso eifersüchtig, nachtragend und boshaft gewesen, von innerem Groll vergiftet? Ich konnte sie mir gut als Mann vorstellen: frei, aktiv, hart arbeitend, verantwortungsbewußt, die eigenen Interessen verfolgend. Als Frau beugte sie sich unterwürfig dem Diktat ihres Mannes, blieb in der häuslichen Sphäre gefangen und opferte sich für die Familie auf, während ihre Talente verkümmerten. Sie war keineswegs nur das Produkt ihrer Kultur – Frauenschicksale wie ihres existieren in aller Herren Länder. Die untergeordnete weibliche Rolle, der Kampf, die eigene Stimme zu erheben, und die Unterwerfung unter äußere Lebensumstände quälen so viele von uns.

SHIRIN

Shirins Schülerin

Obwohl ich Shirin erst knapp ein Jahr lang kannte, hatte sich zwischen uns durch das gemeinsame Musizieren eine tiefe Freundschaft entwickelt. Ich lernte sie auf einer Hochzeit kennen, bei der ein Freund von uns in einer professionellen Dorftanzgruppe auftrat. Da seine früheren Auftritte meist in recht bescheidener Umgebung stattgefunden hatten, überraschte mich die verschwenderische Pracht dieser Feier.

Kurz darauf erhielt ich Gelegenheit, Shirins Ensemble auf einem Frauenfest in der Nachbarschaft zu erleben. In zwei großen Räumen saßen und standen reihenweise Frauen und Kinder, lachten und schwatzten und erfreuten sich an der Musik. Mir wurde ein Ehrenplatz zwischen den jungen Töchtern des Provinzgouverneurs zugewiesen. Rangältere Frauen, den Gebetsschleier bequem über dem Schoß ausgebreitet, rauchten zufrieden ihre Wasserpfeifen und begrüßten mich lächelnd. Shirin, eine lebhafte, blühende Mittdreißigerin, spielte am anderen Ende des Raums, umringt von einer Schar quirliger junger Mädchen. Sie führte den Gesang an und spielte auf dem Harmonium, von zwei weiteren auffällig geschminkten Frauen auf *dairehs* und einer dritten auf der *tabla* begleitet. Sie stimmte die ersten Takte einer Strophe an, und ihre Mitspielerinnen vollendeten sie. Dies schonte ihre Stimmen und verlieh ihrem Vortrag einen typischen Wechselgesang-Charakter.

Den Minstrels galt mein besonderes Interesse, da sie als einzige in ganz Afghanistan in reiner Frauenbesetzung auftraten und entscheidend dazu beitrugen, moderne musikalische Strömungen in die isolierte weibliche Musiktradition einfließen zu lassen. Sie übernahmen das Repertoire männlicher städtischer Ensembles und imitierten deren Sound mittels Harmonium und *tabla*. Da sie auf männlichen Schutz verzichteten und gelegentlich vor fremden Männern auftraten, standen sie in zweifelhaftem Ruf. Man munkelte sogar, sie seien leichte Mädchen. Sie spotteten der konservativen Einstellung vieler Afghanen, Frauen sollten in der Öffentlichkeit kein Geld verdienen, ein Grundsatz, der allerdings im Zuge von Liberalisierungstendenzen allmählich ins Wanken geriet (zumal in Hinblick auf prestigeträchtige Berufe wie den der Lehrerin), und sie beschworen das tiefverwurzelte islamische Vorurteil gegenüber Musik herauf. Aber eben diese Aura exotischen, wagemutigen Außenseitertums übte eine ungeheure Faszination auf mich aus. Shirin galt als beste Sängerin der Minstrels. Doch bislang hatte ich keinen Kontakt zu ihr aufgenommen, da mir die nötigen finanziellen Mittel für professionelle Aufnahmen fehlten – ein weiterer Grund, mich über diese zufällige Begegnung in Shirins natürlicher Umgebung zu freuen. Während der Pause ging ich zu ihr und sprach sie an. Sie begrüßte mich herzlich, denn sie hatte schon von Johns Forschungsprojekt gehört, und stellte mir die Mädchen vor.

«Das ist meine älteste Tochter Gol Dasteh», begann sie und wies auf eine etwa Siebzehnjährige mit dunklem Lockenkopf, die auf der *tabla* den schnellen Rhythmus vorgegeben hatte, «und das sind meine anderen Töchter: Ferideh –» ein quicklebendiger zehnjähriger Schelm – «und Zahra, das Nesthäkchen!» Sie lachte laut auf und zeigte auf das Baby, das an ihrer prallen Brust trank. «Das da ist Nadieh, die Frau meines Onkels, und Jamileh, die Frau meines Bruders», beendete sie die Vorstellung und wies in die Richtung der *daireh*-Spielerinnen.

Shirin war mir vom ersten Moment an sympathisch; mir gefiel ihre offene, freundliche Art, ihr Lächeln und die Ruhe, die sie ausstrahlte. Wir plauderten über Leute und Musik und ließen uns durch den Kreis neugieriger Zuhörerinnen nicht beirren. Als sie mir Fragen zu Johns Arbeit stellte, sich nach meinem Eindruck von Herat erkundigte und meine Antworten von den Umstehenden lautstark kommentiert wurden, fühlte ich mich wie bei einem offiziellen Interview. Das Mittagessen wurde aufgetragen, und sie forderte mich auf, mich von ihrem Tablett zu bedienen. Welch eine Ironie: hatte ich doch die erlauchte Gesellschaft der Gouverneurstöchter – die es mir hoffentlich nicht verübelten – verschmäht, um mich mit den unwürdigen Musikerinnen einzulassen!

Nach dem Essen nahm Shirin ihr Harmonium und fragte mich, ob ich einen speziellen Wunsch hätte. Ich bat sie nur, Tonbandaufnahmen von ihr machen zu dürfen, was sie ohne Zögern erlaubte; sie überwachte sogar die Placierung des Mikrofons. Erwartungsvolle Stille trat ein.

Sie sang im *charbeiti*-Stil, der sie berühmt gemacht hatte, eine wehmütige, reich ornamentierte Ballade. Ihre klare, helle Stimme klang lieblich, passend zu ihrem Namen, der gleichfalls «lieblich, süß» bedeutet. Sie hatte ein ausdrucksvolles, warmherziges Gesicht, ungeschminkt bis auf einen dünnen Kajal-Strich um ihre lebhaften braunen Augen; ein einzelnes eintätowiertes Kreuz in verblaßtem Blau zierte ihre glatte Stirn, und vor den Ohren trug sie je eine altmodische Locke. Ihr Klagelied ließ die Frauen verstummen; nur ein gelegentliches Seufzen war zu vernehmen. Ab und zu blickte sie gen Himmel, um von Gott die Wiedervereinigung zweier Liebender zu erflehen. Ihre Verse evozierten den tiefen Schmerz von unglücklicher Liebe und Trennung. Nach zwei langen, traurigen Elegien brach sie ab und forderte ihre jüngere Tochter Ferideh auf, für uns zu singen und zu tanzen. Sie begab sich scheu und verlegen kichernd in die Mitte des Raums. Ihre Stimme klang rauh, und hin und wieder mußte ihre Mutter ihr mit einem Stichwort nachhelfen. Trotz ihrer kindlichen Figur hatte sie die Augen schon auffällig schwarz und grün geschminkt und imitierte mit noch unbeholfen wirkenden Handbewegungen professionelle Sängerinnen. Nach jeder Strophe wirbelte sie herum und warf kokette Blicke um sich. Sie sonnte sich in der Gunst des Publikums; ihre Schüchternheit war verblüffend schnell verflogen.

Nach diesem Lied beschloß Shirin, daß es nun an mir sei, etwas vorzutanzen und, ungeachtet meiner Proteste, spielte sie die ersten Takte des sogenannten «Touristentanzes».

Sie erklärte, die Gattin des Gouverneurs wünsche, mich tanzen zu sehen, und ich sollte mich nicht zieren; mir blieb keine andere Wahl. Ich tat mein Bestes, aber ich schwitzte in meinem dicken Wollpullover und bereute, nichts dem Anlaß Entsprechendes mitgebracht zu haben. Allmählich legte sich meine Nervosität; das Klatschen, Trommeln und die begeisterten Zurufe machten mir Mut, und ich begann, mich zu entspannen. Schließlich sank ich atemlos und lachend zu Boden.

Shirin gönnte mir eine kurze Verschnaufpause, dann sollte ich noch etwas vortragen. Auf Shirins Frage hin erzählte ich, meine Nachbarin Mutter von Nebi hätte mir ein paar Lieder beigebracht. Die Hochzeitsgäste warteten gespannt darauf, mein Können zu begutachten, und ich ließ mich erweichen. Ich werde nie Shirins weisen Ratschlag vergessen, daß es Scheu und Angst vor dem Publikum zu bekämpfen gilt, will man als Sängerin Erfolg haben. Sie versprach, mit mir gemeinsam zu singen und mich auf dem Harmonium zu begleiten; mit dem Ensemble im Hintergrund würde unsere Darbietung einen professionellen Klang erhalten. Wir postierten uns mit den Instrumenten gegenüber der Gouverneursgattin und den rangälteren Frauen. Ich wählte eine einfache Bauernweise mit eingängigem Text:

Wir haben die Pferde vor die Pforte geführt
Wir sind gekommen, die Braut zu holen – sie heimzuführen
Mutter der Braut – hörst du uns?
Wir sind gekommen, die Braut zu holen – erhörst du uns?

In jeder neuen Strophe wird ein weiteres Familienmitglied angesprochen: «Vater der Braut», «Schwester der Braut» und so fort.

«Du singst, und dann spiele ich», schlug Shirin pfiffig vor, um nicht zugeben zu müssen, daß sie das Lied nicht kannte. Mühelos griff sie die Melodie auf, und die anderen fielen mit den Trommeln ein. Ich sang mit unsicherer Stimme, von den Instrumenten angetrieben und von aufmunterndem Klatschen und erwartungsvollen Blicken angespornt.

«Sie singt gut», äußerten die Frauen großmütig.

«Sie klingt wie wir; sie hat unsere Sprache gelernt!»

Sie amüsierten sich, lachten, wenn ich den Text vergaß und waren über meine Bemühungen sichtlich gerührt. Scherzhaft hob Shirin den Arm, drohte, mir einen Klaps zu versetzen, falls ich nicht spurte ... Kaum zu glauben, daß ich zur Hauptattraktion einer Hochzeit avanciert war: Shirin und ich als Komikerpaar, sie die gestrenge, erzürnte Lehrerin und ich die begriffsstutzige, einfältige Schülerin. Obwohl ich mir meiner Unzulänglichkeiten als Sängerin schmerzlich bewußt war, genoß ich unseren Auftritt. Die Musikerinnen unterstützten mich tatkräftig und bügelten meine falschen Einsätze mit einem Lächeln aus. Herzlicher Applaus brach über uns herein, nachdem ich mein drittes Lied beendet hatte. Mit der Hand auf dem Herzen verneigte ich mich und entschuldigte mich für meine bescheidene Darbietung.

«Ich werde bei dir Unterricht nehmen müssen, Shirin», sagte ich. «Ich will es beim nächstenmal besser machen.»

«Keine Angst, ich bring's dir bei», versicherte sie. «Du bist schon heute meine Schülerin geworden. Komm nur zur Minstrel-Gasse, wann immer du Lust hast. Die Kinder werden dir schon zeigen, wo ich wohne.»

Wir trennten uns in bestem Einvernehmen und versprachen einander, uns bald wiederzusehen. Ich konnte mein Glück kaum fassen, Shirin unter solch idealen Umständen getroffen zu haben

– und wie gut alles geklappt hatte! Die Vorstellung, von der besten Vokalistin Herats unterrichtet zu werden, entzückte mich. Ich konnte es kaum erwarten, sie näher kennenzulernen.

Ich wußte nicht, wie ich den skandalösen Ruf der Minstrels einschätzen sollte. Es gingen Gerüchte um, daß sie freie Liebe und Inzest praktizierten, daß die Frauen als Prostituierte arbeiteten und die Jungen auf verbotenen Parties tanzten und Männern ihre Liebesdienste anboten. In Herat gab es eine enge Verknüpfung zwischen Tanz und Prostitution: Die Baluch, bekannt als «Chelu», die in einem Zeltlager vor den Toren der Stadt wohnten, verdienten ihren Lebensunterhalt als Musikanten mit eigenen, besonderen Instrumenten, als Tänzer, Zuhälter und Prostituierte; und einige der Tänzerinnen und Sängerinnen des Staatstheaters waren zugleich Kurtisanen. So wurde fälschlicherweise weithin angenommen, daß die Minstrel-Frauen gleichfalls diesem Gewerbe nachgingen.

Oft wurden die Minstrels mit den Jat verglichen, den Musiker-Barbieren, mit denen sie tatsächlich insgeheim in genealogischer Verbindung standen. Die Jat besaßen geringes soziales Ansehen und heirateten selten aus ihrem Clan heraus. Man verachtete und fürchtete sie gleichermaßen; kein Außenstehender wäre je auf den Gedanken verfallen, ihren traditionellen Beruf des Barbiers zu ergreifen oder wie sie Beschneidungen durchzuführen, in volkstümlichen Theaterstücken aufzutreten oder das Spiel der *sorna* oder *dohol* zu erlernen (auch als *sazdohol* bekannt). Sie lebten in bestimmten Dörfern und in Enklaven inmitten der Stadt. Sie verständigten sich sogar in einer Art Geheimsprache, wenn sie von Fremden nicht verstanden werden wollten. Als Unterhaltungskünstler wurden die Minstrels häufig mit den Jat-Schauspielern gleichgesetzt, die ihre Gesichter mit Mehl beschmierten, obszöne Witze rissen und sich in ihren satirischen Possen als Frauen oder Tiere verkleideten. Sie waren als aufdringliche, hartnäckige und rüpelhafte Bettler verschrien. Ich hatte schon öfters *sazdohol*-Musiker an Festtagen beobachtet, wenn sie traditionsgemäß von Haus zu Haus gingen und aufspielten. Während der Erntezeit stand ihnen in den Dörfern das Gewohnheitsrecht zu, um Getreide als Almosen zu bitten. Großzügige Gönner, die sie reichlich mit Geld und Geschenken bedachten, wurden mit Lob überschüttet, wohingegen Geizhälse rüde verunglimpft wurden. Auch die Minstrel-Frauen ergingen sich am Ende einer Hochzeit in lautstarken Schmähungen, wenn sie sich übervorteilt fühlten.

Das Klischee des ungehobelten, gierigen Jat haftete allen Berufsmusikern Herats an, selbst würdevollen Männern wie Latif Khan. Bei der kleinsten Unstimmigkeit liefen Musiker Gefahr, als Jat beschimpft zu werden, ungeachtet ihrer guten Umgangsformen oder ihrer vornehmen Kleidung. Seitens der Regierung hatte es Bestrebungen gegeben, den niedrigen sozialen Status von Musikern anzuheben; man verlieh ihnen manchmal den Ehrentitel «Künstler», aber die unterschwelligen Vorurteile hielten sich zäh. Auch bei den Gerüchten über die Minstrels fiel es mir schwer, Verleumdungen von Tatsachen zu unterscheiden.

Ein paar Tage nach meiner Begegnung mit Shirin begab ich mich mutig in das Minstrel-Viertel – möglicherweise geradewegs in eine Lasterhöhle. Sie wohnten unweit des Touristenbasars, etwa zehn Minuten zu Fuß von uns entfernt. Als ich mich ihrer Gasse näherte, erkannte ich einen von Shirins Söhnen, der sogleich aus seinem Kreis von Freunden auf mich zu gerannt kam und mich zum Haus geleitete, von einer Horde unflätiger Gassenjungen gefolgt. Etwa zwölf Häuser lagen an dem schmalen, gewundenen Weg, manche durch ihre Dächer miteinander verbunden. Das letzte gehörte Salim Jan, dem Patriarchen der Minstrels und Vorsänger der männlichen Truppe. Der Pfad endete hier, und man traf nur Anwohner oder höchstens Fremde, die eines der Frauen-Ensembles engagieren wollten. Es war das einzige Viertel Herats, wo Frauen gemütlich schwatzend vor ihren Türen saßen, ganz in südeuropäischer Manier, denn bei den Minstrels wurden die Frauen nicht in die häusliche Sphäre verbannt. Auf Grund der erhöhten Lage konnte man von einigen Fenstern aus sogar die ganze Stadt überblicken, bis hin zu den Karawansereien und zum eingestürzten Nordwall. In den dreißiger Jahren hatte der ursprüngliche Patriarch Minstrel Amin das ganze Stück Land für einen Spottpreis von 300 Afghanis erworben.

Ich folgte dem Jungen in Shirins kleinen, weißgetünchten, ungepflasterten Innenhof, der in einer Ecke von einer leuchtend grünen Kletterpflanze belebt wurde. Gol Dasteh, die älteste Tochter, begrüßte mich vom Balkon aus, der die vorderen mit den hinteren Räumen verband. Shirin schien sich über meinen Besuch zu freuen und führte mich, da es im Besuchszimmer zu kalt war, hinauf in ihr winziges Familienzimmer. Wir setzten uns ans Fenster, das auf den Innenhof ging, und Gol Dasteh brachte eine frische Schaufel Kohlen, um den *kursi* aufzuheizen. Die Wände waren schmutzig, mit Fingerabdrücken und Kratzern im Putz übersät, die Einrichtung schäbig und in verwahrlostem Zustand. Ich war über die Armut der Familie überrascht. Ihre prunkvollen Kleider auf der Hochzeit hatten mich annehmen lassen, sie lebten in Wohlstand – augenscheinlich ein gewaltiger Irrtum.

Shirin erzählte mir von ihren Aufnahmen für Radio Afghanistan – ganz offensichtlich, um mich zu beeindrucken. Vor drei Jahren hatte man ihr für fünf Lieder, die sie in Begleitung des Rundfunkorchesters gesungen hatte, 1000 Afghanis Gage gezahlt; stolz nannte sie die Titel, unter anderem auch den des *charbeiti* von jenem Nachmittag auf der Hochzeit. Ein Festengagement für 8000 Afghanis monatlich hatte sie abgelehnt. Ihr Mann sei dagegen gewesen, ihr selbst habe Kabul nicht gefallen, und außerdem habe sie für eine solche berufliche Verpflichtung zu viele Kinder. Ein anderes Mal habe ein deutsches Radioteam ihr 20 000 Afghanis für ein paar Aufnahmen geboten, doch die weite Reise nach Kabul sei ihr in ihrem hochschwangeren Zustand zu anstrengend gewesen. Ich staunte: Lehrer verdienten nur etwa 2000 Afghanis im Monat; ihre Gesangskunst trug offenbar ganz beträchtliche Summen ein. Aber wäre ihr denn nicht auch der Abschied von ihren Verwandten schwergefallen, wenn sie nach Kabul gegangen wäre?

«Mein Gott, nein! Die sind mir völlig egal!» entgegnete sie heftig. «Die sind alle auf meinen Erfolg neidisch und nur darauf aus, mir meine Gönner abspenstig zu machen. Sie wären froh, mich loszusein. Nein, ich habe keine Lust, von Herat wegzuziehen. Kabul ist so dreckig und voll. Herat ist grün, und die Luft hier ist sauber.»

Sie hatte fünf Söhne und drei Töchter. Ich schrieb mir die Namen in mein Notizbuch. Yaqub, der Älteste, war um die Zwanzig und ging noch zur Schule, und Zahra, die damals gerade gestillt wurde, war die Jüngste. Shirins Schwester Golnar bewohnte die zwei Vorderräume des Hauses, aber Shirin hoffte, sie so bald als möglich ausbezahlen zu können, weil sie sich nicht gut verstanden. Außerdem lebte Hakim, der verwaiste Neffe ihres Mannes und ebenfalls Musiker, bei ihnen.

Gol Dasteh servierte den Tee, und nachdem sich die Kunde meines Eintreffens verbreitet hatte, begann sich der Raum mit neugierigen Besucherinnen zu füllen. Jamileh und Nadieh, die beiden Musikerinnen, gesellten sich zu uns. Ich erinnerte Jamileh daran, daß wir uns zum erstenmal bei Karims «Süßem Essen» begegnet waren und reichte ihr ein Foto von diesem Ereignis, um das sich sogleich alle begierig scharten. Ohne Make-up, mit verfilztem Haar und einem schmuddeligen Schleier um die Schultern wirkte sie heute weit weniger anziehend. Trug sie denn auf der Straße einen Schleier, erkundigte ich mich, da ich geglaubt hatte, selbständige Frauen wie sie gingen unverschleiert. Sie müßten ihr Gesicht bedecken, erklärte sie, andernfalls starrten ihnen die Leute hinterher; sie beneide mich um meine Freiheit, fügte sie hinzu. Da fiel mir ein, daß sich damals die Musikerinnen auf dem Weg zum Haus des Bräutigams, wo später der Tanz stattfand, ebenfalls verschleiert hatten. Die Minstrel-Frauen nahmen eine Sonderstellung ein: Während sie sich auf der Straße in Schleier hüllten, zeigten sie innerhalb des Hauses Fremden ihr Gesicht und verhandelten und feilschten mit Männern um ihre Bezahlung. Aber trotz ihres züchtigen *burqa* zogen sie im Basar durch ihre Instrumente die Blicke auf sich.

Jamileh verabschiedete sich, mit einem riesigen Bündel Spinat bepackt, das sie im nahe gelegenen Laden besorgt hatte. Bezeichnenderweise gingen die Minstrel-Frauen selbst einkaufen. Aber trotz ihrer größeren Bewegungsfreiheit mußten sie, wie jede andere Hausfrau auch, Mahlzeiten zubereiten, die Wäsche waschen und die Kinder versorgen. Auf Hochzeiten vermittelten sie in ihren prächtigen Kleidern das trügerische Bild eines Lebens in Luxus und Müßiggang, das darüber hinwegtäuschte, wie schwer sie ihr Geld verdienten.

Man stellte mir Salim Jans Zweitfrau Faizeh vor, eine junge, hübsche Frau mit frischen, rosigen Wangen. Shirin meinte scherzend, Salim hätte seine beiden Frauen im Stich gelassen und besuchte wieder einmal seine Freundin, deren Ehemann von der Affäre jedoch nichts wisse. Faizeh schien die Untreue ihres Mannes gelassen hinzunehmen. Verblüfft hörte ich die Frauen so offen über Ehebruch reden. Vielleicht lebten die Minstrels wirklich freier als andere Herater. Zweifellos behandelten sie ein Thema, das den meisten von uns schwerwiegende moralische Probleme bereitet, recht beiläufig. Faizeh fügte hinzu, Salim wolle seine Freundin zu seiner Drittfrau machen, woraufhin wir über Polygamie diskutierten. Ob englische Männer auch mehrere Frauen hätten, erkundigte sich Faizeh interessiert. Ich erklärte ihr, daß es gegen unser Gesetz und unsere religiöse Überzeugung verstoße, daß aber außereheliche Beziehungen nichts Unübliches seien. Ob es ihr nicht schwerfalle, den Ehemann mit einer anderen Frau zu teilen, fragte ich – ich könnte das nicht. Sei sie nicht eifersüchtig, wenn er mit der anderen schliefe? Sie wechselten sich ab, antwortete Faizeh und wies mich auf die Vorteile hin, wie die Hilfe und Freundschaft einer anderen Frau. Laut Shirin verstanden sich Faizeh und ihre Nebenfrau sehr gut, aber andere bekämpften sich erbittert. Shirin selbst hatte ihren Mann gezwungen, seine Zweitfrau aufzugeben.

Unter den Minstrels war Polygamie keine Seltenheit. Auf Grund der Mitgift stellte jede weitere Heirat einen erheblichen finanziellen Anreiz dar. Nach islamischem Recht kann sich jeder Mann bis zu vier Ehefrauen halten, aber nur wohlhabende oder einflußreiche Herater machten von diesem «Privileg» Gebrauch, zum Beispiel Aghas, die ihre zahlreichen Gäste bewirten mußten. Männer erwogen gern den Erwerb einer Zweitfrau, aber nur wenige ließen Taten folgen, und allgemein stimmte man darin überein, daß zwei Frauen Ärger, Eifersucht und Zank mit sich brachten.

Ein kleiner, rundlicher, strahlender Mann betrat das Zimmer – Khalifeh Sultan, Shirins Ehemann. Sofort bereitete sie ihm einen Platz am *kursi* und stellte mich als ihre neue Schülerin vor. Er begrüßte mich herzlich und hieß mich weitschweifig willkommen, ich solle mich bei ihnen wie zu Hause fühlen, ein jederzeit gern gesehener Gast. Shirin wollte sich offenbar mit mir brüsten und schickte Gol Dasteh, die *daireh* zu holen, und spannte dann das Fell über der warmen Kohlepfanne nach. Als sie mich zum Singen aufforderte, lächelte Khalifeh Sultan und nickte mir aufmunternd zu.

Wohlwollend verfolgten die Gäste mein Spiel, nur Shirin bedeutete mir kritisch, fester zu trommeln, der Klang sei zu schwach. Anders als in der heiteren, entspannten Atmosphäre der Hochzeit fühlte ich mich hier plötzlich unwohl, fast bloßgestellt, wie bei einer offiziellen Hörprobe.

«Ihr Trommeln ist dürftig, aber ihre Stimme läßt sich hören», meinte Shirin zu den anderen, als ich schließlich entlassen war. «Mit der Gruppe klang es viel besser.»

Man müsse allerdings mein Alter berücksichtigen und die

Tatsache, daß mir ihre Sprache und Kultur fremd seien, räumte sie ein. Dann wandte sie sich mir zu; sie wolle mir ein neues Lied beibringen.

«Es ist zur Zeit auf Hochzeiten sehr beliebt. Wie wollen wir vorgehen? Willst du zuerst den Text aufschreiben?»

Dies entpuppte sich als mühsames Unterfangen; Anfang und Ende eines Verses ließen sich nur schwer ausmachen, und bestimmte Wörter verstand ich nicht; die vielen Zuschauer verunsicherten mich. Shirin sagte, sie würde stets alles auswendig lernen, da keine von ihnen schreiben konnte. Wir versuchten, die Melodie gemeinsam zu singen. Sie wiederholte die einzelnen Zeilen immer wieder, aber meine Fortschritte erwiesen sich als enttäuschend schleppend. Erschwerend kam hinzu, daß Verse und Refrain eine ähnliche melodische Struktur hatten. Ich konnte mich vor all diesen Menschen nur schlecht konzentrieren, und schließlich ergriff Shirin die *daireh* und schlug den Takt, damit ich mich ausschließlich meinem Gesang widmen konnte. Später schlug ich ein Lied vor, das ich schon teilweise beherrschte, und sie diktierte mir den Text. Diesmal war das Ergebnis zufriedenstellender. Sie drehte sich triumphierend zu unserem Publikum um und prahlte mit meiner schnellen Auffassungsgabe.

Inzwischen war es recht spät geworden, und ich spürte, wie mich Müdigkeit überfiel. Die vielen Zuschauerinnen hatten uns unnötig lange aufgehalten. Ich schloß mein Notizbuch und kündigte meinen baldigen Aufbruch an. Einige der Gäste brachen gleichfalls auf, da sie sahen, daß das Spektakel vorüber war. Unbeholfen zog ich ein paar kleine Geschenke für Shirin hervor – Haarspangen und Lippenstifte aus England – und einen Umschlag mit Geld. Khalifeh Sultan wirkte beleidigt: ich solle mein Geld behalten, ich sei ihr Gast. Er versuchte, den Umschlag beiseite zu schieben, aber ich bestand darauf, daß Shirin ihn nahm.

«Schließlich bin ich jetzt deine Schülerin», erklärte ich bestimmt und drückte ihr die Geschenke in die Hand. «Man bringt doch seiner *ustad* etwas mit, oder? Sieh sie einfach als Schüler-Mitbringsel an.»

«Es wäre wirklich unverzeihlich, wenn ich sie ablehnen würde», bestätigte sie zu Sultan gewandt, in dem Versuch, ihn zu beschwichtigen.

Gol Dasteh und er ließen sich nicht davon abbringen, mich die Gasse hinunter zu begleiten und hätten mich bis nach Hause gebracht, hätte ich sie nicht zum Umkehren überredet.

Konkurrentinnen

Die Tradition weiblicher Musikgruppen ging auf Salim Jans Vater Minstrel Amin, den Begründer des Clans, zurück. In den späten dreißiger Jahren hatte er talentierte Musikerinnen geheiratet, sie die indischen Instrumente und Harmonium *tabla* gelehrt – die mittlerweile auch von männlichen Gruppen gespielt wurden – und sie gemeinsam auftreten lassen. Er schuf ein neues Phänomen: weibliche Künstlerinnen, die für andere Frauen sangen, spielten und tanzten. Und er hatte Erfolg damit. Nach denselben bewährten Kriterien begann er, Frauen für seine Brüder und Söhne auszuwählen, und im Laufe der Zeit waren aus ursprünglich einer Truppe fünf entstanden.

Weder Shirin noch Sultan waren direkte Nachkommen Minstrel Amins, obwohl Shirin sich auf eine entfernte Verwandtschaft mit dessen Mutter berufen konnte, die wiederum einer dörflichen Jat-Familie angehörte. Shirin stieß durch ihre Schwester Golnar zum Clan. Damals hatte die Familie in sehr bescheidenen Verhältnissen am Rande der Stadt, nahe dem Kandahar-Tor, gelebt und eine Werkstatt für Musikinstrumente betrieben.

«Als Golnar etwa vierzehn war, kam Minstrel Amin zu unserem Vater und machte ihm einen Vorschlag», erzählte Shirin. «Er wollte Golnar als Frau für seinen Neffen und zugleich als Mitglied für seine Truppe. Als Gegenleistung schlug er meinem Vater vor, zu ihm zu ziehen.»

«Konnte Golnar denn singen?»

«Nicht besonders. Er suchte sie nicht nach ihrer Stimme aus oder so. Er brauchte Mädchen, die die *daireh* spielen konnten. Mein Vater stammte aus Kandahar und hatte hier keine Verwandtschaft, also stimmte er zu. Wir überließen Golnar Minstrel Amin, und er gab uns ein paar Zimmer in seinem Haus. Für uns alle brachte es Vorteile, in der Stadt zu wohnen.»

Bei der Auswahl der Bräute stand für die Minstrels im Vordergrund, ob sie in eines der Ensembles zu integrieren waren. Verwandtschaftliche Beziehungen spielten ebenfalls eine wichtige Rolle, vor allem die zu den Jat, denen auch Golnars Familie angehörte. Keine ehrbare Familie hätte je gewagt, die eigene Tochter mit einem Minstrel zu verheiraten; das hätte den Verlust des guten Rufes bedeutet. Stellte sich eine Minstrel-Tochter als talentierte Musikerin heraus, so suchte man ihr einen Ehemann innerhalb des Clans, damit sie der Truppe nicht verlorenging. Minstrel-Ehen wurden unter gänzlich landes-untypischen Gesichtspunkten geschlossen. Da die Frauen ein eigenes Einkommen hatten, maß man weder der Höhe des Brautgelds besondere Bedeutung zu noch hatten Eheschließungen zwischen Cousins und Cousinen Vorrang. Die zukünftige Schwiegertochter mußte über ungewöhnliche Qualitäten verfügen. Sie mußte unerschrocken und furchtlos vor Publikum auftreten können und Selbstbewußtsein im Umgang mit lüsternen Blicken und der allgemeinen sozialen Geringschätzung beweisen. Jungfräuliche Tugenden hingegen wie Fügsamkeit, Bescheidenheit und Zurückhaltung wirkten sich nur nachteilig aus, denn der Erfolg einer Musikerin setzte ein selbständiges und tatkräftiges Wesen voraus.

Shirins Verheiratung stellte größere Probleme dar als die von Golnars, da sie sich bereits als Musikerin profiliert hatte. Als

Golnar gemeinsam mit Minstrel Amins vierter Frau Shahzadeh (die schon Jahre, bevor ich nach Herat kam, gestorben war) auf Hochzeiten zu spielen begann, begleitete Shirin sie. Von Shahzadeh zum Singen ermutigt und unter deren kritischen Anleitung lernte sie schnell. Shirin entwickelte außergewöhnliches Talent, und Shahzadeh nannte sie stolz ihre «Nachtigall». Selbstbewußt, keck und die geborene Schauspielerin, wurde sie bald als mögliches Ensemblemitglied umworben. Zahlreiche Gruppen interessierten sich für sie und unterbreiteten ihr Angebote, den jeweiligen Sohn oder Bruder zu heiraten, aber verständlicherweise wollte Shahzadeh nicht auf sie verzichten. Nach dem Tod ihres Mannes war Shirins Mutter froh, daß Shahzadeh sich um die Karriere ihrer Tochter kümmerte und dankbar für deren Einkünfte.

Shirins Interesse galt Shahzadehs Neffen Sultan, einem Waisen, der sich zu einem längeren Besuch bei seiner Tante aufhielt. Diese hatte ursprünglich geplant, ihm eine andere Frau zu suchen, um ein weiteres Mitglied für ihr Ensemble zu gewinnen, entschloß sich nun aber, eine Ehe zwischen ihm und Shirin zu arrangieren. Niemand schien sich daran zu stören, daß Shirin als Kind ihrem Cousin ersten Grades versprochen worden war. Shahzadeh entschädigte ihn mit 2000 Afghanis und löste damit die Verlobung. Sie kaufte neue Kleider für Shirin, richtete die Hochzeitsfeierlichkeiten aus und bezahlte an Sultans Statt das Brautgeld an Shirins Mutter. Es war eine Liebesheirat. Wie sehr unterschied sich Shirin doch von anderen heratischen Bräuten: Sie kannte die in Frage kommenden Ehemänner, traf ihre persönliche Wahl und äußerte ihren Wunsch ihrer Tante gegenüber, die ihn schließlich erfüllte. Sultan selbst erzählte mir, daß sie unter der *kursi*-Decke ein bißchen geschmust hatten und er sie ab und zu küßte, wenn niemand zusah. Shirin brachte ihm von den Hochzeiten Süßigkeiten mit. Großzügig gewährte ihnen die Familie diesen unschuldigen Flirt.

Eine wichtige Bedingung stellte Shahzadeh allerdings: Sultan mußte einen Brief unterschreiben, in dem er sich verpflichtete, Shirin immer in der Gruppe auftreten zu lassen. An ihrem Sterbebett hatte sie ihm das Dokument zurückgegeben und ihn von seinem Versprechen entbunden, obgleich keine Veranlassung bestand, daß Shirin aus der Truppe ausschied. Dank ihres Erfolgs trug sie entscheidend zum Unterhalt der Familie bei.

Als ich Shirin kennenlernte, arbeiteten etwa fünfundzwanzig Minstrel-Frauen als Berufsmusikerinnen, einige jedoch nur gelegentlich. Sie traten in loser Zusammensetzung von vier oder fünf Frauen auf. Ein Minimum von drei Instrumentalistinnen war erforderlich (Harmonium, *tabla* und *daireh*), zusätzliche Spielerinnen konnten einspringen, wenn ein Baby gestillt werden mußte, oder um sich an den Instrumenten abzuwechseln. Jüngere Töchter begleiteten in der Regel ihre Mütter zu den Auftritten, kümmerten sich um ihre kleinen Geschwister und wuchsen auf diese Weise in ihren späteren Beruf hinein. Gewöhnlich leitete Shirin ihr eigenes Ensemble, wurde auf kleineren Hochzeiten jedoch von Gol Dasteh vertreten. Nadieh und Jamileh spielten abwechselnd die *daireh*, aber keine von beiden beherrschte das Harmonium. Auch Shirins Tochter Ferideh zählte trotz ihrer zehn Jahre bereits zur festen Besetzung, spielte auf der *daireh*, sang im Chor mit und führte ein paar Solo-Tanz- und Gesangsnummern auf.

Bei der Anwerbung von neuen Mitgliedern überwogen familiäre Bande gegenüber Kriterien wie freundschaftliche Beziehungen oder musikalisches Talent. Unverheiratete Töchter, Schwiegertöchter und die Ehefrauen von Brüdern wurden alle in die Truppe aufgenommen. Heiratete eine der Musikerinnen, wurde sie automatisch Mitglied des Ensembles ihrer Schwiegermutter. Die Leiterinnen übten ähnliche Funktionen aus wie Ehemänner: streng beaufsichtigten sie ihre Musikerinnen, die ohne ihre spezielle Erlaubnis nicht in einer konkurrierenden Gruppe auftreten durften. Ich hatte erwartet, bei diesen Frauen die Solidarität von gesellschaftlichen Außenseiterinnen vorzufinden und entdeckte überrascht, wieviel Rivalität unter ihnen herrschte. Ihre Feindseligkeiten resultierten, entgegen meinen bisherigen Erfahrungen, jedoch nicht aus Streitigkeiten zwischen ihren Ehemännern, sondern hatten eine wirtschaftliche Ursache, den Wettbewerb zwischen den Gruppen.

Obwohl Shirin allgemein als beste Solosängerin galt, rangierte ihre Gruppe nicht allein an der Spitze. Ihre Kundschaft wünschte nicht nur brillante Unterhalterinnen, die selbst die neuesten Schlager kannten, sondern prächtig herausgeputzte Musikerinnen, die ihren Festen Glanz verliehen. Eines der beliebtesten Ensembles gehörte drei ungemein voluminösen, unverheirateten Schwestern, Soraya, Amaneh und Naijbeh, deren vulgäre Schönheit, raffiniertes Auftreten und teure Kleidung große Bewunderung fand. Shirins zweite Hauptkonkurrentin war Salim Jans jüngere Schwester Leila (Shahzadehs einzige Tochter), die über eine große Truppe sehr attraktiver Mädchen verfügte: unverheiratet, reich und verwöhnt, wie eine Primadonna umschwärmt, eine sinnliche Schönheit mit laszivem Blick, stets tadellos und extravagant gekleidet und mit kostbarem Schmuck behängt. Ich hatte sie im Vorjahr auf einem Hochzeitsfest gesehen, und mir fiel auf, daß sie inzwischen abgenommen hatte und sich um ihre Mundwinkel ein unzufriedener Zug abzeichnete. Shirin zufolge sehnte sie sich nach einem Ehemann, aber Salim wollte keiner Ehe zustimmen, solange er an ihr so gut verdiente.

Shirins, Sorayas und Leilas Ensemble wetteiferten miteinander um die lukrativsten Engagements, prahlten mit ihren Gagen, logen und übertrieben, um den Neid der anderen zu erwecken. Die beiden weniger erfolgreichen Gruppen wurden von einer Frau namens Sara und Shirins Schwester Golnar geleitet.

Eines Abends, als ich gerade im Begriff war, nach Hause zu gehen, bestand eine von Shirins Rivalinnen, die aus Neugier hereingeschaut hatte, darauf, daß ich sie einmal besuchte. Sie hieß Negar, und ich erinnerte mich, sie im letzten Jahr in Leilas Truppe die *tabla* spielen gesehen zu haben. Sie warf mir vor, ich hätte mein Versprechen, sie zu besuchen, nicht gehalten. Höflich, aber unverbindlich willigte ich erneut ein, wobei ich Gol Dastehs Grimassen und Kopfschütteln geflissentlich übersah. Negar erhob sich, verließ mit mir den Raum und überredete mich, doch gleich mitzukommen, damit ich beim nächstenmal den Weg kannte. Obgleich Gol Dastehs Signale unmißverständlich waren, sah ich, fasziniert von Negars verblühter Schönheit, keinen Grund, ihre Einladung abzulehnen. Ich folgte ihr auf schlammigen Pfaden, von wütendem Hundegebell begleitet. Die Dämmerung brach herein, und von einer nahe gelegenen Moschee erscholl der Ruf zum Gebet. Ich plante, nur ein paar Minuten zu bleiben. Der Flur war in tiefe Dunkelheit getaucht. Sie öffnete die Tür zu einem geräumigen Zimmer; das warme Licht zweier Öllampen, die auf einem glänzend polierten Tablett standen, fiel auf die Gesichter der zahlreich um den großen *kursi* versammelten Anwesenden. Ich erinnere mich noch lebhaft an ihren Mann Yusof, einen dünnen, unsympathisch aussehenden alten Mann; ihre Mutter, eine müde, pockennarbige Frau, die mich mit leblosen, blutunterlaufenen Augen fixierte; und ihre strahlend schöne Tochter Rokhshaneh mit ihren langen schwarzen Locken, den unergründlich tiefen Augen, den üppigen Brüsten und einer verschwenderischen Fülle von Goldschmuck.

Mir blieb keine andere Wahl, ich mußte zum Tee bleiben, dessen Zubereitung eine geraume Weile dauerte. Negar entschuldigte sich, der Strom sei ausgefallen und fügte spitz hinzu, die «arme Shirin» habe allerdings noch nicht einmal Elektrizität im Haus. Um mir eine Freude zu bereiten, holte sie ihr Harmonium hervor und diktierte mir den Text eines neuen Liedes, doch ich war müde und das schwache Licht strengte mich zu sehr an. Als sie John und mich zum Abendessen einladen wollte, reagierte ich ausweichend. Ich fühlte mich überrumpelt; so hatte ich mir unsere Bekanntschaft nicht vorgestellt.

Bei meinem nächsten Besuch wurde ich sofort von Shirin und ihrem Mann einer Inquisition unterzogen. Ich erzählte, ich hätte in Negars Haus nur kurz einen Tee getrunken und mich so bald wie möglich wieder verabschiedet, aber es beunruhigte mich, daß sie diesem Besuch so großen Wert beimaßen. Shirin bemerkte, Negar halte bissige Hunde, und sie hätten sich deswegen um mich geängstigt. Schließlich kam doch der eigentliche Grund der Besorgnis zum Vorschein: ihr gegenseitiges Verhältnis sei nicht gerade das beste. Ich entschuldigte mich – wie hätte ich das ahnen können, da ja Negar auch Shirin besucht hatte. Sie tat meinen Einwand mit einer Handbewegung ab; jeder wolle mich sehen, sie könne niemanden abweisen. Ich solle ihr gut zuhören: Dieses Viertel habe einen üblen Ruf, die Leute tratschten und klatschten. Sie wollte nicht, daß ich in anderen Häusern ein und aus ginge. Sie habe viele Feinde, die nur auf eine Gelegenheit warteten, ihr eins auszuwischen. Ich solle mich von ihnen fernhalten. Sultan stimmte ihr zu und bat mich, immer auf direktem Weg zu ihnen zu kommen, wo ich mich in Sicherheit befände. Ich versprach, ihrer Bitte nachzukommen, obwohl ich gern andere Musikerinnen kennengelernt hätte. Aber als Shirins Schützling und Schülerin fühlte ich mich verpflichtet, ihre Freundschaften wie auch Feindschaften zu respektieren und lehnte entschlossen alle weiteren Einladungen ab.

Ich erfuhr, daß Shirins Streit mit Negar aus der Zeit vor ihrer Ehe herrührte. Yusof, Negars dünner alter Ehemann, hatte zunächst ein Anrecht auf Shirin erhoben und war sogar vor Gericht gezogen. Ich vermutete, daß ihm Shahzadeh, seine Schwester, Shirin versprochen hatte, falls sie weiterhin in ihrer Gruppe spielte, es ihr aber dann ratsamer erschienen war, sie mit Sultan zu verheiraten. Shirin erzählte, sie sei verschleiert vor Gericht erschienen und hätte dem Richter ihre Hand zeigen müssen, um ihre Minderjährigkeit zu beweisen und damit Yusofs Anspruch unwirksam werden zu lassen.

Trotz ihrer sorgsam gewahrten Distanz zu ihren Konkurrentinnen nahm mich Shirin zu einem Besuch bei Leila und Salim mit, wo sie mehrere Jahre als Shahzadehs Schwiegertochter gelebt hatte. Sie wollte mich Salim, dem Oberhaupt des Clans, vorstellen, und sie selbst freute sich auf Leila, die sie als Baby betreut hatte. Aus Dankbarkeit Shahzadeh gegenüber pflegte sie diese Beziehung.

Da ich der Versuchung widerstand, mit anderen Minstrel-Frauen Freundschaften zu schließen, brachte mir meine unerschütterliche Loyalität Shirin gegenüber Respekt ein und bewahrte mich vor Eifersüchteleien. Keine ihrer Konkurrentinnen konnte sich einer Schülerin rühmen, und Shirin schätzte das Prestige, das ich ihr verschaffte, mehr als irgendeine Bezahlung. Im Gegensatz zu meinem Lehrer für Miniaturmalerei legte sie kein monatliches Fixum fest und forderte keinerlei finanzielle Entlohnung, sondern nahm erfreut jedes Geschenk an, das ich ihr mitbrachte.

«Mach dir wegen Geld oder Geschenken keine Sorgen. Komm nur, wann immer du Lust hast – aber warte nicht zu lange!» sagte sie. «Wenn jemand fragt, erzähle ich ihnen, du würdest mir 500 Afghanis die Stunde bezahlen», scherzte sie. «Das bringt sie zum Schweigen und läßt sie vor Neid platzen!»

Eine Frau von Welt

Shirin erzählte immer wieder gern, wie sie für Gol Dasteh die Scheidung erwirkt hatte. Bereits am ersten Tag unserer Begegnung hörte ich die Geschichte, deren erfolgreicher Ausgang noch nicht weit zurücklag. Die Frauen auf der Hochzeitsfeier lauschten gespannt Shirins triumphierender Schilderung und warfen neugierige Blicke auf Gol Dasteh, die schweigend dabeisaß. Verständlicherweise empfanden die meisten Frauen das Leben in der Öffentlichkeit als beängstigend und einschüchternd und waren sichtlich beeindruckt, daß Shirin, eine arme, ungebildete Frau, sich selbst vor Gericht vertreten und sogar einen Sieg davongetragen hatte. Bedingt durch ihre strenge Isolation fehlte den meisten Frauen jeder Zutritt zur Domäne der Männer – zu Religion, Gesetz und Regierung. Shirin hingegen war auf Grund ihres Kontakts zur Außenwelt und ihrer größeren Erfahrung für den Kampf vor Gericht gewappnet.

Sultan hatte die Ehe zwischen Gol Dasteh und seinem Verwandten Aziz vermittelt, im Austausch für dessen zwei Schwestern, wobei die eine für seinen Sohn Yaqub gedacht war und die andere als Zweitfrau für Sultan selbst. Wie einst Shahzadeh stellte Shirin die Bedingung, daß Aziz ihre Tochter in der Gruppe belassen und er bei ihnen wohnen würde. Sie suchten einen Schrein auf, wo er einen Eid auf den Heiligen Koran ablegte, doch sofort nach der Heirat brach er seinen Schwur, flüchtete in sein Dorf zurück und verbot Shirin den Umgang mit Gol Dasteh. Ein Jahr lang kämpfte sie darum, ihre Tochter zurückzugewinnen.

Die Schwierigkeit bestand darin, drei Scheidungen zugleich zu bewerkstelligen, damit Gol Dasteh ihre Freiheit zurückerhielt. Das erste Hindernis, das es zu überwinden galt, war ihr Mann Sultan, der sich weigerte, seine Zweitfrau Hanifeh aufzugeben. Wie, um Himmels willen, hatte sie je dieser Verbindung zustimmen können? Sie erklärte mir, Hanifeh habe ihr im Haushalt zur Hand gehen sollen, ihr Mann habe geschworen, sie nicht anzurühren (ein leeres Versprechen, wie sich herausstellte). Shirin benötigte jemanden, der die Kinder betreute, während sie auf Hochzeiten spielte und der in ihrer Abwesenheit die Hausarbeit erledigte. Sultan jedoch verliebte sich in Hanifeh und wollte nicht in die Scheidung einwilligen, obwohl Yaqub seinerseits bereit war, Gol Dasteh zuliebe auf seine Frau zu verzichten.

Shirin blieb hartnäckig. Jeden Tag nahm sie ein Taxi zum Gerichtshof und bat nachdrücklich um Anhörung. Sie war überzeugt, daß Gott schließlich ihr Flehen erhörte. Der entscheidende Wandel trat ein, als Sultan plötzlich erkrankte. Sie verkaufte ihren gesamten Goldschmuck, um die Ärzte zu bezahlen und wachte nächtelang an seinem Bett. Während dieser Zeit schloß sie der gemeinsame Kampf um sein Leben enger zusammen, wohingegen Hanifeh sich als hilflos und nutzlos erwies. Eines Tages sah Sultan sein Ende nahen. Er weinte, und es wurde ihm schlagartig bewußt, daß er Gol Dasteh vielleicht nie wiedersehen würde, und wenn er starb, würde Hanifeh ohne viel Aufhebens zu ihren Brüdern ins Dorf zurückkehren. Worin lag dann der Sinn, die Scheidung abzulehnen? Daraufhin gab er seine Zustimmung.

Vertraulich erzählte mir Shirin, wie sie Aziz dazu überredet hatte, ebenfalls in die Scheidung einzuwilligen: Sie beschuldigte ihn und seine Brüder einer kriminellen Verschwörung. Mir gegenüber räumte sie ein, ihre Anschuldigungen – die Details verschwieg sie – basierten auf keinerlei Tatsachen, aber sie vermutete, die Brüder hätten allen Grund, etwas zu verheimlichen und fürchteten Gerüchte und Nachforschungen. Sie wußten, daß Shirin tagtäglich zum Gericht fuhr und verloren die Nerven. Sie mußten einsehen, daß Shirin niemals aufgeben würde und daß Gol Dasteh sich bei ihnen unglücklich fühlte. Aziz fügte sich, und die drei Scheidungsurkunden wurden im Büro des Gouverneurs unterzeichnet. Sultans Verwandte nahmen ihre Schwester mit in ihr Dorf zurück, und Shirin führte Gol Dasteh siegreich nach Hause.

Trotz zahlreicher Angebote sah Shirin keine Notwendigkeit, ihre Tochter eilig wiederzuverheiraten, sondern ließ sie die Freiheit und Vielseitigkeit ihres derzeitigen Lebens in vollen Zügen genießen.

Shirin besaß die Fähigkeit, sich das Wissen, die Beziehungen und Kenntnisse anderer Leute zunutze zu machen, und schon bald, nachdem wir uns kennenlernten, forschte sie mich über das Thema Geburtenregelung aus. War ich noch nie schwanger gewesen? Welche Verhütungsmittel nahm ich?

«Du mußt mir deine Pillen einmal zeigen», erklärte sie ernsthaft und erkundigte sich genau nach deren Farbe und Zusammensetzung. «Ich will keine Kinder mehr. Ich bekomme jedes Jahr eins, und das laugt mich aus.» Sie war sich ihrer Entscheidung sicher und hatte keine moralischen Skrupel, was Empfängnisverhütung betraf. «Ich habe die Pillen aus dem Krankenhaus ausprobiert – man bekommt sie umsonst –, aber nachdem ich eine genommen hatte, wurde mir schlecht, also habe ich mich geweigert, mehr davon zu schlucken. Vielleicht sind deine ja besser.»

Sie hatte Ziba, die beste Frauenärztin Herats, die sie auf einer Hochzeit kennengelernt hatte, aufgesucht. Ziba arbeitete im Krankenhaus und besaß eine Praxis in der Neustadt. Sie hatte ihr eine Spirale verschrieben und eingesetzt, aber Shirin hatte davon Nierenschmerzen bekommen und sie wieder ziehen lassen. Welche Möglichkeiten gab es sonst noch?

«Wie wäre es mit diesen *puftunak* – «diesen ‹aufblasbaren Dingern›?» fragte ich grinsend. Kondome konnte man problemlos überall im Basar für nur einen Afghani kaufen, sie erfüllten aber in den seltensten Fällen ihren wahren Zweck: die Erwachsenen schenkten sie ihren Kindern als Luftballons.

«Luftballons?» lachte sie. «Afghanische Männer würden so etwas nie benutzen. Einmal habe ich Sultan dazu gebracht, einen auszuprobieren, aber er hat ihn sofort wieder abgezogen. Er behauptete, es sei schlecht für ihn!»

Wir saßen gemütlich beisammen und unterhielten uns, als Nadieh hereinkam und sich zu uns gesellte, aber Shirin fuhr ungerührt mit unserem Gespräch fort. Sie befragte mich nach dem Diaphragma, einer in Afghanistan recht unbekannten Methode, die Ziba ihr offenbar empfohlen hatte, obwohl Empfängnisverhütungscreme in den Apotheken nicht erhältlich war. Mit großem Interesse folgten sie meinen Ausführungen über die richtige Anpassung und über die Verwendung der Creme.

«Aber wann benutzt man es?» fragte Nadieh verwirrt.

«Du mußt es einsetzen, bevor du mit jemandem schläfst!» erwiderte ich lachend.

«Wie soll das funktionieren?» staunte sie. «Wie kannst du das vorher wissen? Du wachst mitten in der Nacht auf, und er ist da!»

Wir lachten lauthals und einigten uns darauf, daß ein Pessar sehr wohl Probleme bereitete. Shirin trug mir auf, beim nächsten Besuch die englischen Pillen mitzubringen, aber nachdem sie eine genommen hatte, ließ sie davon ab, erklärte, sie fühlte sich davon schwach und benommen. Wenngleich die Sündhaftigkeit ihres Tuns sie nicht schreckte, so doch die gesundheitlichen Nebenwirkungen!

Trotz ihrer Aufgeschlossenheit in vielen Bereichen war Shirin ein den Traditionen verhafteter Mensch. Sie trug ein Amulett mit Gebetstexten als Heilmittel gegen jegliche Leiden und einen winzigen Koran als Schutz gegen die Gefahren der Nacht. Musikerinnen waren auf ihrem nächtlichen Nachhauseweg besonders gefährdet – nicht der Überfälle oder Vergewaltigungen, sondern wegen der überall lauernden *djinns*. Ihre Arbeit erforderte eine lockere Handhabung des weiblichen Verhaltenskodex, aber sie befolgten die religiösen Bräuche wie alle anderen Frauen auch, bereiteten einmal im Jahr *nazr*, hielten die Fastenzeit ein und suchten regelmäßig die heiligen Schreine auf. Shirin war ein streng gläubiger Mensch; von ihr erfuhr ich viel über den Islam, hörte Geschichten über den Propheten und seine Familie. Sie scheute davor zurück, sich allzu frei in der Öffentlichkeit zu bewegen und vermied es, gegen das Gebot der Sittsamkeit zu verstoßen. Als ein Ladenbesitzer Kassetten von ihr verkaufen wollte, durfte er nicht mit ihrem Foto werben –

die Vorstellung, ihr Gesicht zu entblößen, bereitete ihr Unbehagen.

Eines Abends, als sie John und mich zum Essen eingeladen hatte, beschrieb uns Sultans Neffe Hakim, von einnehmendem Wesen und großem erzählerischem Talent, anschaulich, wie er Shirin einmal zur Rundfunkstation in Kabul gebracht hatte. Sie kehrte gerade von einer Pilgerfahrt zum Mazar-i Sherif zurück, und er traf sie zufällig in Kabul und schlug ihr vor, eine Aufnahme machen zu lassen.

«Um Himmels willen, nein! Ich könnte nie dort hingehen! Es schickt sich für Frauen nicht, im Radio zu singen!» protestierte sie; aber letztendlich überredete er sie doch, trotz ihrer Nervosität, vor den *ustads* und weiblichen Rundfunkstars aufzutreten.

Hakim schilderte die Anekdote witzig und humorvoll und brachte uns mit seiner Imitation von Shirins Schamhaftigkeit und Scheu zum Lachen. Schließlich befanden sie sich auf dem Weg zur Radiostation, und sie bestand darauf, ihren Schleier bis zur Tür anzubehalten, obwohl in Kabul die Verschleierungsvorschriften weit weniger strikt gehandhabt wurden als in den Provinzstädten Herat, Kandahar und Mazar-i Sherif. Hakim zählte die lange Liste von berühmten Musikern auf, die sich an jenem Tag im Studio befunden hatten und beschrieb den stürmischen Applaus, den sie mit ihrem Gesang geerntet hatte. Alle *ustads* hatten sie gelobt und ihr herzlich gratuliert, und die Instrumentalistinnen waren aufgesprungen und hatten begeistert geklatscht und sie als die bessere Musikerin gepriesen, da sie sich selbst auf dem Harmonium begleiten konnte.

«Ihr *charbeiti* brach ihnen das Herz», schwärmte Hakim. «Sie kam mit schamhaft bedecktem Gesicht und stellte sie alle in den Schatten!»

Nicht alltägliche Ereignisse hatten Shirins Leben verändert und ihr eine außergewöhnliche Lebenserfahrung vermittelt. Trotz ihrer mangelnden Schulbildung und trotz ihrer Fehleinschätzungen und Vorurteile verfügte sie über einen größeren

Einblick in die gesellschaftlichen Verhältnisse als die meisten Frauen, die ich traf. Sie hatte das Glück, Frauen aus den verschiedensten sozialen Schichten kennenzulernen: von den streng Religiösen bis zu den Emanzipierten, von den relativ Armen bis zu den Allerreichsten. Durch ihre Musik besaß sie Zutritt zu den verschiedensten Häusern überall in der Stadt. Gelegentlich trat sie in Dörfern oder in Nomadenzelten auf, wo die Frauen noch nie zuvor ein Harmonium gesehen hatten, und sie wurde sogar im Radio übertragen. Diese Privilegien nutzte sie, um ihr Leben selbst in die Hand zu nehmen.

Musikunterricht

Jedesmal, wenn ich Shirin besuchte, arbeiteten wir intensiv an der Verbesserung meines Gesangs, und allmählich stellten sich Fortschritte ein. Sie war eine tolerante und geduldige Lehrerin, und unsere Zusammenarbeit erwies sich als fruchtbar. Ich war die erste Fremde, die bei den Minstrels Unterricht nahm – sie bildeten in der Regel keine Musiker aus. Die Berufsmusiker in Kabul hatten das indische Gurusystem übernommen, mit seinen Zeremonien, Geschenken und dem Ritual, einen Faden um das Handgelenk des Schülers zu binden, doch in Herat fand man diesen Brauch selten. Ein konventionelles Lehrerin-Schülerin-Verhältnis wäre zwischen Shirin und mir auch unangemessen gewesen: wie die meisten Minstrels verfügte sie über keinerlei klassische Ausbildung, sondern hatte ihre musischen Fähigkeiten durch gemeinsame Auftritte erworben.

Als Lehrmeisterin war sie ein Naturtalent; instinktiv spürte sie, wie wichtig Geduld und Lob für den Lernerfolg waren. Sie lehrte nach der in vielen asiatischen Kulturen angewandten Methode: Lernen durch ständiges Wiederholen und Üben. Sie diktierte mir den Liedtext, und danach sangen wir ihn so lange gemeinsam, bis ich mir die Melodie eingeprägt hatte. Gewöhnlich schlug sie den Takt auf der *daireh* oder einem Tablett, und ich notierte mir die wichtigsten Schläge über den Silben in meinem Notizbuch. Sie erhob keinen Einspruch, wenn ich meinen Kassettenrekorder als Gedächtnisstütze mitbrachte. Sie begriff, daß es für mich kein leichtes Unterfangen war, gleichzeitig die fremde Sprache, die fremdartig anmutende Poesie, die Handhabung der *daireh* und ihres speziellen Rhythmus, die eigentümliche heratische Art der Stimmgebung und die ausladenden Melismen zu erlernen. Ihrer Ansicht nach hätte ich früher damit beginnen sollen, denn in meinem Alter funktioniere das Gedächtnis nicht mehr so gut.

Die Struktur der meisten Lieder war relativ simpel: sie bestanden aus vierzeiligen Strophen im Wechsel mit einem Refrain, der auch nach einzelnen Versen folgen konnte. Die rhythmischen Elemente hingegen bereiteten mir größere Schwierigkeiten; es gab eine Vielzahl davon, und es fiel mir schwer, sie mit dem Text in Einklang zu bringen, da die Betonung oft meinem Gefühl zuwiderlief.

Während sich männliche Ensembles der klassischen indischen Musikterminologie bedienten, besaßen Minstrel-Frauen keinen Zugang zu diesem eifersüchtig bewachten Wissen, was meinen Lernerfolg zunächst etwas bremste. Shirin fehlten die sprachlichen Mittel, musikalische Strukturen zu beschreiben, zum Beispiel die verschiedenen Rhythmen, Tonarten, Stil- oder Strukturelemente zu benennen; und sie verfügte auch über keine wie immer geartete Notenschrift (ihre männlichen Kollegen dagegen verwendeten das indische System – falls sie nicht schreiben konnten, auch mündlich). Nachdem ich mir die Grundmuster jedoch einmal angeeignet hatte, empfand ich diese intiutive Art des Lernens als äußerst effektiv.

Im Gegensatz zu Mutter von Nebi, deren Lieder in Melodie und Rhythmus von Woche zu Woche variierten, lehrte Shirin mit großer Beständigkeit. Verschiedene Versionen desselben

Liedes vor Publikum vorzutragen, mochte angehen, aber im Unterricht wirkte es nur verwirrend. Als professionelle Chorleiterin war Shirin sich dieses Problems bewußt.

Was mein Lernmaterial anbelangte, so überließ ich Shirin weitgehend die Auswahl. Zunächst brachte sie mir die damals auf Hochzeitsfeiern beliebten Lieder bei: iranische Schlager, Populäres aus Kabul und alte heratische Volksmusik, die vom Radio wieder aufgegriffen wurde. Später, als sie merkte, wie sehr mich besonders traditionelle Musik interessierte, kramte sie aus ihrem Gedächtnis, das sich als wahre Fundgrube erwies, längst in Vergessenheit geratene Raritäten hervor. Wenn wir gemeinsame Aufnahmen produzierten, wurde Shirin manchmal der neugierigen Kinder überdrüssig und befahl Gol Dasteh, die Tür zu schließen, woraufhin Gol Dasteh sich beschwerte, wir würden uns verkriechen wie ein frischvermähltes Paar.

Meine Fortschritte mußte ich vor ständig wachsendem Publikum mit unterschiedlichem Urteilsvermögen unter Beweis stellen. In der vertrauten Umgebung von Shirins Haus, gemeinsam mit ihr aufzutreten, war eine Sache, allein vor völlig fremden Zuschauern zu singen dagegen eine gänzlich andere. Ich rief mir immer wieder ins Gedächtnis, was Shirin mir bei unserem ersten Treffen geraten hatte: meine eigene Unsicherheit zu überwinden. Häufig wurden meine Anstrengungen durch begeisterten Applaus belohnt, was mir Mut für die nächste Hürde gab. Ironischerweise liefen zwei entgegengesetzte Entwicklungen gleichzeitig ab: zum einen meine Persönlichkeitsentfaltung, durch die künstlerische Arbeit bedingt, zum anderen der innere Rückzug durch die Verschleierung, was mich im Laufe des Jahres in schwere seelische Konflikte bringen sollte.

Ab und zu passierte es, daß ich Shirin bei diesen öffentlichen Prüfungen beschämte. Einmal besuchten wir Parwin, eine rangältere Spielerin und Mitglied von Leilas Tanzgruppe, die zahlreiche Verwandte zu einem Willkommensfest für ihre nach monatelanger Abwesenheit heimgekehrte Tochter eingeladen hatte.

Shirin schwärmte von der großartigen Hochzeit, auf der wir uns kennengelernt hatten und beschrieb in den schillerndsten Farben meine Darbietung für die Frau des Gouverneurs. Parwin bat mich, ihnen ebenfalls etwas vorzusingen, und so trug ich vor den zahlreich versammelten sachkundigen Gästen zwei Lieder vor. Sie klatschten Beifall und beglückwünschten mich zu meinem Vortrag, aber als wir zu Hause bei Shirin angelangt waren, nahm diese sogleich die *daireh* und führte mir die korrekte Version des zweiten Liedes vor. Sie erklärte, ich hätte den Text falsch betont, und wir übten noch einige Zeit, obwohl es bereits spät war und Shirin müde wirkte. Sie fühlte sich durch meine Fehler gedemütigt und ließ es sich nicht nehmen, diese sofort auszumerzen.

In einer Verschnaufpause erzählte sie mir, wie sehr es sie störte, daß andere Leute mich zum Singen aufforderten und Männer mich anstaunten und bewunderten. Aber sie könne ihnen ihren Wunsch nicht abschlagen, sonst würde überall herumerzählt, Shirins Schülerin hätte überhaupt nichts gelernt.

Im März fuhren John und ich nach Kabul und gaben im Radio ein Interview über unsere Beschäftigung mit afghanischer Musik. Ich trug drei Lieder vor, und John begleitete mich auf der *dutar*. Bei unserer Rückkehr schienen alle die Sendung gehört zu haben und gratulierten mir herzlich.

«Warum hast du nicht drei Lieder von mir ausgesucht?» fragte Shirin leicht pikiert, da ich durch meinen ersten Beitrag, ein Hochzeitslied, das ich von einer Aufnahme gelernt hatte, Latif Khan gewürdigt hatte. «Du hast seinen Namen vor meinem genannt», rügte sie mich.

Bei meiner nächsten Übungsstunde war sie schlecht gelaunt: Sultan hatte Latif Khan im Basar getroffen, und es war die Rede auf meinen Auftritt im Radio gekommen. Er hatte sich erkundigt, warum Shirin mir keinen *daireh*-Unterricht erteilte. Obwohl Latif Khans Kritik sie ärgerte, weil das auf sie als Lehrerin zurückfiel, gab sie zu, mein *daireh*-Spiel sei fürchterlich, und wir müßten schleunigst etwas unternehmen. Verständlicherweise gab es zwischen Latif Khan und den Minstrels im Konkurrenzkampf um Engagements Spannungen; zudem spürten die Minstrels Latif Khans Bestreben, sich von ihnen wegen des schlechten Rufs ihrer Frauen zu distanzieren. Ich befand mich in einer unangenehmen Lage. Latif Khan gefiel es nicht, daß ich «ins feindliche Lager übergelaufen» war und bei Shirin Stunden nahm, aber aus Taktgefühl schwieg er. Zweifelsohne war er der Meinung, daß ich ihn, den anerkannten Meister in Herat, hätte aufsuchen sollen, wenn ich etwas lernen wollte.

Shirin entschied, daß wir uns in Zukunft ausschließlich auf die *daireh* konzentrieren und meinen Gesangsunterricht vorerst zurückstellen würden. Nur durch unablässiges Üben würde mein Spiel flüssiger und meine Hand «lockerer» werden: noch waren meine Finger steif, die Trommel klang nicht sauber und der Rhythmus war nicht fließend genug. Mit großer Geduld wies sie mich Schritt für Schritt in die Kunst des Spiels ein, eine für sie ungewohnte Vorgehensweise, da alle ihre Töchter sich das Trommeln ohne viel Aufhebens angeeignet hatten. Sie riet mir, das Instrument auf mein Knie aufzulegen, damit mein Arm nicht ermüdete, und zeigte mir die einzelnen Griffe. In der Mitte der Trommel erzielt man tiefe, dumpfe Töne; schlägt man mit gespreizten Fingern an den Rand, so ertönt ein heller, klarer Klang. Ich lernte, meinen Zeigefinger unabhängig von Mittel- und Ringfinger und alle Finger im schnellen Wechsel zu bewegen. Sie lehrte mich die verschiedenen Grundrhythmen zur Gesangsbegleitung: mehrere Viervierteltakte, einige Sechssechsteltakte mit einem ausgeprägten Gegenrhythmus von drei gegen zwei und den feurigen, ansteckenden synkopischen Siebensiebteltakt, der auch den Kreistanz bestimmte. Sie ging methodisch und exakt vor, so daß ich trotz der Komplexität der Strukturen bald meine eigenen Variationen einbringen konnte.

Beherrschte man die Grundprinzipien, so erwies sich die

daireh als leicht zu handhabendes Instrument. Im Gegensatz zur klassischen indischen *tabla*, mit der ich mich früher vergeblich abgemüht hatte, erforderte sie kein jahrelanges, verbissenes Studium, bis man erst einmal die Technik beherrschte. Sie war vielseitig einsetzbar, und es gab die unterschiedlichsten regionalen Varianten. Bei genügend Ermutigung und Freiraum lernen afghanische Mädchen schon in jungen Jahren die Rhythmen auf spielerische Weise; Shirins Baby trommelte bereits mit knapp einem Jahr und konnte beinahe eher tanzen als laufen. Shirin ermahnte mich, unermüdlich zu üben und schlug mir vor, *halwa* als Opfergabe zuzubereiten und um mehr Fingerfertigkeit zu bitten.

«In Kabul gibt es einen Schrein, der dem Heiligen von Kharabat geweiht ist», erzählte sie. «Jeder neue Schüler eines Musikers verteilt *halwa* und Rohzucker als Almosen. Das solltest du auch tun. Du weißt doch, wie man *halwa* kocht? Es ist verdienstvoll und wird deinem Spiel nützen.»

Ich hatte schon einmal den Schrein von Kharabat besucht, dem Versammlungsort der Chishti-Sufis; in Herat gab es für Musiker nichts Entsprechendes. Auf Shirins Rat hin bereitete ich das *halwa* zu Hause zu und sandte ihr, Mariam und Mutter von Nebi je eine Kostprobe, von dem Wunsch begleitet, ich wolle mein Spiel verbessern.

Bald nahmen wir meinen Gesangsunterricht wieder auf. Die größten Schwierigkeiten bereitete mir die charakteristische Art der Stimmgebung. Im Unterschied zur westlichen Gesangstechnik, bei der durch Schwingungen in der Brust Töne erzeugt werden, singen afghanische Sänger meist an der oberen Grenze ihres Stimmumfangs, mit kehlig-gepreßter, näselnder Stimme, wobei Kopf und Kehle als Hauptresonanzkörper dienen. Shirin hielt mir keine langatmigen Vorträge, sondern ermahnte mich nur zu intensivem Üben. Niemals korrigierte sie meine Stimmlage oder Tongebung, und durch Nachahmung lernte ich allmählich, den richtigen Ton zu treffen, eine Verszeile zu beginnen und zu beenden, durch elegante Verzierungen und Ornamente die Melodieführung abzuwandeln. Die Ornamentik, die Kunst des Verzierens, stellt ein Grundelement afghanischer Musik dar; von ihr hängt die Kultiviertheit und Subtilität des Stils ab.

Im Laufe der Zeit fiel es mir leichter, mir neue Lieder einzuprägen, und mein Repertoire an Gedichten, von denen ausgehend ich improvisieren konnte, wuchs: eine Sängerin muß über einen reichen Schatz an mündlich überlieferter Dichtung verfügen, um die jeweils passenden Stimmungsbilder schaffen zu können. Shirin diktierte mir Dutzende von volkstümlichen Vierzeilern. Auf sehr romantische Weise erzählten sie von der Sehnsucht nach einem geliebten Menschen, von schmerzlichem Heimweh, gepaart mit dem Verlangen der Seele nach spiritueller Vereinigung mit Gott. Manche erinnerten an das berühmte Liebespaar Leila und Majnun, berichteten von Majnuns wahnsinniger Leidenschaft. Andere schilderten alltägliche Begebenheiten, wie die Geschichte vom Schafhirten Jalali und seiner Liebe zur schönen Schiitin Mu. Einige Gedichte verwandten dem Sufismus entlehnte Metaphern, wie zum Beispiel die unwiderstehliche Anziehung, die eine brennende Kerze auf eine Motte ausübt oder das schmachtende Werben der Nachtigall um die Liebe einer Rose:

Der Morgen ist erwacht, meine Blume nicht erschienen
Der Gesang der Nachtigall blieb aus
Laßt uns den Gartenmeister fragen
Warum die Nachtigall nicht kam, die Blume zu betrachten.

Daneben gab es die humorvolle, leichte Seite in der Musik der Frauen; satirische Lieder wie «Die Frau des Scherenschleifers», eines von Jamilehs Tanz- und Gesangsstücken. Es erzählt von einer Frau, die sich hartnäckig weigert zu heiraten, ganz gleich, welchen Beruf der Bewerber ausübt; in den einzelnen Strophen wirft sie ihm erbost sein Handwerkszeug an den

Kopf: dem Zimmermann die Säge, dem Mullah das Heilige Buch, dem Teehausbesitzer die Teekanne und dem Haschischraucher gar seine Pfeife. Dieses Lied erfreute sich bei den Frauen großer Beliebtheit, machte es sich doch über die wichtigtuerische Männerwelt lustig und pries den gesellschaftlich verachteten Scherenschleifer als idealen Ehemann. Ein weiteres typisches Frauenlied war «Die Witwe», die Parodie eines Liebeslieds: Um ihre Bereitschaft zu einer Wiederverheiratung zu demonstrieren, weist eine Witwe kokett ihre einzelnen Körperteile vor – Lippen, Augen, Augenbrauen, Po. Andere Texte zählen sämtliche Teile der Anatomie eines Tieres auf, der Schwiegertochter oder dem Schwiegersohn als Geschenk zugedacht, wie zum Beispiel in «Wann wirst du den Affen töten?» Die Augen des Affen dienen als Spiegel, sein Fell als langer Mantel, seine Gedärme als Turban, der Schwanz als Besen und der After als Spucknapf!

Ob auf romantische oder humorvolle Weise, die meisten Lieder der Frauen drehen sich um das Verhältnis zwischen den Geschlechtern, wobei die Klage um nicht erwiderte Liebe ein zentrales Thema darstellt. Ebenso wie Männer die verzehrende Liebe eines Mädchens besingen, wissen die Frauen von männlicher Leidenschaft zu berichten. Oft sind die Texte bestimmten Personen gewidmet: «Liebste Leila», «Grausame gelbe Blume», «Verehrter Mullah Mohammed» oder ähnlich. Die hohe Kunst der Improvisation kam bei speziellen Anlässen zur vollen Entfaltung, wenn beispielsweise der zukünftige Ehegatte oder die ferne Geliebte beschworen wurden.

Das Repertoire männlicher und weiblicher Ensembles deckte sich in hohem Maße, obwohl den Frauen bestimmte Titel zumeist erst dann zugänglich waren, wenn sie bereits von Männern gespielt wurden. Die Hauptunterschiede bestanden darin, daß die Minstrel-Frauen klassische und religiöse Musik, eine Domäne der Männer, nicht spielten und Satirisches und Humorvolles bevorzugten, was von den Männern – außer in den volkstümlichen Theateraufführungen der Jat – verschmäht wurde. Zweifellos begünstigte der private, häusliche Rahmen ihrer Auftritte die Belustigung auf Kosten der Männer.

Musikerin von Beruf

In diesem Jahr fiel Moharram, der Trauermonat der Schiiten, in die Winterzeit, und für die Musikerinnen bedeutete dies eine ruhige Saison. Die meisten von Shirins Kunden waren Schiiten – sie schätzte etwa 90 Prozent –, deren freiwilliger Verzicht auf Musik und Feierlichkeiten zehn Tage vor dem Gedenktag der Schlacht von Karbala begann und zwei Monate lang währte.

Ich fragte, woran Shirin, die Sunnitin war, ihre schiitische Kundschaft erkenne. Sie seien hellhäutig, gut gekleidet und sähen ordentlich und sauber aus, erklärte sie mir; viele gehörten wohlhabenden Kaufmannsfamilien an, die sich exklusive Kleidung und großartige Parties leisten konnten. Zugleich teilte Shirin die Vorurteile ihrer Glaubensgemeinschaft, die als orthodoxe Sekte und Bevölkerungsmehrheit die Minorirät der Schiiten der Ketzerei beschuldigte. Die Sunniten erkennen die vier Gefährten Mohammads Abu Bakr, Omar, Osman und Ali als Kalifen und Nachfolger des Propheten an, während die Schiiten lediglich Ali und seine Nachkommen als rechtmäßige Erben gelten lassen. Vor allem deren Trauerzeremonien und ekstatischen Selbstgeißelungen erfüllen die Sunniten mit Abscheu. Doch die Vorbehalte bleiben nicht auf die Auslegung religiöser Dogmen beschränkt, sondern umfassen Sitten und Bräuche, vor allem Fragen der Hygiene. Shirin vertraute mir an, sie erkenne einen schiitischen Haushalt an der Toilette: während Sunniten Klumpen getrockneter Erde zum Säubern benutzten, die neben dem Klosett bereit lagen, benutzten Schiiten einen Krug mit Wasser; Shirin empfand es jedoch als Entweihung, Wasser auf

Exkremente zu kippen. Viele ihrer Behauptungen erschienen mir fragwürdig. Die Lehren des Propheten, die jeden Aspekt menschlichen Tuns im Detail festlegen, schreiben drei Stadien der rituellen Reinigung vor: mit getrockneter Erde abwischen, mit Wasser waschen und mit einem sauberen Tuch trocknen. In der Praxis (und im Gegensatz zu ihrer Behauptung) war das Reinigen mit Wasser bei beiden Sekten die gängigste Art der Säuberung. Ebensowenig stimmte ihre Einschätzung, daß zwei Drittel der Einwohner Herats dem schiitischen Glauben angehörten; tatsächlich verhielt es sich umgekehrt. Auch mit ihrer Versicherung, die Schiiten würden sich Haji nennen (der Titel für Mekka-Pilger), selbst wenn sie nur den Schrein Imam Rezas in Mashhad besucht hatten, irrte sie.

Zwischen beiden religiösen Gruppen herrschte tiefe gegenseitige Abneigung, und doch bewunderte ich die Herater um ihr Taktgefühl und ihre stillschweigende Toleranz. Die Beziehungen zwischen den Glaubensgemeinschaften zeugten von großer Sensibilität; Mischehen kamen relativ selten vor. Knüpfte man eine neue Bekanntschaft, so suchte man an kleinen Hinweisen zu erkennen, ob es sich um einen Schiiten oder Sunniten handelte, statt geradeheraus zu fragen, wie es die Protestanten und Katholiken in Nordirland tun. In der Vergangenheit hatte es heftige Auseinandersetzungen gegeben, besonders während des Moharram, und die Trauerzeremonien wurden noch heute weitgehend geheimgehalten, um nicht die Feindseligkeit der Sunniten herauszufordern.

Die Tatsache, daß die meisten Auftraggeber Shirins Schiiten waren, war ein Anlaß zu Spannungen, zumal das Verhältnis beider Gruppen schon unter normalen Umständen schwierig war, erst recht aber im familiären Rahmen einer Hochzeit. Shirin war bestrebt, zu den wohlhabenden Schiiten gute Beziehungen zu unterhalten, wenngleich die unterschwelligen religiösen und kulturellen Dissonanzen ihr die Arbeit nicht gerade leichtermachten.

Im Frühling begann die Saison der Feste und Feiern. Die meisten ihrer Engagements erhielt Shirin in allerletzter Minute. Männer kamen in die Gasse, um die Bedingungen auszuhandeln, und entweder sprach sie selbst mit ihnen oder schickte eines der Mädchen, um ein vorläufiges Angebot zu unterbreiten. Häufig folgte stundenlanges, erbittertes Feilschen, bevor man sich auf den Preis einigte und eine Anzahlung hinterlegt wurde. Die Gage für einen Auftritt konnte beträchtlich schwanken, bedingt durch Angebot und Nachfrage und die finanziellen Mittel des Auftraggebers: die Spanne reichte von einem Minimum von 1500 bis zu einer Summe von 5000 Afghanis. Zusätzlich zu ihrem Honorar wurden die Musiker üblicherweise mit Teilen der Aussteuer, Geschenken und Trinkgeldern bedacht.

Die Hochzeitsfeierlichkeiten dauerten etwa vierundzwanzig Stunden. Gewöhnlich trafen die Musikerinnen bei Einbruch der Dunkelheit ein und spielten bis in die frühen Morgenstunden, bis die Gäste zu müde zum Tanzen waren. Dann versuchten sie – in sehr beengter Umgebung – etwas Schlaf zu finden, um danach den ganzen Tag über wieder aufzutreten. Feiern wie das «Süße Essen» dauerten nur einen Nachmittag lang; dafür erhielt die Truppe nur 500 bis 600 Afghanis, jedoch die Zusicherung, für die Hochzeit engagiert zu werden.

Neben Verlobungen und Hochzeiten, die zur Haupteinnahmequelle eines Ensembles zählten, spielten sie auch zu privaten Festen und Picknicks auf. Man feierte zum Beispiel die letzten Stadien einer Schwangerschaft (der Bauch der Schwangeren wurde dabei feierlich mit Fett eingerieben) oder die Geburt eines Kindes. Es herrschte ein harter Wettbewerb, und das Verhandlungsgebaren einer Konkurrenzgruppe wurde aufmerksam verfolgt.

Inzwischen hatte Shirin die zwei vorderen Zimmer, die auf die Gasse hinausgingen, von Golnar zurückerhalten. Eines Tages, wir saßen gerade beim Mittagessen, rief eine schäbig gekleidete Frau zu uns herauf, sie benötige noch am selben

Nachmittag ein Ensemble für ein «Süßes Essen». Shirin fragte nach der Dauer des Festes und wieviel die Kundin bereit sei zu zahlen. Sie erwiderte, es handle sich um vier bis fünf Stunden, von ein Uhr an, für 250 Afghanis und 50 zusätzlich als Trinkgeld. Ein zähes Feilschen begann. Shirin sah, daß die Kundin aus ärmlichen Verhältnissen stammte; zudem war es nicht üblich, die Höhe der Trinkgelder in die Verhandlungen miteinzubeziehen. Als sie erkannte, daß die Frau nicht mehr als 400 Afghanis zahlen würde, wandte sie sich ungehalten vom Fenster ab und wieder ihrem Essen zu. Sie teilte mir mit, sie hätte für 500 Afghanis Gol Dasteh und die Mädchen hingeschickt, aber nicht für lächerliche 400.

Sobald wir die Mahlzeit beendet hatten, lief Ferideh hinaus, um auszukundschaften, wer den Auftrag übernommen hatte. Parwin hätte für 400 eingewilligt, teilte sie uns kurz darauf mit, woraufhin Shirin überlegte, welche Besetzung diese wohl zu nehmen gedachte: Leila und die anderen waren bereits anderweitig engagiert. Es war ein heißer Nachmittag, und gerade, als wir uns zu einem gemeinsamen Nickerchen auf dem Boden ausstrecken wollten, den Schleier als Decke benutzend, rief uns Gol Dasteh ans Fenster. Parwin tauchte am Ende der Gasse auf und zerrte Rokhshaneh hinter sich her, die ins grelle Sonnenlicht blinzelte und sich heulend beschwerte, aus dem Schlaf gerissen worden zu sein. Warum sie wegen mickriger 400 Afghanis eigens aufstehen müsse, jammerte sie. Shirin lachte stillvergnügt in sich hinein, und wir lehnten uns in unsere Kissen zurück, glücklich, den heißen Nachmittag dösend verbringen zu können. Shirin bemerkte, Parwins Geiz erlaube es nicht, daß sie sich auch nur ein Engagement entgehen lasse, ganz gleich, wieviel Ärger damit verbunden sei.

Zu manchen ihrer Kunden unterhielt Shirin ein besonderes Verhältnis, zu reichen Familien etwa, die sie als hervorragende Sängerin schätzten und schon seit Jahren als Gönner förderten. Ihnen gegenüber zeigte sie sich ausnehmend höflich und liebenswürdig, ließ die Beziehung durch keinerlei Mißklänge trüben und behandelte sie allen anderen gegenüber vorrangig.

Einmal traf ich bei Shirin im Vorderzimmer zwei Frauen an. Auf dem Weg hatte mir Hakim bereits von ihnen erzählt: sie gehörten zur Familie eines berühmten Agha, wünschten, Shirin zu engagieren und warteten darauf, daß sie heimkam.

Die Frau des Agha, eine selbstsichere junge Frau mit einer schweren Kette aus Goldmünzen und einem kostbaren Medaillon um den Hals, erzählte mir, sie richte die Hochzeit für den Sohn ihrer Begleiterin – ihre Schwägerin – aus, die aus taktischen Erwägungen vor einigen Männern der Familie geheimgehalten wurde. Sie benötige Shirin für den folgenden Tag. In diesem Moment stürmten Gol Dasteh und Jamileh lärmend ins Zimmer, hielten beim Anblick der Besucherinnen aber abrupt inne und erkundigten sich ehrerbietig nach dem Wohlbefinden der einzelnen Familienmitglieder des Agha. Gol Dasteh erwähnte, sie seien für den kommenden Tag bereits ausgebucht, würden aber selbstverständlich den Wünschen der Damen entsprechend umdisponieren. Die Frau des Agha, die die gelassene Sicherheit eines Menschen ausstrahlte, der es gewöhnt ist, seinen Willen durchzusetzen, nickte und murmelte, sie wolle mit Shirin darüber reden.

Als Shirin schließlich eintraf, küßte sie respektvoll die Hände ihrer Gäste und begrüßte sie überschwenglich mit Komplimenten. Die Frau des Agha erwiderte ihre Schmeicheleien auf angemessene Weise, bot Shirin ihr Medaillon aus massivem Gold an, welches diese hastig als ihrer unwürdig ablehnte. Dann informierte die Gattin des Agha Shirin über die Hochzeit und bat sie, sich am folgenden Nachmittag bereit zu halten. Shirin willigte umgehend ein, die Hand auf dem Herzen, und erwähnte mit keiner Silbe ihre anderweitige Verpflichtung, woraufhin sich ihre Besucherinnen erhoben und sich unter Entschuldigungen, nicht zum Tee bleiben zu können, verabschiedeten.

Shirin überlegte rasch, wie sie zwei Ensembles zusammenstellen könne: sie würde Golnar um ihre Tochter Sima, eine noch sehr junge, aber begabte Musikerin, bitten müssen. Es überraschte mich, daß Shirin mit ihrer verhaßten Schwester verhandelte, aber sie erklärte mir, was Musik anbetraf, arbeiteten sie zusammen, als Gegenleistung überließe sie ihr auch gelegentlich Jamileh. Sie beschloß, gemeinsam mit Jamileh und Nadieh in das Dorf des Agha zu gehen und Gol Dasteh, Ferideh und Sima den ursprünglichen Auftrag wahrnehmen zu lassen. Auf meinen Einwurf, sie habe versäumt, eine Preisabsprache zu treffen, entgegnete sie, man verhandle nicht mit der Frau eines Agha, sie würde sie schon großzügig entlohnen. Eigentlich widerstrebte es ihr, auf dem Land zu spielen, aber die Bitte einer so wichtigen Kundin konnte sie nicht abschlagen.

Manchmal verzichtete Shirin auch bewußt auf ihre Gage, um sich bei passender Gelegenheit von einem einflußreichen Auftraggeber einen Gefallen zu erbitten. Wie konnte sie den Gouverneur zum Beispiel um Bezahlung angehen? Es war weitaus sinnvoller, ihn günstig zu stimmen und in ihrer Schuld zu belassen, als ein paar Tausend Afghanis zu kassieren. Auf guten Beziehungen, Kontakten und Entgegenkommen basierte der Erfolg. Ich hörte Leila einmal sagen, Charme ebne den Weg zu weiteren Engagements und zähle weit mehr als musikalisches Talent oder Erfahrung. Hier lag ein Widerspruch: Musikern sagte man die schlechten Manieren und den rüden Umgangston eines «Jat» nach, aber wenn sie gut behandelt wurden, verfügten sie über ausgezeichnete Umgangsformen – was jedoch nur wenige Außenstehende begriffen.

Ich begleitete Shirin immer häufiger zu Hochzeiten, zunächst als ihre Schülerin und Zuschauerin und später als offizielles Mitglied des Ensembles. Ich freute mich über die Gelegenheit, Einblick in das Leben der Musikerinnen zu gewinnen, und lernte, meine Befangenheit bei öffentlichen Auftritten abzulegen.

Ein erster Anlaß ergab sich bei der Hochzeit im Haus einer

reichen schiitischen Familie, wo man mich, laut Shirin, höflich und freundlich empfangen würde. Ferideh holte mich morgens ab, während die anderen bereits seit dem Vorabend spielten. Bei unserem Eintreffen saß Shirin auf einem schmucken Podest inmitten des Innenhofs, auf dem sich Frauen in schicken neuen Kleidern tummelten. Die Mauern waren mit farbenprächtigen Tüchern geschmückt und der Boden von feinen Teppichen bedeckt. Ich entdeckte Jamileh mit ihrem Baby, einem elf Tage alten Mädchen. Sie schien ausgezeichneter Laune und brüstete sich damit, schon sieben Tage nach der Geburt wieder aufgetreten zu sein, woraufhin Shirin schnell einwarf, sie habe sie nicht dazu gezwungen. Shirin berichtete, daß sie nach Jamilehs Mutter und Schwester geschickt hätten, als kein Zweifel mehr bestand, daß die Wehen begonnen hatten. Ohne die Mitwirkung einer Hebamme, jedoch unter Shirins kundigem Einsatz, kam das Baby zur Welt. Erstaunlich, wie die Musikerinnen die Strapazen einer Entbindung ohne Unterbrechung ihres Spielplans bewältigten! Doch ich spürte die unterschwelligen Spannungen zwischen Shirin und ihren Musikerinnen während der Endphase von Jamilehs und Nadiehs Schwangerschaft, als beide sich nur zögernd zu Auftritten bereitfanden und Shirin energisch Druck auf sie ausübte.

Wir spielten den ganzen Vormittag über, während die Gäste abwechselnd tanzten. Eine in Blau und Silber gekleidete Frau forderte die Umstehenden immer wieder auf, auch einen Versuch zu wagen. Ich spielte auf einer der *dairehs* und ließ mich von der heiteren Stimmung anstecken. Shirin stellte mich als ihre Schülerin vor, und ich trug einige Lieder vor, die großen Anklang fanden.

Noch vor dem Mittagsmahl sollte sich das Brautpaar auf dem «Thron» der Öffentlichkeit zeigen. Die Braut, eine sehr hübsche junge Frau, das Haar mit künstlichen weißen Blumen geschmückt und ein passendes Sträußchen in der Hand, wartete im Nebenraum. Als der Bräutigam und dessen Vater in der Tür erschienen, stimmten wir den rituellen Gesang an und geleiteten sie dann unter Trommelklängen und gesungenen Segenswünschen und Preisungen über den Hof. Während das schöne Brautpaar Hand in Hand ernst und feierlich hinter uns her schritt, erfaßte mich ein Hochgefühl. Sie verweilten etwa zehn Minuten auf dem Thron, dann schlüpfte der Bräutigam unauffällig davon, um bei den Vorbereitungen zum Festessen zu helfen, und überließ seinen Platz einem kleinen Mädchen. Die beiden seien glücklich verliebt, raunte Gol Dasteh mir zu, ihr «Verlobungsspiel» habe sechs Monate gedauert, sie selbst habe beim «Süßen Essen» musiziert.

Wir spielten bis zum Auftragen des Festmahls am frühen Nachmittag. Wir saßen auf dem Podium, und einer von Shirins Söhnen kam, um einen Teil unserer reichlichen Portionen in ein riesiges Gefäß zu füllen und, in ein Tuch eingeschlagen, mit nach Hause zu nehmen. Gol Dasteh erklärte mir, daß die Gastgeber üblicherweise die Familie der Musikerinnen mitversorgten, da diese keine Zeit zum Kochen hätten. Mir fiel auf, daß Shirins Kinder ständig Kontakt zu ihr hielten, während sie bei Hochzeiten auftrat, um Botengänge für sie zu erledigen oder sie über in Aussicht gestellte Engagements zu unterrichten.

Gegen Ende des Nachmittags wurde die Aussteuer vorgeführt. Shirin hielt jedes einzelne Stück in die Höhe, zählte laut die Ellen Stoff – zehn, elf, zwölf . . . fast wie ein Versteigerer. Die Hochzeitsgäste umringten sie, um alles interessiert in Augenschein zu nehmen, während das Brautpaar von seinem Thron aus die Szene unbeteiligt beobachtete. Später schickte die Mutter der Braut Shirin mit Geschenken aus der Aussteuer zur Mutter, den Schwestern und den Schwägerinnen des Bräutigams, zum Dank für deren tatkräftige Unterstützung. Shirin überreichte jeder eine Garnitur Stoffe, hübsch auf einem Tablett drapiert, und wurde dafür mit Trinkgeld belohnt, das sie in den Ausschnitt ihres Kleids steckte. Das letzte Geschenk auf ihrem Tablett war für sie selbst bestimmt. Von den Musikerinnen wurde nicht nur erwartet, daß sie spielten und für angeregte Stimmung sorgten, sondern auch, daß sie aktiv bei den Ritualen, dem feierlichen Umzug, der Darbietung und Verteilung von Präsenten mitwirkten und die Rolle des Vermittlers zwischen den Hauptakteuren im Heiratstheater übernahmen.

Die Brüder des Bräutigams ließen uns wissen, wir sollten mit unseren *dairehs* zu ihnen herüberkommen, sie wollten uns eine kleine Spende zukommen lassen; *dairehs* dienten als Sammelbüchsen – wie man bei uns einen Hut herumgehen läßt. Gol Dasteh schien sich über diese Geste zu freuen, sie war erleichtert, daß wir nicht darum bitten mußten. Sie wollte Jamileh schicken, die sich jedoch weigerte. Daraufhin ging Ferideh mutig hinüber und hielt den Männern schüchtern ihre Trommel hin. Schritte wie diese – von fremden Männern Geld anzunehmen – brachte den Mädchen einen schlechten Ruf ein.

Als wir gerade im Aufbruch begriffen waren, erschien der Vater des Bräutigams, der den ganzen Tag über mit der Organisation des Festes beschäftigt gewesen war, und bat uns um eine Zugabe. Die Bewirtung seiner Gäste habe seine ganze Zeit in Anspruch genommen, und die Familie wolle nun auch noch in den Genuß von etwas Unterhaltung kommen.

«Es ist schon spät», erwiderte Gol Dasteh kurzangebunden. Sie hatte bereits das Harmonium eingepackt, doch Shirin forderte sie auf, noch ein Stück zu spielen, woraufhin sie widerwillig zwei Strophen sang, aber unmittelbar danach heftig ihr Instrument zuklappte. Die Musikerinnen gaben ungern Zugaben, sie kosteten wertvolle Zeit und wurden selten honoriert. Unser Gastgeber zeigte sich verständnisvoll und bestand nicht weiter darauf, sondern übergab Shirin unsere Gage und Geld für die Rückfahrt. Letztendlich brachen wir erst nach einer weiteren halben Stunde auf, da Shirin in Verhandlungen über ein weiteres Engagement vertieft war. Gol Dasteh büßte damit ihre Glaubwürdigkeit gänzlich ein.

Ich bewunderte es, wie Shirin Beruf, Familie und Haushalt miteinander vereinbarte. Sultan arbeitete täglich in seinem Friseurladen und erwartete bei seiner Heimkehr, daß Tee serviert wurde. Die Beaufsichtigung der Kinder ist ausschließlich Aufgabe der Frau, und so nahm Shirin ihr Jüngstes zu den Hochzeiten mit, während die übrigen Kinder sich selbst überlassen blieben. Sie spielten ungestört auf der verkehrsarmen Straße; die Nachbarn konnten ein Auge auf sie werfen. Ab und zu ließ sie Zahra bei Salims Frau, die ebenfalls ein Baby hatte und sie stillen konnte. Sie bezahlte sie für diesen Dienst und bemühte sich, sie nur bei besonders festlichen Abendeinladungen in Anspruch zu nehmen. Von ihren acht Kindern besuchten nur die zwei ältesten Jungen die Schule, aber da der Unterricht höchstens die Hälfte des Tages dauerte, verfügten alle Kinder über genügend Zeit zum Spielen.

In Ausnahmesituationen mußte ihr ältester Sohn Yaqub einspringen. Einmal, beim Wechseln der schmutzigen Hose des Babys, rümpfte er lachend die Nase.

«So etwas müßte ich überhaupt nicht machen! Das ist reine Frauenarbeit. Ich muß meiner Mutter viel mehr helfen als andere Jungen. Sie hat es nicht leicht: sie arbeitet die ganze Zeit. Wenn ein Kind nachts schreit, steht sie auf, und außerdem spielt sie den ganzen Tag auf Hochzeiten. Keiner in meiner Schule weiß, daß sie Musikerin ist», fügte er vertraulich hinzu, «das wäre mir zu peinlich.»

Gol Dasteh bereitete die Mahlzeiten für die Familie, und Farideh half ihr beim Saubermachen und kümmerte sich mit um die Kinder. Gemeinsam mit Shirin wuschen sie alle paar Tage die Wäsche der gesamten Familie.

«Ich hätte mehr Töchter bekommen sollen. Das wäre praktischer!» vertraute Shirin mir an und widersprach damit der allgemeinen Vorliebe für männliche Nachkommen. «Dann hätte ich eine größere Truppe und mehr Hilfe im Haushalt.» Sie hatte ihre Töchter nicht aus Mißtrauen gegenüber Bildung von der

Schule ferngehalten, sondern weil sie sie dringend als Spielerinnen benötigte.

Trotz ihrer harten Arbeit und ihres relativ hohen Einkommens führte sie weder ein aufwendiges Leben noch trug sie, im Gegensatz zu anderen Minstrel-Frauen, kostbaren Schmuck offen zur Schau. Während Sultans Krankheit hatte sie sämtliche Schmuckstücke verkauft, um die teure Medizin bezahlen zu können, und Gol Dastehs Scheidung hatte sie ebenfalls finanziell sehr belastet. Sultans gegenwärtige geschäftliche Schwierigkeiten erforderten weitere größere Summen: Shirin mußte Geschäftsreisen nach Kabul und großzügige Mitbringsel für die ganze Familie finanzieren. Während andere Minstrel-Männer den Verdienst ihrer Frau gewinnbringend investierten, gelang es Sultan immer, auf die eine oder andere Art ihre Rücklagen zum Schrumpfen zu bringen.

Trotz alldem fühlte sich Shirin in ihrem Musikerinnendasein wohl. Als Leila uns einmal besuchte und sich über ihre Arbeit beklagte, rügte Shirin sie milde:

«Uns bleibt nichts anderes übrig; wovon sollen wir denn leben? Was willst du? So schlecht ist es nun auch wieder nicht. Wir kommen raus und amüsieren uns, und sie geben uns noch *pilau* zu essen. Wir können Musik machen und treffen Unmengen von Frauen. Die Arbeit macht Spaß. Dann bin ich doch lieber Musikerin, als mir den lieben langen Tag in einem dunklen Loch beim Teppichknüpfen die Augen zu verderben!»

Eines späten Nachmittags auf dem Weg zu Shirin – ich fühlte mich von einer Erkältung noch leicht fiebrig – beobachtete ich geschäftiges Treiben, als ich an Sorayas Haus vorüberging; Männer brüllten Anweisungen, und in riesigen Kesseln köchelte der Reis. Offensichtlich waren die Hochzeitsvorbereitungen für Mohammad Ali, den Sohn des Hauses, in vollem Gange. Zwei Wochen zuvor hatte die Familie ein großes, festliches Picknick in freier Natur veranstaltet, Teppiche und Instrumente mitgenommen und mit einer großartigen musikalischen Darbietung die Ankunft der Braut aus Kabul gefeiert. Sie war die Tochter Ghafur Khans, eines berühmten Musikers, und dies sollte die erste Eheschließung zwischen den Minstrels und den Kabuler *ustads* werden.

Shirin fiel sofort auf, daß ich mich nicht wohl fühlte, diagnostizierte meine Krankheit umgehend als «heiß-und-kalt» und diktierte mir das Rezept für eine heilsame «heiße» Suppe. Plötzlich fiel mir Alis Hochzeit ein – fand sie etwa noch am selben Abend statt? Shirin erzählte, daß schon seit Tagen die ganze Gasse vom ausgelassenen Feiern widerhallte; der Lärm verursache ihr bereits Kopfschmerzen. Die Hochzeitsfeierlichkeiten sollten tatsächlich am Abend beginnen, und ich eilte sofort nach Hause, um mich umzuziehen.

Eine Stunde später betraten Shirin und ich das weitläufige Anwesen des Bräutigams, das fröhlich geschmückt und mit Lichterketten behängt war. Zahlreiche Frauen hatten sich bereits eingefunden, und allmählich stieg die Stimmung. Golnars frühreife vierzehnjährige Tochter Sima befand sich schon auf dem Podium und versuchte, das Publikum mit ihren neuesten Hits zu begeistern. Die Musikerinnen wechselten sich ab, nur Shirin stand etwas abseits, das Baby auf der Hüfte, und gab kritische Bemerkungen von sich.

Allmählich begann sich der Hof mit schicken jungen Frauen zu füllen; man wies ihnen Plätze auf den metallenen, im Halbkreis um das Podium gruppierten Klappstühlen an, und aus ihren modischen Maxikleidern – über und über mit Rüschen und Volants versehen und als *maksi* bekannt – schloß ich, daß es sich um Sorayas reiche Kundinnen handeln mußte. Einige von ihnen trugen nicht einmal Gebetsschleier, andere hatten ihn locker um ihr makellos frisiertes Haar gelegt, wie um ihrer offensichtlich teuren Eleganz einen zusätzlichen Reiz zu verleihen. Verblüfft fragte ich Shirin, ob denn keine männlichen Gäste geladen seien, woraufhin sie meinte, man habe Teppiche auf dem flachen, den Hof überblickenden Dach ausgebreitet, aber der Innenhof selbst gehöre allein Sorayas reichen Freundinnen. Die Welt stand auf dem Kopf! Eine Hochzeit mit Musik, Prunk und Glanz nur für Frauen, wo Männer, unsichtbar und abgeschirmt, als bloße «Zaungäste» geduldet wurden.

Soraya in ihrer Funktion als älteste Schwester und Leiterin des Ensembles kümmerte sich um den reibungslosen Ablauf des Festes. Als alle Minstrels gemeinsam den *atan* aufführten, nahm sie mich ebenfalls bei der Hand. Ich tanzte und klatschte, vom Fieber noch ganz benommen, zusammen mit Soraya, ihren Schwestern, Parwin, Salims Frauen, Negar, Rokhshaneh und anderen, prächtig anzusehen in ihren schönsten Kleidern und ihrem kostbarsten Schmuck. Shirin hielt sich abseits, und Gol Dasteh und die Truppe mußte, sehr zu ihrem Leidwesen, ein anderes Engagement wahrnehmen. Die Gäste schlürften lächelnd ihren Tee, erfreuten sich an unserer Tanzdarbietung, doch niemand schloß sich uns an. In diesem Moment betrat zu meiner großen Überraschung Rahim Gol, ein berühmter Musiker, mit seiner Gruppe den Hof. Geblendet von so viel weiblicher Schönheit, vermieden sie es, den Blick schweifen zu lassen. Offensichtlich hatten die Hochzeitsgäste mit seinem Eintreffen gerechnet, denn ich beobachtete weder ein hastiges Überstreifen von Schleiern noch ein schamhaftes Bedecken von Gesichtern, lediglich ein eitles Glätten und Zurechtzupfen der Locken. Diese kultivierten, emanzipierten Frauen hatte man zu einem Konzert männlicher Musiker geladen!

Das Festmahl wurde spät, erst nach der exzellenten musikalischen Darbietung, serviert. Die Gäste saßen in Dreiergrüppchen auf Teppichen und aßen geziert mit den Fingern. Soraya und ihre Schwestern hatten große Mühe, die schweren Essenstabletts hin- und herzutragen, Schweißflecken zeichneten sich unter ihren kräftigen Armen ab. Sie bewegten sich flink und geschmeidig, unermüdlich und aufeinander eingespielt wie ein wohl dressiertes Pferdegespann, das mit Perfektion und Gleichmut einen Acker pflügt. Das Essen war ausgezeichnet: Fleisch, *pilau*, Auberginen und ein Dessert aus Kirschmarmelade. Die Minstrels verstanden die Kunst des Feierns und liebten es, Feste im großen Stil auszurichten. Afghanen bezeichneten sie als *kharabat*, großzügige Menschen, Genießer, die ihren Leidenschaften frönten und durch diese Charaktereigenschaft Bewunderung erregten.

Am späten Abend bat man Shirin zu singen. Rahim Gol trat hinter seinem Harmonium hervor und forderte sie höflich auf, seinen Platz einzunehmen. Die Große Dame der Musik war bis zu diesem Zeitpunkt noch nicht aufgetreten. Sie ließen nicht locker, ich mußte ebenfalls auf das Podium steigen, beschwingt durch die ausgelassene Stimmung und durch das ermutigende Lächeln der *rubab*- und *tabla*-Spieler. Die vielen Lichter und die zahlreichen Zuschauer störten mich nicht mehr. Ich fühlte mich ruhig und sicher neben Shirin, inzwischen daran gewöhnt, vor großem Publikum aufzutreten. Wir sangen mehrere Lieder gemeinsam und wurden mit überschwenglichem Applaus bedacht. Unsere Stimmen schallten klar und losgelöst aus den Lautsprechern.

Schließlich stimmte Salim Jan die rituelle Weise «Wir bringen Henna» an, und das Brautpaar auf dem Thron fütterte sich gegenseitig mit Kuchenhäppchen und flößte einander süße Getränke ein. Die Gäste klatschten am Ende jeden Rituals und erhoben sich schließlich zum huldvollen Abschiednehmen. Es war nach Mitternacht, und Privatwagen und Taxis warteten bereits vor dem Haus. An der Tür reichte Soraya jedem einzelnen ein Päckchen mit gezuckerten Nüssen von einem Silbertablett, auf welchem die Hochzeitsgäste ihrerseits weiße Umschläge, diskrete Geldgeschenke für die Braut, hinterließen. Ganz die liebenswürdige Gastgeberin, verabschiedete Soraya ihre Gäste, wünschte ihnen, mit einem flüchtigen Kuß auf die Wange, Lebewohl. Wie oft schon hatte sie in ihrer Eigenschaft als Musikerin an den schäbigen Geschenken ihrer Auftraggeberinnen herumgenörgelt, und diese hatten ihrerseits hinter ihrem Rücken gemeinen Tratsch verbreitet! Doch heute war dies vergessen. Tatsächlich hätte niemand hinter dieser eleganten Erscheinung mit so guten Umfangsformen eine ordinäre Musikerin vermutet, die nachts allein nach Hause lief, ihr Instrument im Arm und eine Rolle fetter Banknoten am Busen! Welch ein außergewöhnliches Ereignis.

Die Zeiten änderten sich schnell; reiche Herater hielten ihre Hochzeitsfeiern zunehmend im Parkhotel ab, wo Männer und Frauen ungeniert zusammentrafen und Kellner in das unbedeckte Gesicht einer Frau blickten. Die Minstrels hatten zu einer prunkvollen Feier geladen, und ihre wohlhabende Kundschaft hatte gnädig ihre Schwelle überschritten und das gegenseitige gute Verhältnis durch Geschenke und höfliche Äußerungen des Wohlwollens bekräftigt.

Mitglied des Ensembles

Die Zeit unmittelbar vor Ramadan war für die Musikerinnen besonders hektisch und ließ sie keinen Augenblick zur Ruhe kommen. Rund um die Uhr tauchten Leute im Minstrel-Viertel auf, um einen Auftrag zu vergeben, bestrebt, ihre Familienfeste noch vor Beginn des Fastenmonats zu organisieren. Lustbarkeiten und Musik waren während der Fastenzeit nicht verboten – im Unterschied zum Moharram –, aber Hunger und Durst wirkten sich lähmend auf die Stimmung aus, und körperliche Schwäche dämpfte die Tanzlust. Und nach Ramadan würde es für abendliche Feierlichkeiten zu kalt sein. Manchmal war die Nachfrage nach einem Ensemble so groß, daß man zwei Aufträge gleichzeitig annahm und ein Minimum von je drei Musikerinnen zu einer Veranstaltung schickte. Notfalls verlieh man auch weniger wichtige Spielerinnen an ein Konkurrenz-Ensemble.

Shirins Ansicht nach hatte ich meine Lehrzeit erfolgreich bestanden und konnte als vollwertiges Mitglied eingesetzt werden. Ich fühlte mich tief geehrt und konnte es kaum erwarten, gemeinsam mit ihr aufzutreten. Gewöhnlich ließ sie mir dann kurzfristig eine Nachricht zukommen: «Falls du Zeit hast, komm morgen abend um acht» oder «Heute nachmittag findet eine Verlobung statt – hast du Zeit?» Wenn irgend möglich, versuchte ich es einzurichten, froh darüber, mich auf diese Weise für ihre freundliche Hilfe erkenntlich zeigen zu können.

Ich erhielt sogar einen neuen Namen.

«‹Veronica› hört sich komisch an.» Sie sprach meinen Namen «Fa-ra-ne-ka» aus. «Ich weiß schon: ich nenne dich Farahnaz! Das ist viel hübscher.» Mit diesem afghanischen Namen konnte sie mich unbedenklich auf Festen vorstellen.

Andere Freunde in Herat ragierten entsetzt, als sie erfuhren, daß ich dem Ensemble beigetreten war: Unterricht zu nehmen mochte noch angehen, öffentlich aufzutreten hingegen grenzte an Amoralität. Dieser Schritt erschien ihnen undenkbar.

«Sieh dich vor», warnte Mutter von Nebi, ohne ihre Mißbilligung zu verbergen. «Diese Frauen haben kein Schamgefühl.»

«In England betrachten wir Musik nicht als etwas Verwerfliches oder Sündiges», entgegnete ich, fest entschlossen, mich nicht von meinem Vorhaben abbringen zu lassen. «Es ist eine gute Übung für mich.»

«Hast du die Kleine gesehen? Sie trägt schon Make-up!» Sie verzog angewidert den Mund. Sie sprach von Ferideh, die sie bei der Hochzeit einer Nachbarin gesehen hatte. Heratische Mädchen wurden an ihrem Hochzeitstag zum erstenmal geschminkt. Warum also lief Ferideh wie eine kleine Hure herum? Ich erklärte, daß die Minstrel-Frauen sich schminkten, um sich vor ungenierten Blicken zu schützen, aber sie ließ sich nicht überzeugen; offenbar war sie über mein ständiges Zusammensein mit Shirin sehr unglücklich. Sie hatte kein Verständnis dafür, daß ich in der Öffentlichkeit mit Leuten von so niedrigem Status verkehrte, und zugleich beneidete sie uns insgeheim um die zahlreichen Feste und die Möglichkeit zum ausgiebigen Musizieren.

Ich setzte mich über diese Kritik hinweg und weigerte mich, darüber nachzudenken, ob ich etwas Unrechtes tat. Vergeblich suchte ich eine Rechtfertigung in den Gepflogenheiten meines Heimatlandes und erzählte schließlich, ich führte eine wissenschaftliche Untersuchung durch.

«Ich weiß, daß jeder glaubt, die Minstrels wären Nutten, aber das ist eine Lüge», verteidigte ich meine Freundinnen vehement und versuchte, sie mit ihren eigenen Waffen zu schlagen. «Sie spielen für Frauen, auf reinen Frauenfesten. Man sieht weit und breit keinen Mann.»

Man warf ihnen vor, daß sie die strikte Trennung zwischen männlicher und weiblicher Sphäre mißachteten. Sie fuhren mit Männern in deren Autos und feilschten mit ihnen um ihre Gage; sie hielten sich nicht bescheiden im Hintergrund, sondern genossen unbekümmert ihre Freiheit. Im Gegensatz zu anderen emanzipierten, berufstätigen Frauen wie Bankangestellten oder Lehrerinnen vermochten sie nicht, sich durch Bildung Respekt zu verschaffen. Musik und Tanz galten als verwerflich und sündhaft und ließen einen die religiösen Pflichten vergessen. Minstrel-Frauen als Prostituierte zu bezeichnen, entbehrte ebenso jeder Grundlage wie Touristinnen, die mit entblößten Armen und Beinen herumlaufen, schamloser Nacktheit zu bezichtigen – viele unwissende Leute hielten unbelehrbar an diesem Vorurteil fest.

Gewöhnlich ließ ich mich durch Ermahnungen nicht verunsichern, doch ein Gespräch mit Latif Khan und Mariam berührte mich tief und ließ mich zum erstenmal die Tragweite meiner Entscheidung erkennen. Latif Khan hatte einen günstigen Zeitpunkt gewählt: wir saßen gemütlich beisammen und tranken Tee.

«Du solltest wirklich nicht mit Shirin auftreten», ermahnte er mich eindringlich. «Ich habe im Basar davon gehört. Es schickt sich nicht; tu es nicht wieder.»

«Aber nur so kann ich mich verbessern – durch Üben», erwiderte ich, erschrocken über seine Direktheit.

«Übe zu Hause oder bei ihr, aber tritt nicht in der Öffentlichkeit auf. Das macht keinen guten Eindruck», riet er mir ruhig, aber bestimmt. Ihm zu widersprechen erschien mit dreist, doch ich mußte mich verteidigen.

«Es ziemt sich nicht für Frauen, öffentlich aufzutreten», pflichtete Mariam ihm bei, die sich offenbar veranlaßt sah, Stellung zu beziehen. «Du weißt, daß es gegen unsere Sitten verstößt. Sonst würden wir es ja auch tun!» Womit sie das Unvorstellbare aussprach.

«Nein, auf keinen Fall! Ich weiß, daß ihr das nicht könnt», protestierte ich, «aber bei mir ist es etwas anderes. Ich bin nicht von hier und werde in ein paar Wochen abreisen. In England wird man mich für alles, was ich hier erfahren und gelernt habe, überschwenglich loben.»

«Shirin nutzt dich aus», beharrte Latif Khan. «Sie bekommt Aufträge, weil sie mit dir, einem hübschen, fremden Mädchen, angibt. Das bringt Geld. O ja!» Er unterstrich seine Bemerkung mit einer typischen Handbewegung, als zähle er Geld.

«Sie ist meine *ustad* und hat mir alles beigebracht, was ich kann», konterte ich hitzig. «Es würde mich freuen, wenn sie durch mich etwas verdient, aber ganz egal, es stimmt nicht, was du sagst; ich begleite sie nur, wenn ich Zeit habe, oft erfahre ich davon erst in der allerletzten Minute. Die Leute wissen gar nicht, daß sie mich mitbringt.»

Hartnäckig bestand er darauf, daß ich mir selbst keinen Gefallen erwies: es schade meinem guten Ruf. Ein paar Tage zuvor hatte ein Freund geäußert, meinem Mann sei wohl das Geld ausgegangen, daß er mich zu den Minstrel-Mädchen schicke! Seine Worte kränkten mich. Wie auch immer die Wahrheit aussehen mochte, die Leute tratschten, und Gerüchte verbreiteten sich in Herat in Windeseile. Nicht nur mein Name, sondern auch Latif Khans – Johns *ustad* – war bereits besudelt.

«Aber ich nehme keinen Pfennig!» beteuerte ich und verspürte plötzlich den unwiderstehlichen Drang, Herat und diesem unlösbaren Konflikt augenblicklich zu entfliehen. Ich wünschte, ich könnte mich wie eine gehorsame Tochter Latif Khans Willen beugen und empfand ein tiefes Schuldgefühl ihm gegenüber, konnte aber meine Karriere als Musikerin nicht aufgeben. Mein Platz war an Shirins Seite.

Bei Auftritten schlüpfte ich wie selbstverständlich in meine neue Identität: Farahnaz, die Musikantin, verschleiert und gekleidet wie eine Heraterin, aber mittels Augen-Make-up, Lippenstift und Rouge in eine reizvolle Schönheit verwandelt. Inzwischen war mir der Schleier zur zweiten Natur geworden, und ich trug stets heratische Kleider und weit geschnittene Hosen: ich fiel nicht länger als Ausländerin auf. Vor jedem Engagement schminkten sich die Mädchen grell und auffällig; ihre Maske war Teil ihres Erscheinungsbilds, sie gehörte zum künstlerischen Vortrag dazu.

«Wir erzählen keinem, daß du aus England bist», flüsterte Gol Dasteh mir bei unserem ersten Auftritt zu, «sonst belagern dich alle und lassen dich nicht in Ruhe. Wir sagen einfach, du kämst aus dem Iran.»

Es erschien mir sinnvoll, zu einer Notlüge zu greifen. Wir wollten vermeiden, die aufdringliche Neugier der meisten unserer Kundinnen noch zu schüren. Bemerkten sie meine andersartigen Gesichtszüge, so wollten sie wissen, wie ich mit den anderen verwandt sei. In manchen Situationen erfand ich aus dem Stegreif irgendeine Lügengeschichte: meine Mutter war mit Shirin verwandt, oder ich sei aus Kabul. Sie nahmen meine

Erklärungen für bare Münze, tuschelten aber und starrten mich an. Ich beherrschte ihre Sprache fast akzentfrei, selbst umgangssprachliche Wendungen, und meine Aussprache war durchaus passabel. Und schließlich mutete die Wahrheit gar zu unwahrscheinlich an: Wie konnte ein englisches Mädchen ihre Sprache und Lieder lernen und zudem noch freiwillig als Musikerin auftreten? Manchmal kannte mich die Gastgeberin schon, was eine Maskerade erübrigte. Dann nahm ich mit meinem Tonband unsere Aufführung auf. Einmal durfte ich sogar beim *atan*, dem Kreistanz, die Leitung der Gruppe übernehmen. Nadieh neben mir schlug kräftig auf die *tabla*; ich fühlte mich wie bei meinen ersten Fahrversuchen, ungläubig, daß meine zaghaften Handgriffe die gewünschte Wirkung erzielten.

Ich bemerkte, daß die Musikerinnen großen Wert auf Bequemlichkeit und gastliche Bewirtung legten und sogleich nach unserem Eintreffen die Örtlichkeiten genauestens unter die Lupe nahmen. Gab es ein Podium für uns? Wirkten die Leute wohlhabend? Mit Bedacht wählten sie einen Platz aus: nicht im unmittelbaren Sonnenlicht, möglichst von einem angenehmen Lüftchen umweht und in sicherer Entfernung von Sand und Staub. Meist wies man uns dünne Matratzen auf dem Boden, im Hof oder in überfüllten Räumen an, wo wir sofort von eifrigen Kindern fast erdrückt wurden. Empfing man uns mit Tee, oder servierte man uns gar kühle Getränke, Eis oder Obst – unerwartete Delikatessen –, versetzte uns dies schlagartig in ausgezeichnete Laune. Unter diesen Bedingungen spielten wir weit besser und bemühten uns, unsere Gastgeberin ebenfalls zufriedenzustellen. Unsere kultivierten Kundinnen wußten um die Wichtigkeit, Musikerinnen zuvorkommend zu behandeln, sie als erste zu bedienen und somit ihre Gunst zu erlangen.

Ein weiterer entscheidender Faktor war die Stimmung unter den Gästen, ihre Bereitschaft, zu tanzen und unseren Gesang zu würdigen. Ich freute mich, wenn ich gebeten wurde, ein Duett mit Shirin vorzutragen, was die Frauen manchmal sogar auf

Band aufnahmen; aber bei anderen Gelegenheiten zeigte sich unser Publikum desinteressiert, es verwechselte uns mit einem Plattenspieler, den man willkürlich ein- und ausschalten konnte. Selbst die aufwendigste Hochzeit erstickte in Langeweile, wenn niemand tanzte: eine Festlichkeit sollte *por jush* sein – vor Begeisterung überschäumen, was die Zeit schnell und angenehm verstreichen ließ. Tanzmusik schonte unsere Stimmen und ließ uns ein Weilchen verschnaufen; es machte Spaß, die Tanzenden zu beobachten und in einem harmonischen Wechselspiel mit ihnen zusammenzuwirken. Verständlicherweise kostete mich das Spielen größere Anstrengungen als die anderen: Während sie mit der Leichtigkeit langjähriger Übung sangen und musizierten, mußte ich mich darauf konzentrieren, den Rhythmus einzuhalten und den Text nicht zu vergessen. Meine Muskeln waren das fortdauernde Spielen nicht gewohnt, und meine Stimme wurde stark strapaziert, mußte ich doch die schreienden Kinder, die sich lautstark unterhaltenden oder Anweisungen erteilenden Frauen und die kichernden und herumalbernden Mädchen übertönen. Die stickig-heißen Nachmittage empfand ich, vom Mittagessen schläfrig und träge, als besonders mühsam.

Einer meiner letzten Ausflüge mit dem Ensemble führte uns in ein kleines Dorf, etwa eine halbe Stunde Fahrt in östlicher Richtung von der Stadt entfernt. Unsere Gruppe bestand aus Shirin, Golnars Tochter Sima, die auf der *tabla* spielte, Ferideh und mir; Gol Dasteh, Nadieh und Jamileh nahmen eine andere Verpflichtung wahr. Wir sollten einige Stunden im Haus der Braut die Gäste unterhalten und sie dann zum Dorf des Bräutigams geleiten. Bevor die Minstrels einwilligten, in einem Dorf aufzutreten, mußte man ihnen ein lukratives Angebot unterbreiten: Die Reise war beschwerlich, man spielte unter ungünstigen Bedingungen, die Dorfbewohner waren für ihren rüden Umgang mit Musikanten verschrien (Männer musterten Musikerinnen ungeniert und bestanden darauf, daß sie vortanzten);

Geschenke oder Trinkgelder waren nicht der Rede wert. In größerer Entfernung von ihrem Zuhause liefen die Musikerinnen zudem eher Gefahr, Opfer von Schmähungen und Schikanen zu werden. Salim erlaubte es Leila nie, auf dem Land aufzutreten.

Wie verabredet traf ich rechtzeitig bei Shirin ein, aber unser Fahrer verspätete sich, was mich verstimmte. Schließlich fuhr er mit einer eindrucksvollen silbernen Limousine vor, ein kleiner, dunkelhäutiger Mann in elegantem Anzug, der Onkel der Braut und ganz offensichtlich kein Dorfbewohner. Ferideh und Sima lachten affektiert und winkten wichtigtuerisch zum Rückfenster hinaus, während wir an den staunenden, am Ende der Gasse herumlungernden Jungen vorbeiglitten. Ferideh bat unseren Chauffeur, das Radio aufzudrehen, woraufhin laute Musik ertönte. Er beäugte mich anzüglich im Rückspiegel, ich aber mied seinen Blick und zog den Schleier vors Gesicht – unangemessen prüde für eine Musikerin. Im Laufe der Monate hatte ich mir angewöhnt, mich vor fremden Männeraugen zu verbergen, mich durch eine geschickte Handbewegung sexuell aufdringlichen Blicken zu entziehen. Der Schleier erfüllte auf dekorative Weise den praktischen Zweck, Männer in ihre Schranken zu verweisen. Aber dies war der unpassende Ort für Schamhaftigkeit: Shirin und die anderen bewegten sich frei und ungezwungen, lachten und scherzten mit ihm. Meine Reaktion auf seinen abschätzenden Blick erwies sich als übertrieben.

Wir verließen die kühle, schattige Pinienallee und bogen in einen holprigen Feldweg ein. Zu beiden Seiten erstreckten sich Luzernen- und Getreidefelder, von Bewässerungskanälen und vereinzelten Bäumen durchbrochen. In einem Dorf spielten Kinder in der Sonne, und kleine Mädchen mit schmuddeligen Baumwollschleiern setzten ihre Wassereimer ab, um unserer prächtigen Limousine nachzustarren. Shirin glaubte, den Ort wiederzuerkennen. War es nicht ein großes *qaleh*? Der Mann nickte, während er geschickt den zahlreichen Schlaglöchern und

Furchen auswich. Ein *qaleh* bezeichnete ein größeres Anwesen, in dem etwa zwanzig Familien zusammen lebten. Shirin war schon einmal dort gewesen. Ich stellte mir eine riesige, quadratische Lehmfestung mit Türmen an allen vier Ecken vor, wie ich sie von anderen Dörfern her kannte, aber zu meiner Enttäuschung entpuppte sich unser Ziel als moderner, rechtwinkliger Rohbau. Im Hof davor wimmelte es von wild herumtollenden Kindern, die sofort auf uns zu stürmten. Mühsam kletterten wir aus dem Auto und bahnten uns mit unseren Instrumenten einen Weg durch die Horde.

Man ließ uns in einem dunklen Gang, der zu mehreren Räumen voller Menschen führte, warten. Welch ein beengter und düsterer Ort zum Musizieren, dachte ich unwillkürlich; ich beurteilte bereits instinktiv die Umgebung nach den Kriterien der Musikerinnen. Eine gehetzt aussehende Frau, die für die chaotischen Zustände verantwortlich zu sein schien, warf nachlässig ein paar dünne, schäbige Matratzen auf den Betonboden und forderte uns barsch auf, mit dem Spiel zu beginnen. Menschen drängten sich um uns, schubsten und drückten und ließen uns kaum genug Platz, uns niederzulassen. «Spielt! Spielt» verlangten sie ungeduldig, zu unbeherrscht, noch einen Augenblick länger zu warten.

Shirin eröffnete das erste Stück; wir hatten große Mühe, mit unseren Stimmen den Geräuschpegel zu übertönen. Frauen und Kinder preßten sich an uns, starrten uns begierig an, zeigten aber keinerlei Begeisterung über unser Spiel. Dann, nach etwa zehn Minuten, befahl uns eine andere Frau, die Instrumente einzusammeln und ihr durch das Gewühl zu folgen. Ein Mädchen zerrte unsere Matratzen hinter sich her und erkämpfte sich unter Flüchen einen Weg. Diesmal kamen wir in einen großen, schmutzigen Raum, mit mindestens achtzig Menschen angefüllt, ohne das kleinste Fleckchen Platz zum Tanzen. Wir wurden weder mit einem Lächeln noch mit einem freundlichen Wort begrüßt, sondern ernteten nur ungenierte, mürrische

Blicke. Ich war müde und schlecht gelaunt, aber Shirin und die anderen schienen sich in heiterer Gelassenheit mit unserer Situation abzufinden.

«Probier's mal mit dem Harmonium», schlug Shirin Sima vor: offenbar lohnte sich für diese ungeschlachten Dörfler der Aufwand einer geschliffenen musikalischen Darbietung nicht. Shirin ergriff eine *daireh*, lehnte sich lässig gegen die Wand und wies Ferideh Simas Platz hinter der *tabla* zu. Sie hatte sich entschlossen, eine Pause einzulegen und die anderen arbeiten zu lassen, aber ohne ihre Führung verlor ich jegliche Motivation zum Singen. Ferideh spielte ungleichmäßig – sie beherrschte das Instrument noch nicht –, und es fiel mir schwer, den Takt zu halten. Unser Publikum schenkte unseren Bemühungen wenig Aufmerksamkeit, starrte lediglich auf unsere städtische Kleidung und unser Make-up.

«Wieviel kostet der Meter Stoff?» fragte eine Frau mit stechenden Augen Ferideh und befingerte ihr Kleid.

«Dreihundert Afghanis», log diese und musterte abfällig das abgetragene alte Gewand der Frau; keine der Dorfbewohnerinnen schien sich für diesen Anlaß herausgeputzt zu haben.

Shirin beendete die Folge und klappte das Harmonium zu. Die Frauen starrten uns weiterhin unverwandt an, scheinbar glücklich darüber, daß unsere Gesangsdarbietung ein Ende gefunden hatte und sie uns endlich mit Fragen bestürmen konnten. Ich wurde als Besuch aus Kabul vorgestellt. Keine von ihnen hatte je eine Kabulerin getroffen, würde daher meinen Akzent nicht bemerken; sie waren höchstens ein- oder zweimal in ihrem Leben in der Provinzhauptstadt Herat gewesen.

«Und keine Kinder?»

«Nein, noch nicht», erwiderte Shirin, womit sie diskret andeutete, ich sei unfruchtbar. Ich schwieg, da ich nicht in ihre Unterhaltung hineingezogen werden wollte.

Und wieder gab es Tuscheln und ungläubiges Staunen. Ferideh wehrte ein paar Mädchen ab, die auf ihren Trommeln herumschlugen; andere Kinder provozierten uns unablässig, und Shirin versetzte dem aufdringlichsten Quälgeist eine Ohrfeige und beschimpfte ihn lauthals, was ihn jedoch nicht davon abhielt, uns weiterhin zu belästigen. Shirin fluchte kräftig, aber verlor nicht die Beherrschung. Plötzlich stürzten einige Frauen schreiend ins Zimmer: «Die Braut ist besessen! Spielt! Spielt!» Vor dem Zimmer auf der gegenüberliegenden Seite des Gangs drängelten sich die Frauen und versuchten, einen Blick auf die Braut zu erhaschen. Eine Frau wedelte wild mit den Armen, bemühte sich erfolglos, die Gaffer wegzuscheuchen und beschwor sie, der hysterischen Braut frische Luft zukommen zu lassen. Sima setzte zu einem schnellen Tanzstück an – man glaubte, durch laute, erregende Musik Besessenheit austreiben zu können, indem man die berauschten *djinns* in die Flucht schlug.

Die Stunden schlichen dahin; die Hitze wurde unerträglich. Wir mußten noch mehrmals unseren Platz räumen und ließen uns schließlich in einem schmalen Streifen Schatten vor dem Haus nieder. Trotz der lästigen Fliegen und der penetranten Kinder empfanden wir es als Erleichterung, endlich frische Luft zu schöpfen. Und unsere Dankbarkeit wäre grenzenlos gewesen, hätte man die vollbeladenen Essenstabletts vor uns aufgebaut . . . Wir packten unsere Instrumente zusammen und warteten geduldig, doch als die Reihe schließlich an uns kam, waren Fleisch und Reis kalt.

«Fad!» entschied Sima und verzog das Gesicht, während sie lustlos im Essen herumstocherte.

«Die Leute auf dem Land können eben nicht kochen, bestenfalls Suppe», lautete Shirins trockener Kommentar.

Dann wurde es Zeit, die Prozession zur Vorführung der Aussteuer anzuführen. Die Braut war sehr jung, wirkte abgemagert und unglücklich; der Bräutigam war noch nicht in Erscheinung getreten. Shirin und ich sangen und spielten munter auf der *daireh*, und meine Lebensgeister erwachten. Beschwingten Schritts zogen wir, nach dem langen verkrampften Sitzen, los. Hielten wir inne, umringten uns die Frauen von allen Seiten, um einen Blick auf die Geschenke zu erheischen. Shirin ließ sich einfach zurücksinken, sich wie auf Wellen tragen, lachte über die panischen Schreie der auseinanderstiebenden Menge. Unter derben Witzen zeigte sie die Aussteuer vor. Dankbar zog ich mich zurück und ruhte mich mit den anderen in sicherer Entfernung von dem Trubel aus. Als Shirin sich wieder zu uns gesellte, schilderte sie uns die Neuigkeiten: Man hatte der Braut, einem dörflichen Brauch zufolge, das Haar geflochten, und Shirin hatte Anspruch auf «Flechtgeld» erhoben, das man ihr aber verweigerte. Ich bedauerte es, nicht dabei gewesen zu sein.

Endlich kam der Zeitpunkt, die Braut in ihr neues Heim zu geleiten. Sie erschien, in einem *burqa* und einem grünen, über dem Kopf zusammengesteckten Schal, der symbolischen Tracht einer Braut. Sie wirkte unscheinbar neben ihrem künftigen Ehemann, einem fülligen Mann mittleren Alters, dessen eines Auge von grauem Star befallen war. Er heiratete zum zweitenmal; wahrscheinlich kam ihr hysterischer Anfall von ihrer Abscheu vor dieser Ehe. Sie stiegen in die silberne Limousine, während wir übrigen auf einen großen, bemalten Lastwagen kletterten. Die Seitenwände reichten weit über unsere Köpfe hinweg und gaben den Blick auf den offenen Himmel frei, vom Metallrahmen für die Plane zergliedert. Zusammengepfercht hockten wir auf dem Boden und kippten unter einem Aufschrei nach vorn, als sich unser Gefährt mit einem plötzlichen Ruck in Bewegung setzte. Einige Frauen trommelten, andere klatschten, und unter ohrenbetäubendem Lärm ratterten wir auf dem Schotterweg zum Dorf des Bräutigams. Baumwipfel huschten vorbei; hin und wieder riß der hohe Metallrahmen Blätter ab, die wie Konfetti auf uns niedersegelten, während wir von Schlaglöchern durchgerüttelt und geschüttelt wurden. Nach etwa zwanzig Minuten erreichten wir das Dorf. Das Brautpaar wartete teilnahmslos neben dem Wagen auf uns, bis wir uns zum

Zug aufgestellt hatten. Trommelnd, klatschend, schubsend und schiebend bewegten wir uns durch die Gasse, während Kinder sich durch unsere Beine hindurchdrängelten, um an die Spitze zu gelangen. Die Menschenmenge, der Staub und der Lärm waren überwältigend.

Zwei stämmige Frauen blockierten den Eingang zum Haus des Bräutigams und wehrten Neuankömmlinge ab, schoben sie zurück in die Richtung, aus der sie gekommen waren. Es war kein Platz mehr, brüllten sie: Wollten wir etwa, daß das Dach einstürzte? Shirin ergriff meine Hand, und wir bahnten uns einen Weg durchs Getümmel. Wir sangen Hochzeitslieder, während das Brautpaar ergeben auf dem schmalen, flachen Dach ein weiteres Ritual über sich ergehen ließ. Shirin streckte dem Bräutigam unvermittelt ihre *daireh* hin, der grollend in seiner Tasche herumfischte und ein paar Geldscheine hervorzog. Unser Fahrer versuchte, ein paar andere Frauen zu bewegen, ein Trinkgeld zu geben, um einen Streit abzuwenden, doch Shirin warf ihnen das Geld vor die Füße, schimpfte über die knauserigen Gastgeber, die Musikerinnen noch nicht einmal etwas von der Aussteuer der Braut zukommen ließen. Diplomatisch mahnte unser Chauffeur zum Aufbruch.

«Die haben keine Ahnung von einer richtigen Hochzeitsfeier», meinte er besänftigend, als wir dankbar auf den Rücksitz sanken. «Es sind einfache Leute. Für sie ist eine Hochzeit nur ein zwangloses Beisammensein und eine Prozession. Sie sind einfach dumm!»

Um uns eine Freude zu bereiten, legte er eine Kassette für uns ein, und wir lehnten uns bequem in die weichen Sitze zurück, erleichtert, dem Spektakel entronnen zu sein. Ferideh sang mit heiserer Stimme die Melodie mit, und Shirin plapperte munter und erzählte Witze; ich begriff, daß sie ihren Ärger über die fehlenden Geschenke nur vorgetäuscht hatte. Nach dem Holperweg empfand ich die Landstraße nach Herat wie einen flauschigen Teppich, und die Häuser wirkten gewaltig, besonders das imposante Regierungsgebäude. In die Zivilisation zurückgekehrt, nahmen wir das Gewimmel der Autos und *gadis* begierig in uns auf, die farbenfrohen Geschäfte und die eleganten Flaneure in seidenen *chapan*-Mänteln und wertvollen Pelzmützen. Der Anblick versetzte mich in Euphorie: endlich der Enge des Dorfes entkommen! Erschöpft bat ich Shirin um Erlaubnis, sofort nach Hause gehen zu dürfen; doch in weniger als einer Stunde sollten wir uns erneut für einen weiteren Auftritt treffen.

Dieser Ausflug aufs Land zählte zu meinen unangenehmsten Erfahrungen als Musikerin. Bislang hatte mich die Begeisterung für unbekannte Orte und der Rausch unserer Auftritte beflügelt, aber diesmal konnte ich alldem nichts abgewinnen. Kein Wunder, daß die Musikerinnen sich ständig fragten: «Wie spät ist es? Wie lange noch?»

Beim nächsten Besuch unterhielt ich mich mit Shirin über meine Eindrücke; die Fastenzeit war angebrochen, und sie konnte sich endlich zu Hause etwas Ruhe gönnen. Wie konnten die Leute erwarten, daß wir spielten und sangen, wenn sie uns wie den letzten Dreck behandelten, beschwerte ich mich und rief ihr Anlässe in Erinnerung, wo man uns stundenlang ohne eine Erfrischung ausharren ließ. Shirin zeigte Verständnis: Am Abend zuvor hatte sie ihrer Gastgeberin nahegelegt, rechtzeitig zum Kanonenschuß Getränke und Essen bereitzustellen, da sie den ganzen Tag über gefastet hatten. Zu ihrer Empörung hatte man sie mit warmem Wasser und ein paar Scheiben Brot abgespeist. Später dann, gegen Mitternacht, hatte sie erschöpft um etwas Tee gebeten, woraufhin der Vater des Bräutigams aufgeregt ins Zimmer gelaufen kam und ärgerlich ausrief: «Was sind denn das für Leute, die die ganze Zeit *pilau* und Tee verlangen?» Verständlicherweise sahen Musikerinnen sich nicht genötigt, mit einer brillanten Darbietung zu glänzen, wenn man ihnen rüde und rücksichtslos gegenübertrat – Shirins Wut über die verletzende Art und Weise ihrer Gastgeber war ihr noch immer anzumerken.

Ein weiteres Ärgernis betraf die nächtliche Heimfahrt. Wiederholt hatten unsere Gastgeber es nicht für nötig befunden, uns heimzubegleiten oder ein Taxi zu rufen. Einmal, nach einem anstrengenden Auftritt, war uns nichts anderes übrig geblieben, als nachts von einem entfernten Vorort den größten Teil des Wegs zu Fuß heimzulaufen, da weder Taxis noch andere Transportmittel auffindbar waren. Ich wußte, daß männliche Ensembles ähnlich schäbig behandelt wurden: Man brachte sie zuvorkommend in einem Taxi zur Hochzeit, um sie auf dem Rückweg, müde und frierend, mit schweren Instrumenten beladen, sich selbst zu überlassen.

Erst nachdem ich die Unannehmlichkeiten, die Unfreundlichkeit und die lüstenen Blicke am eigenen Leib erfahren hatte, verstand ich, welche Kraft es erforderte, sich alldem auszusetzen. Ich begriff, was es bedeutete, Schimpf und Schande und die Willkür anderer zu ertragen – und der bloße Gedanke ließ mich erschaudern. Ich bewunderte Shirins Gleichmut.

Ramadan

Der heilige Monat Ramadan bewirkte eine radikale Veränderung im Lebensrhythmus der Herater: der Lärm, der Überschwang und die Ekstase der vergangenen Tage – angefüllt mit ununterbrochenem Musizieren und lebhafter Aktivität – wichen einer lähmenden und zugleich angespannten Atmosphäre. Es dauerte einige Zeit, bis sich der Organismus auf den Nahrungsentzug und die Inaktivität während des Tages, auf die Mahlzeiten vor und nach Sonnenaufgang umgestellt hatte: Hunger und Durst zerrten an den Nerven, schon eine Lapalie konnte hitzige Auseinandersetzungen hervorrufen.

Als ich am dritten Tag Shirin besuchte, wies sie Ferideh, die auf der *daireh* spielte, rüde zurecht. Es war Ramadan; schämte sie sich nicht? Musizieren war doch sicher nicht verboten, wunderte ich mich, und sie erwiderte, daß es sich nicht schickte, die Trommel zu schlagen, wenn andere fasteten und den langen, heißen Nachmittag über schliefen. Außerdem befürchtete sie, daß es dem Ruf der Familie schadete. Man könnte annehmen, daß sie das Fasten nicht einhielten. Ich hatte mein Tonbandgerät mitgebracht, doch sie war nicht zum Üben aufgelegt. Statt dessen lieh sie von einer Nachbarin ein Tonband mit religiöser Musik aus und spielte mir eine lange Ballade über eine verarmte Frau vor, die alles, was sie besaß, opferte, um ihren kranken Sohn zu retten. Shirins Augen glänzten feucht, und sie seufzte vor Rührung tief auf. Während der letzten Strophe, die von der wundersamen Genesung des Jungen durch die Hand eines Geistheilers berichtete, wischte sie sich die Tränen aus den Augen: vom heutigen Fasten rührselig gestimmt, hatte sie ihre fromme Seele entdeckt.

Abends herrschte stets eine entspannte, festliche Atmosphäre. Die lauen Nächte luden zum ausgedehnten Verweilen, Schlemmen und gemütlichen Schwatzen ein. Der zunehmende Mond strahlte in immer hellerem Licht. Um die Zeit des Vollmonds zogen Horden übermütiger Jungen durch die Straßen, klopften an Türen und trugen Ramadan-Lieder vor, um dafür mit Süßigkeiten und ein paar Münzen belohnt zu werden. Ebenso stattete Shirin mit ihrer Musikgruppe ihren wohlhabenden Kunden einen Besuch ab und wurde mit Geschenken reich bedacht; doch sie sangen nur in den Innenhöfen, nicht wie die Jungen draußen auf der Straße.

Während des Ramadan konnte man in Herat aus einem vielfältigen abendlichen Unterhaltungsprogramm auswählen. Ein Zirkus lockte mit Clown-Nummern, akrobatischen Kunststücken und musikalischen Darbietungen (Dressurakte hingegen fehlten), und jeden Abend fanden an mehreren Orten gleichzeitig besondere Musikveranstaltungen statt. Geschäftstüchtige Teehausbesitzer heuerten für einen Monat bekannte Musikgruppen aus Kabul an und ließen sie in dafür angemieteten Zelten auftreten. Dies bot den Heratern die seltene Gelegenheit, namhafte *ustads* und Rundfunkstars aus der fernen Hauptstadt einmal aus nächster Nähe zu bewundern. Viele Landbewohner kamen gleich für mehrere Tage angereist und besuchten die verschiedenen Konzerte, die sie nur ein geringes Eintrittsgeld kosteten; sie tranken dort Abend für Abend Tee, lauschten der Musik und genossen die heitere Geselligkeit. Sie konnten sich sogar mittels einer Porträtpostkarte ihren persönlichen Musikwunsch von ihrem Lieblingsstar erfüllen lassen. Das überreiche Angebot an öffentlichen Konzerten während des Ramadan stellte eine Neuerung dar. Es befriedigte das starke Bedürfnis nach moderner Musik, das durch die weite Verbreitung von Radios und Kassettenrecordern geweckt wurde. Früher hatte man sich nach dem Fasten lediglich auf einen Plausch im Basar getroffen und war zur Moschee gegangen, um der allabendlichen Koran-Rezitation beizuwohnen.

Allmählich setzte sich die Einstellung durch, daß Frauen ebenfalls an solchen Veranstaltungen Gefallen finden könnten, vorausgesetzt, man stellte ihnen geeignete Sitzplätze – vor unerwünschten Blicken geschützt – zur Verfügung. Noch bis vor kurzem war das abendliche Unterhaltungsprogramm während des ganzen Jahres ausschließlich auf ein männliches Publikum ausgerichtet gewesen. Außerdem haftete diesen Vergnügungen ein Ruch von Sündhaftigkeit an. Im Kino beispielsweise galt das Hauptinteresse der Zuschauer dem Anblick unverhüllter weiblicher Gesichter und (bekleideter) Körper und den berühmten Tanz- und Gesangseinlagen populärer indischer Spielfilme. Die Schauspielerinnen und Sängerinnen des Staatstheaters, das Theaterstücke und Konzerte anbot, waren – ähnlich wie die Minstrels – als Kurtisanen verschrien; während der Aufführungen herrschte stets eine stark erotisierte Atmosphäre. (Ironischerweise hieß es, man könne die Dienste der Künstlerinnen nach Vorstellungsschluß käuflich erwerben; gleichzeitig jedoch drohte ihnen Verhaftung wegen unsittlichen Verhaltens, wenn man sie auf privaten Festen beim Singen oder Vortanzen ertappte.) Viele Kinos und Theater hatten – vielleicht, um ihrem zwielichtigen Ruf entgegenzuwirken – mittlerweile abgetrennte Sitzreihen für Zuschauerinnen eingerichtet, und die Ramadan-Konzertveranstalter waren diesem Beispiel gefolgt.

Gemeinsam mit Gol Dasteh und ein paar anderen Minstrel-Mädchen besuchte ich ein Konzert von Mahwash, einer renommierten Kabuler Sängerin, die mit einer Gruppe hervorragender Musiker des Rundfunkorchesters angereist war. Trotz Shirins Bewunderung für Mahwash – sie besaß sogar eine Raubkopie einer Konzertaufnahme – konnte sie sich nicht mit dem Gedanken anfreunden, auf so engem Raum mit männlichen Zuschauern zu sitzen und blieb deshalb zu Hause. Das Konzert fand in einem modernen Luxushotel statt; die Bühne und die Sitzreihen hatte man vor dem Swimmingpool im Innenhof aufgebaut. Mahwash trug ein langes Abendkleid, ihre berühmte, näselnde Stimme hallte uns aus den Lautsprechern entgegen. Ihr Mann, in förmlichem, dunklem Anzug, saß dicht neben ihr und reichte ihr hin und wieder ein Getränk, damit sie sich die Kehle anfeuchten konnte. Die Musiker trugen ebenfalls Anzüge und thronten steif auf Stühlen, statt in traditioneller Weise auf dem Boden zu sitzen.

Das Konzert war ein überwältigender Erfolg; Mahwash wurde in ganz Herat gefeiert, und man riß sich um ihre Gesellschaft. Man hatte ihr kürzlich den Titel *ustad* verliehen; sie war die erste Frau, der diese Ehre zuteil wurde. Obwohl der Begriff *ustad* eigentlich einen «Meister» oder «Lehrer» der Musik, Kunst oder Kalligraphie bezeichnete, ehrte man durch diesen offiziellen Namenszusatz auch Musiker, die sich durch überragende künstlerische Leistung und theoretisches Wissen auszeichneten. Mahwashs Beispiel ebnete den Weg für weitere Künstlerinnen, eine ihren Verdiensten entsprechende Würdigung zu erfahren. Es wurde allerdings von mancher Seite angezweifelt, ob Mahwash über ausreichende Kenntnisse der klassischen Musik verfügte, um den an eine wahre Meisterin gestellten Ansprüchen zu genügen. Gol Dasteh hatte keine Gelegenheit ausgelassen, um neue Anregungen aufzugreifen. Ein paar Abende später besuchten wir ein weiteres Konzert, diesmal von Sultan, Yaqub und Bibi Del, einer Verwandten, die gerade im Haus zu Gast war, begleitet. Bei Mahwashs Konzert hatten die Frauen in der hintersten Reihe gesessen, aber bei dieser Veranstaltung hatte man einen kleinen Bereich des Zuschauerraums mittels eines Wandschirms provisorisch abgeteilt. Für die Männer waren etwa 200 bis 300 Stühle in einem großzügigen Halbkreis vor der Bühne und auf den Rängen bereitgestellt; für die Frauen standen nur etwa dreißig Plätze zur Verfügung. Wir trafen jedoch rechtzeitig genug ein, um ein paar Sitzplätze zu ergattern. Sultan und Yaqub gesellten sich zu den Männern.

Bibi Del, eine junge Frau vom Land, nahm zum erstenmal an einer öffentlichen Veranstaltung diesen Ausmaßes teil. Gol Dasteh zeigte ihr, wie sie ihren Schleier seitlich raffen mußte – wie die Schöße eines Fracks –, damit die Falten nicht zerknitterten und wie sie einen Teil ihres Gesichts abschirmen konnte, um sich aufdringlichen Männerblicken zu entziehen.

Eine knisternde Atmosphäre freudiger Erwartung breitete sich aus. Das Publikum saß in dichtgedrängten Reihen, die weißen Turbane leuchteten im Licht der Glühbirnen, die wie bunte Wimpel die Wände zierten. Ein paar Jungen kletterten geschickt Leitern hinauf und hinunter und brachten den Zuschauern auf den Rängen große Tabletts mit Tee. Andere liefen durch die engen Gänge und boten gekühlte Getränke, Nüsse und Obst an. Auf der mit Girlanden, Troddeln und Bildern reich geschmückten Bühne hatten Musiker in Starbesetzung – Mahwashs Konkurrenten – bereits mit dem Stimmen der Instrumente begonnen.

Soraya und ihre Schwestern trafen ein, grüßten uns nur flüchtig und ließen sich in einiger Entfernung von uns nieder. Sie waren in raschelnde, raffiniert gefältete *burqas* gehüllt, trugen elegante Kleider darunter und hatten grelles Make-up aufgelegt. In letzter Zeit war in der Nachbarschaft viel über Soraya geklatscht worden – über ihre Liebe zu Naim, einem der Sänger des Ensembles, das gerade auf der Bühne stand. Vor ein paar Tagen war unter den Minstrel-Frauen eine heftige Meinungsverschiedenheit darüber ausgebrochen, ob sie ihn nun heiraten würde oder nicht. Heute abend werde er nur für Soraya singen, scherzte Gol Dasteh.

Als die Musik einsetzte, beugte sich Gol Dasteh vor, widmete dem Konzert ihre ungeteilte Aufmerksamkeit und kostete die seltene Gelegenheit aus, von routinierten Spielern, denen alle Herater Musiker nacheiferten, zu lernen. Jeden Abend besuchten einheimische Künstler wie Latif Khan, Salim und ihre Clanmitglieder diese Konzerte, um ihr eigenes Repertoire zu bereichern. Sie gaben sich große Mühe, Kabuler Musiker zu sich einzuladen, sie zu bewirten und freundschaftliche Beziehungen zwischen ihren Familien herzustellen. Soraya hoffte allem Anschein nach, Naim, den gutaussehenden Sänger in Anzug, rotem Hemd und Schärpe, zu heiraten; vielleicht wartete in Kabul eine steile Karriere als Sängerin auf sie.

Nach ein paar Liedern wurde Bibi Del unruhig. Es gelang ihr nicht, die Darbietung zu genießen. Sie sorgte sich um ihr Baby, das sie in Shirins Obhut zurückgelassen hatte und das vielleicht nach ihr weinte; die Musik klang in ihren Ohren fremd und ungewohnt; sie störte sich an den Blicken der Männer jenseits des Wandschirms, und sie war es nicht gewöhnt, auf einem Stuhl zu sitzen. Gol Dasteh schnitt, zu mir gewandt, eine Grimasse; sie bereute es, Bibi Del überhaupt mitgenommen zu haben. Schließlich winkte sie beherzt einen Kellner herbei und bestellte Tee, um unser Grüppchen mit einer kleinen Erfrischung aufzumuntern.

Bei meinem nächsten Besuch trug Gol Dasteh einige Lieder vor, die sie in dem Konzert gehört hatte. Shirin fühlte sich sofort herausgefordert, ebenfalls ihre Fortschritte unter Beweis zu stellen. Sie holte das Harmonium herbei und verkündete, sie wolle ein neues Lied für mich aufnehmen; sie hatte Mahwashs Konzert über die Lautsprecher mitangehört und sich eins der Lieder eingeprägt. Mit großer Sicherheit improvisierte sie die neue Melodie auf dem Harmonium, bat Gol Dasteh, sie auf der *tabla* zu begleiten und spielte das Stück ohne den kleinsten Ausrutscher.

Es mutete seltsam an, daß gerade Ramadan, der heilige Monat religiöser Pflichterfüllung und der Anhäufung verdienstvoller Taten, zugleich eine solch wichtige und reiche Quelle musikalischer Inspiration darstellte. Die Mullahs verteufelten das Musizieren als Abweichung vom gottesfürchtigen Weg, und doch spielte die Musik während des Ramadan eine bedeutende Rolle als wohlverdiente Belohnung für einen kräftezehrenden, entbehrungsreichen Tag. Der Einfluß der Musik aus Kabul auf die Kultur von Herat war nicht zu unterschätzen: man entwickelte neue Vorlieben und verlangte von einheimischen Musikern, daß sie Stücke nachspielten, die sie von Mahwash, Naim und anderen Sängern zum erstenmal gehört hatten. Die Qualität der Ensembles aus Kabul – hinsichtlich des Repertoires und des künstlerischen Vortrags – zog sowohl kulturbeflissene Herater als auch neugierige Landbewohner an. Oftmals beendeten die Sänger ihr Programm mit klassischer, religiöser Lyrik. Die Überzeugung, daß Musik sündhaft sei, geriet zusehends ins Wanken.

Ein musikalisches Vermächtnis

Der Fastenmonat Ramadan ging zu Ende; am letzten Abend feuerte die Kanone eine Reihe von Schüssen ab. Dies signalisierte den Ausklang der Fastenzeit, den man drei Tage lang festlich beging. In jedem Haus wurden in den Besuchszimmern spezielle Süßigkeiten auf Tüchern ausgebreitet. Wie an allen Festtagen statteten auch diesmal Musiker ihren wohlhabenden Kunden Besuche ab. Ich begleitete Shirin auf einer ihrer «Festtags-Runden», um diesen Brauch einmal aus nächster Nähe mitzuerleben. Wir ließen die unhandliche *tabla* und das sperrige Harmonium zu Hause und nahmen nur zwei *dairehs* mit. Zu Fuß begaben wir uns in eine großzügig angelegte grüne Vorstadtsiedlung und machten an vier oder fünf Häusern halt. Nachdem wir jeweils ein paar Lieder vorgetragen hatten, reichte man uns auf einem Silbertablett Erfrischungen und Umschläge mit Geld.

Leider kam es im Laufe unseres Ausflugs zu einer Begegnung, die mich tief beschämte. Wir trafen unterwegs auf meinen Lehrer für Miniaturmalerei, der gerade ein Nachbarhaus betreten wollte. Seit ich mich den Frauen von Herat angeschlossen hatte, war ich ihm aus dem Weg gegangen, ohne ihm je eine Erklärung für mein Verhalten zu geben – seine Kunst zu erlernen und mein Anliegen, das Leben der Frauen zu erforschen, hatten sich als unvereinbar erwiesen. Ich, seine einst so lernbegierige Schülerin, hatte ihn während des ganzen letzten Jahres nur ein- oder zweimal besucht. Jetzt begegnete ich ihm auf dieser staubigen Straße mit einer Trommel in der Hand, inmitten einer Handvoll Minstrel-Mädchen, die ganz offensichtlich Almosen erbaten. (Wegen der weitverbreiteten Verachtung von Berufsmusikern vermieden sie es, in der Öffentlichkeit mit Instrumenten gesehen zu werden; Shirin ließ mich nicht einmal die *daireh* tragen.) Taktvoll ignorierte er meine verschleierten Begleiterinnen, während wir einige Minuten lang befangen Höflichkeitsfloskeln austauschten. Ich wußte, ich konnte weder die Anwesenheit der Mädchen glaubhaft rechtfertigen noch erklären, weshalb ich die Malerei aufgegeben hatte und es vorzog, mit ordinären Musikerinnen durch die Straßen zu ziehen; aber ich fühlte mich erniedrigt und abgestempelt. Ihm war sicher schon zu Ohren gekommen, daß ich hin und wieder in Shirins Ensemble auftrat. Ich hatte erst kürzlich seine Töchter auf einer Hochzeit getroffen. Zunächst überrascht und schockiert über meinen Auftritt, hatten sie sich schließlich eine Weile mit mir unterhalten und sogar meine Fortschritte gewürdigt. Mein ehemaliger *ustad* äußerte sich mit keiner Silbe zu meiner Entscheidung, sondern verabschiedete sich nach kurzer Zeit freundlich und mit guten Wünschen. In mir blieb jedoch ein vages Schuldbewußtsein und das Gefühl zurück, Hoffnungen enttäuscht und Versprechen gebrochen zu haben.

Im Haus eines unserer Gönner bat man uns, auf dem Familienharmonium zu spielen und eine Aufnahme davon machen zu dürfen. Shirin pries mich stolz an: ich war ihr Zugpferd, ihr Glanzstück, das ausländische Mädchen, das ihre Sprache und ihre Lieder erlernt hatte und sogar im Kabuler Rundfunk aufgetreten war. Ich lächelte und machte höflich Konversation. Mir mißfielen zwar die bewundernden Blicke der jungen Männer, aber Shirin zuliebe heuchelte ich freundliches Entgegenkommen. Im Laufe der Unterhaltung fing ich hier und da einen befremdeten Blick auf, so als fragten sie sich, was denn ein Mädchen wie ich bei den Minstrels verloren hätte.

Ich trug einige Lieder vor, die sie aufzeichneten, weigerte mich aber hartnäckig zu tanzen. Als Mitglied von Shirins Ensemble hatte ich dies stets mit der Begründung abgelehnt, mein Mann habe mir das Tanzen in der Öffentlichkeit verboten. Während eines meiner ersten Feste raunte mir eine alte Frau wohlmeinend zu: «Wenn du unbedingt willst, sing, aber tanze nicht!» Auch Latif Khans Rat, mich nicht Shirins Gruppe anzuschließen, hatte ich nicht vergessen. Durch meine Weigerung zu tanzen wollte ich auch den guten Ruf seiner Familie wahren. Als wir uns zum Aufbruch rüsteten, wurden uns auf einem kostbaren Tablett die obligatorischen Geschenke überreicht; Geld und Süßigkeiten, und als besondere Aufmerksamkeit für mich: eine Schachtel Karamelbonbons und ein schwarzes Kopftuch mit weißen Stickereien und Troddeln. Ich bedankte mich, war jedoch peinlich berührt von dieser herabwürdigenden Entlohnung. Mein Rückzug in das abgeschirmte Leben der Frauen zeigte hier seine besondere Auswirkung. Ich fühlte mich unbehaglich, wenn ich vor Männern auftrat, ihre Bewunderung spürte und entdecken mußte, daß ihnen mein Vortrag ein seltenes, beinahe erotisches Vergnügen bereitete. Die Tatsache, daß die Lieder in der Regel von leidenschaftlicher Begierde und romantischer Sehnsucht handelten, verstärkte die Rolle der Sängerin als Sexualobjekt – sofern sie vor männlichem Publikum auftrat – um so mehr. Auch mich hatte das heratische Schamgefühl angesteckt.

Diese «Festtags-Runden» beschämten mich. Zwar spielte Shirin mit ihren Frauen niemals auf der Straße und zog auch nicht wie die *sazdohol*-Musiker von Tür zu Tür, die als Dank für die wohltätigen Gaben lauthals Segenswünsche ausriefen – dennoch sah ich gewisse Gemeinsamkeiten. Obwohl sie im Gegensatz zu den *sazdoholis*, die bei jedermann anklopften, lediglich wohlsituierte Kunden aufsuchten, die ihnen mit Sicherheit einen herzlichen Empfang bereiteten, so empfand ich deren Geldgeschenke doch nur als herablassende, wenngleich überaus höfliche Geste, der wir mit beinahe unterwürfiger Dankbarkeit begegneten. Nach wie vor übte die afghanische Musik ihre Faszination auf mich aus, und meine innige Freundschaft zu Shirin würde ewig fortdauern, doch die öffentliche Rolle einer Berufsmusikerin hatte ich zur Genüge ausgekostet.

Unser Aufenthalt in Herat neigte sich seinem Ende zu. Ich fühlte mich wie eine Zauberkünstlerin, die, nachdem sie ihre atemberaubenden Kunststücke vorgeführt hat, nun ihr Bündel packt und in den nächsten Bus steigt – plötzlich eine Reisende unter vielen, gesichtslos, die Tasche an sich gepreßt, vor sich ins Leere starrend. Ich hatte mich so vielen neuen Menschen und Situationen ausgesetzt, daß ich dringend des Rückzugs bedurfte; die Unterschiedlichkeit der Freundschaften und Beziehungen hatte mich gezwungen, meine Persönlichkeit der jeweiligen Umgebung anzupassen; nun spürte ich, welch enorme Anstrengung mich diese Maskerade gekostet hatte. Ich mußte in meine Heimat zurückkehren, um mein eigens Ich wiederzufinden. Welche Züge meiner heratischen Persönlichkeit würden sich wie Schminke abwischen lassen, welche würden unauslöschliche Spuren hinterlassen?

Unsere letzten Tage verbrachte ich unter äußerster psychischer Anspannung. Es gab noch unendlich viel zu erledigen; die Reisevorbereitungen, das Packen und der Abschied von all unseren Freunden und Bekannten nahm uns völlig in Anspruch – man hatte uns mit Einladungen überhäuft. Shirin riet mir, Ruhe zu bewahren, denn alles geschah «nach Gottes Plan». Als John an einer leichten Hepatitis erkrankte, mußten wir unsere Abreise aufschieben. Das Schicksal habe es so gewollt: unsere Nahrung und unser Wasser seien hier in Herat, nirgendwo sonst, erklärte Shirin.

Am Tag vor unserem endgültigen Aufbruch schaute sie bei mir vorbei, da mir die Zeit für einen letzten Besuch fehlte. Sie hatte Zahra bei sich, ein zierliches Kind mit bimmelnden Silberglöckchen am Fußgelenk. Wir saßen in einem der hinteren Zimmer, inmitten unserer bunt zusammengewürfelten Besitztümer, die ihrer Versendung harrten. Koffer und Kisten waren wahllos im ganzen Zimmer verstreut, doch Shirin schenkte dem Durcheinander keinerlei Beachtung.

«Ich werde dir noch ein letztes Band bespielen», sagte sie – ein Zeichen ihrer Großzügigkeit und Freundschaft. «Sing den Refrain mit. So lernst du ihn am besten. In England kannst du den Text dann aufschreiben. Ich habe ein paar wunderschöne alte Verse für dich ausgesucht: du mußt sie dir gut einprägen.»

Sie sang mir vor, und ich fiel ein; die Lieder, die wahrscheinlich zwanzig Jahre lang nicht mehr erklungen waren, bewegten mich tief. Zum Abschied schenkte sie mir ihre Musik, ihren lieblichen, klaren Gesang.

«Es ist schon spät», bemerkte sie schließlich, um mich auf den Augenblick der Trennung vorzubereiten. «Versprich mir zwei Dinge: lerne alle Lieder, die ich dir gezeigt habe, und singe sie manchmal deinen Leuten vor; und schreib mir jeden Monat oder auch jeden zweiten, damit ich weiß, wie es dir geht.»

An der Haustür umarmten wir uns ein letztes Mal. Bis zu unserem nächsten Wiedersehen würden vielleicht fünf Jahre vergehen, aber ich versprach, daß wir sicher wiederkämen. Ich ahnte nicht, daß diese Wünsche und Versprechungen sich nicht erfüllen würden. Heftig schluchzte sie auf und hielt unter einer Flut von Tränen meine Hand umklammert. «Ach, du bist doch wie eine Tochter für mich!» Ich weinte, jedoch ohne die geringste Vorahnung, daß unsere Trennung endgültig sein könnte. Energisch zog sie sich schließlich den Schleier vors Gesicht, riß ihr verwirrtes Kind an sich und stürzte zum Tor hinaus.

Du gingst, ich sah dir nach, du Blume mein
Meine Gebete waren mit dir, du Blume mein
Ich verstand beim Abschied nichts –
Hätt ich doch meine Seele gegeben, du Blume mein.

Im Laufe unserer Freundschaft sammelte ich mehr als siebzig Lieder und mindestens ebenso viele Vierzeiler. Ich machte Tonbandaufnahmen bei ihr zu Hause und auf Hochzeiten. Worte auf Papier und Klänge auf Band, ihre unvergänglichen Geschenke an mich: Lieder, die die Vielfalt der Liebe ausdrücken – Freude, Schmerz, Staunen, Ruhelosigkeit und Sehnsucht; Lieder voller Humor, voller Pathos oder Mystik; Wiegenlieder, mit denen ich meine eigenen Kinder in den Schlaf singen würde. Sie rufen besondere Stimmungsbilder wach: Ich sehe wieder den strahlenden Mond in sternenklarer Nacht, die seltene Schönheit einer taubenetzten Rose in der Morgendämmerung, höre wieder das sanfte Gurren der Tauben im Innenhof eines Schreins. Ich blättere meine Liedersammlung durch und seufze: Glaube, Sehnen,

Mühsal und Entbehrung – wie sehr sind sie unserer britischen Erfahrungswelt entrückt.

Bevor ich Herat verließ, nahm ich meine Lieblingsstücke mit *daireh*-Begleitung auf und schenkte sie Shirin, Mariam und Mutter von Nebi als persönliche Erinnerung. Ich stelle mir vor, wie sie sich die Aufnahmen immer wieder angehört, sie überspielt und an Freunde weitergegeben haben; sie sind durch die verschiedensten Hände gewandert, allmählich abgenutzt und verblaßt. Vielleicht ist meine Stimme inzwischen bis zur Unkenntlichkeit verzerrt; vielleicht haben sich Legenden um die Musikantin Farahnaz gerankt, die nichts mehr mit meinen wirklichen Erfahrungen gemein haben. Doch nun, da Herat zerbombt und verwüstet ist, meine Freunde in alle Winde zerstreut oder gar umgekommen sind, liegen auch die Lieder unter Schutt und Asche begraben. Wer wird sie je wieder zu Leben erwecken?

Epilog

Im Frühjahr 1978 fand in Afghanistan ein Staatsstreich statt, der das erste prosowjetische Marionettenregime an die Macht brachte. Zur selben Zeit setzte der Widerstand gegen die sowjetische Vorherrschaft ein und wurde im Gegenzug mit der Verfolgung «konterrevolutionärer Elemente» beantwortet, die in grausamen Säuberungsaktionen festgenommen, gefoltert oder gar umgebracht wurden. Schon vor dem Dezember 1979, als der sowjetische Einmarsch in Kabul in der Weltpresse für Schlagzeilen sorgte, hatte die von inneren Machtkämpfen zerrüttete Regierung einen Feldzug zur Zerschlagung des wachsenden Widerstands der *mojahedins*, der «Heiligen Krieger», eingeleitet.

Anfang der achtziger Jahre strömten Tausende von Flüchtlingen über die Grenzen, und einige Jahre später befand sich bereits über ein Viertel der gesamten afghanischen Bevölkerung im Exil, während die Menschen im Landesinnern durch Bombardierung aus ihren Dörfern vertrieben wurden. Die fünf Millionen Afghanen, die ihrem geliebten Heimatland den Rücken kehren mußten, stellen die größte Flüchtlingsgruppe der Welt dar.

Der Krieg hat sich zu einem zähen, erbitterten Kampf zwischen den beiden von Machtinteressen getriebenen Supermächten ausgeweitet: Afghanistan ist als Kriegsschauplatz inzwischen auf unentwirrbare Art und Weise mit den globalen Fragen der Rüstungskontrolle und dem ideologischen Tauziehen um Nicaragua oder Angola verknüpft. Die westliche Berichterstattung fiel bisher äußerst dürftig aus. Presse- und Fernsehteams wurde der Zutritt ins Krisengebiet untersagt. Lediglich sowjetfreundliche Journalisten nahmen hin und wieder an durchorganisierten «Führungen» teil und verbreiteten anschließend irreführende Filmberichte und Nachrichtenbeiträge, die die offizielle, beschönigende Version wiedergaben. Selbst unabhängige Journalisten, die sich heimlich ins Land einschleusen lassen, was sehr schwierig und gefährlich ist, haben Mühe, die verworrene politische Situation zu durchschauen und glaubwürdige Informationsquellen aufzutun. Das Anliegen des afghanischen Volkes wird allzugern vergessen und mißverstanden.

Seit 1978 haben wir nichts mehr von unseren Freunden in Herat gehört, und aus Furcht, sie vielleicht zu gefährden, wagten wir es nicht, ihnen zu schreiben. Die wenigen Nachrichten, die durch die Presse an die Öffentlichkeit drangen, betrafen meist den östlichen Teil Afghanistans, wo die Neuigkeiten am leichtesten nach Pakistan durchsickern konnten. Herat war für ausländische Beobachter nicht mehr zugänglich. Im Frühjahr 1983 erhielten wir unseren ersten Brief. Er stammte von einem befreundeten Lehrer aus Herat, der über die iranische Grenze nach Mashhad geflohen war. Wir erfuhren von den schweren Bombardements und dem Tod Tausender heratischer Zivilisten. Er wußte auch von Opfern aus unserem Freundes- und Bekanntenkreis zu berichten – auch Latif Khan war darunter. Niemand wohnte mehr in unserem Viertel – da der Widerstand das Gebiet kontrollierte, wurde es Tag und Nacht bombardiert. Er berichtete weiter, daß er die Gegend zwischen der zerstörten Stadt und der Grenze durchquert habe und überall auf verwüstete Ortschaften gestoßen sei. Jüngsten Augenzeugenberichten zufolge gleicht das Gebiet einer Mondlandschaft: alle Felder versengt, Gebäude dem Erdboden gleichgemacht, Brunnen mit Beton aufgefüllt, Quellen und Flüsse vergiftet. Das fruchtbare Tal hat sich in eine Wüste verwandelt und Herat, einst von der UNESCO als Juwel unter den Städten der Welt entdeckt und einer Restaurierung für würdig befunden, ist zum Trümmerfeld verkommen, von der Widerstandsbewegung erbittert verteidigt.

Im Frühjahr 1985 reiste ich nach Peshawar, nahe der pakistanisch-afghanischen Grenze. Die Stadt war das Hauptquartier des afghanischen Widerstands gegen das sowjetgestützte Regime und beherbergte die größte Anzahl afghanischer Flüchtlinge in Pakistan. Einige wohnten in privaten Unterkünften in der Stadt, andere in Lagern, die von der Regierung mit Nahrungsmitteln versorgt wurden. Ich fürchtete mich vor dem, was mich dort erwarten würde.

John erzählte mir aufgeregt, daß er Hakim getroffen habe, der als Berufsmusiker in einem afghanischen Ensemble mitwirkte. Bedauerlicherweise hatte er Herat schon vor einigen Jahren verlassen müssen und konnte uns keine Neuigkeiten von seinem Onkel Sultan oder von Shirin bringen. Ich freute mich von Herzen, ihn wiederzusehen. Er nannte mich Farahnaz und begrüßte mich wie eine Schwester. Er sagte, daß ich ihn an seine Familie in Herat erinnerte, so sehr hatte ich schon zu ihnen gehört. Ich war glücklich und zugleich entsetzt über sein gewandeltes Aussehen: tiefe Furchen durchzogen sein Gesicht, und seine Haare, einst lang und voll, waren jetzt licht, strähnig und schwarz gefärbt. Sie betonten die dunklen Augen und veränderten seine gesamte Erscheinung. Ich hätte ihn kaum wiedererkannt: Erschöpfung und seelisches Leid hatten sich tief in sein lächelndes Gesicht eingegraben.

Ich erkundigte mich nach Shirin und der Familie. Er vermutete, daß sie sich noch immer in Herat aufhielten, hatte jedoch schon seit Jahren nichts mehr von ihnen gehört. Da er sich in unmittelbarer Lebensgefahr befunden hatte, mußte er das Land überstürzt verlassen. Vor seiner Flucht war einer von Shirins Söhnen in einem Kreuzfeuer durch einen Kopfschuß getötet worden. Doch er brachte auch ein paar gute Nachrichten: Rustam, sein Freund aus der Militärzeit und ebenfalls Flüchtling, hatte Hakim seine Tochter zur Frau gegeben, und diese hatte gerade, am Morgen, eine Tochter geboren. Ich versprach, seine Familie einmal zu besuchen.

Wir schwelgten in vergangenen Zeiten. Dann erzählte er vom großen Aufstand im März 1979, als Tausende von demonstrierenden Regierungsgegnern, mit Spaten und Stöcken bewaffnet, in der Nähe des Kandahar-Tors von Panzern niedergemäht worden waren. Er hatte das Gemetzel mit eigenen Augen gesehen und beobachtet, wie die aufgebrachte Menge in ihrem blindwütigen Haß auf das neue Regime mehrere Regierungsgebäude angezündet hatte. Dies wurde mit Bombardements beantwortet. Er hatte mit den anderen die Tür von Shirins Haus verbarrikadiert, und sie waren dann aufs Dach gestiegen, um zuzuschauen. Durch die lebendige Erinnerung offensichtlich sehr aufgewühlt, führte er uns aufgeregt vor, wie die Flugzeuge am Himmel kreisten und hinabstießen.

In meiner Vorstellung von Herat tauchten neue Bilder auf: Soldaten, die von den hohen blauen Minaretten der Freitagsmoschee Gewehrsalven abfeuerten; der Basar, halb ausgestorben, ganze Gassen in Schutt und Asche gelegt, die Geschäfte verrammelt und verlassen; die langen Reihen von Pinien gefällt oder von Bomben zerfetzt.

In Peshawar fühlte ich mich krank und zerschlagen. Anfälle von Panik und Beklemmungszustände beutelten meinen Körper. Das Leid und Elend der afghanischen Flüchtlinge – besonders das der Frauen – schnürten mir die Kehle zu; mir verkrampfte sich der Magen, ich verlor jeden Appetit. Viele Flüchtlinge litten unter den körperlichen Symptomen einer akuten Depression: ihre Glieder schmerzten, sie schliefen schlecht und waren ruhelos und verstört. Nachts in den Lagern schreckten die Frauen regelmäßig aus Alpträumen über Bombardierungen auf. Ärzte, die in Afghanistan gearbeitet hatten, berichteten von zahlreichen ähnlichen Fällen von psychischem Stress unter den Frauen. Warum waren gerade sie so stark davon betroffen? Als Mütter und Ehefrauen litten sie am heftigsten unter der Ungewißheit und konnten sich zudem nicht, wie die Männer, gegen die übermächtigen Einflüsse, die ihr Leben von Grund auf umgewälzt hatten, zur Wehr setzen.

Ich unterhielt mich mit Bilqis darüber, einer gebildeten und emanzipierten Afghanin, die kurz nach dem Umsturz 1978 vor drohender Inhaftierung und Folter aus Kabul hatte fliehen müssen. Sie erzählte mir, daß sie eine Ärztin aus dem Westen als Dolmetscherin in die Flüchtlingslager begleitet hatte.

«Immer wieder fragte sie die kranken Frauen: ‹Wo tut es weh?› Sie sagten, es schmerzte sie überall – der Kopf, die Beine, der ganze Körper –, es gäbe keine bestimmte Stelle.» Sie betonte nachdrücklich, daß diese Schmerzen und Depressionen keineswegs eingebildet, sondern durchaus echt waren. Einige dieser Frauen hatten Entsetzliches durchgemacht, was sie wohl nie würden verarbeiten können. Sie schilderte mir zum Beispiel die Leidensgeschichte einer Frau, die sie persönlich kennengelernt hatte: Die Bombardierung ihres Dorfes hatte in den frühen Morgenstunden eingesetzt, und beim Erwachen fand sie zwei ihrer Kinder tot an ihrer Seite. Der Dorfälteste hatte die umgehende Evakuierung angeordnet, doch ihr zweijähriger Sohn war spurlos verschwunden. Sie hatte ihn nur noch voller Angst und Schrecken davonlaufen sehen. Man zwang sie, das Dorf ohne das vermißte Kind zu verlassen. Seitdem ließ sie der Gedanke an ihren kleinen Sohn nicht mehr los, und sie verlor den Verstand.

Besonders den Frauen schien es unmöglich zu sein, die Erinnerungen an die grauenvollen Erlebnisse des Krieges – die Bombenangriffe, die Massaker und die schreckensreiche Flucht ins Exil – zu verdrängen. Den Männern dagegen standen Alternativen offen. Sie konnten zu den Waffen greifen und sich wehren, sie konnten sich in der Stadt Arbeit suchen, neue Menschen kennenlernen und sich ihrer fremden Umgebung anpassen. Frauen blieben diese Möglichkeiten des Vergessens versagt.

Während meines Aufenthalts in Peshawar wollte ich auch mehr über die Musik der Frauen in Erfahrung bringen. Wovon handelten ihre Lieder jetzt? Vielleicht vom Krieg und den Helden des Widerstands? Ob es wohl möglich war, in den Lagern Tonbandaufnahmen zu machen? Bilqis blickte mich skeptisch an: Da die Mullahs dort Aufsicht führten, war es den Frauen verboten zu singen, sie würden es auch nicht zulassen, daß sie zu diesem Zweck mit mir das Lager verließen. Die meisten Lagerinsassen waren Frauen, viele verwitwet oder Ehefrauen von Widerstandskämpfern, und Kinder, darunter viele Waisen. Klatschen und Trommeln wäre in dieser bedrückenden Situation wohl nicht angemessen gewesen. Musizieren, ein Ausdruck von Lebensfreude und Feststimmung, war Trauernden untersagt. Die nächtlichen Schreckensschreie der Frauen schienen das einzig akzeptierte Ventil zu sein, ihren Gefühlen Luft zu machen. Die Frauen waren es, die das Leid des afghanischen Volkes in sich bewahrten. Das Grauen durfte nicht in Vergessenheit geraten, schmerzvolles Aufbegehren sollte lebendig bleiben.

Die Flüchtlingsfrauen lebten jetzt isolierter und eingeschränkter als in ihrer Heimat. Dort hatten regelmäßige Feste und Ausflüge und das weitverzweigte Beziehungsnetz des Clans für Anregung und Abwechslung gesorgt. Seit Beginn des Heiligen Krieges war das afghanische Volk von einem islamischen Geist beseelt, der sich unter anderem in einer noch strikteren Abschirmung der Frauen niederschlug. Viele Afghaninnen – Nomadinnen, Landbewohnerinnen, emanzipierte Städterinnen –, die ihr Gesicht bisher nicht verbergen mußten, sahen sich nun genötigt, den *burqa* anzulegen. Ihrer sozialen Beziehungen beraubt, verspürten die Frauen keinerlei Bedürfnis, aus dem Haus zu gehen, was ihre Isolation nur verschärfte. So blieb ihnen die Stadt fremd, und sie fühlten sich in Peshawar wie ungeladene Gäste.

Ich lernte eine Frau mittleren Alters kennen, Fatimeh, die

völlig außerstande schien, sich in ihrer neuen Umgebung einzuleben.

«Ich fühle mich so deprimiert hier», klagte sie. «Es gibt keinen Ort und keinen Menschen, den ich besuchen könnte. Tag für Tag sitze ich zu Hause; im Schleier auszugehen ist mir zuwider. In Kabul mußte ich auch keinen tragen.»

Sie hatte ein trauriges Gesicht, ihre Augenlider hingen schwer herab. Während des ganzen Abends sah ich sie kein einziges Mal lächeln. Ihre Tochter erzählte mir, daß sie Kabul unmittelbar nach der Entlassung ihres Vaters, eines politischen Häftlings, verlassen hatten. Sie, ihre Eltern, ihre beiden Schwestern und das zweijährige jüngste Kind waren zu Fuß über die Berge von Jalalabad bis zur Grenze geflohen. Die Brüder hatten sie schon in Peshawar erwartet.

«Es war eine gefährliche Reise – nur ein Mann und so viele Frauen! Unterwegs ist meine Mutter ohnmächtig zusammengebrochen. Wir haben sie irgendwie weitergeschleppt. Die Kleine weinte vor Hunger. Wir waren ohne Gepäck und Proviant aufgebrochen, um nicht als Flüchtlinge erkannt zu werden. Nachts nahmen uns ein paar Bauern auf. Sie gaben uns etwas zu essen und massierten uns die Beine; sie waren so freundlich und mitfühlend. Obwohl sie selber nicht viel hatten, versorgten sie uns wie selbstverständlich. Sie tun es noch immer; sie haben Hunderten von Flüchtlingen Nahrung und eine Bleibe gegeben.»

Doch in den folgenden zwei Jahren hatte sich Fatimeh im Sommer allein nach Kabul durchgeschlagen – um der Hitze Peshawars zu entfliehen und um ihre Heimat wiederzusehen. Sie wohnte bei ihrer Schwester, die dort zurückgeblieben war.

«Bitte sprich mit ihr nicht darüber», flüsterte ihre Tochter mir zu. «Bring sie nicht auf den Gedanken. Wir möchten nicht, daß sie es noch einmal tut.»

Fatimeh seufzte. «Mein ganzer Körper tut mir weh, mein Kopf schmerzt, und ich kann nachts kein Auge zutun.»

In Peshawar änderte sich meine Einstellung zur Abschirmung der Frauen radikal. Obwohl ich früher schon die negativen Begleiterscheinungen der Verschleierung und Isolation miterlebt hatte – zum Beispiel im Fall Mutter von Nebis oder auch Fereshtehs –, so lernte ich damals auch den Schutz und die Sicherheit schätzen, die damit einhergingen. Was diese entwurzelten Frauen jedoch betraf, so empfand ich ihre Abschirmung als ausschließlich einengend und erstickend; diese Frauen bedurften mehr denn je der Luft, des Lichts, des Bewegungsspielraums, sollten ihre tiefen Wunden je heilen. Ihre erzwungene Zurückgezogenheit verdammte sie zu Passivität und dem Gefühl äußerster Machtlosigkeit.

Ich versuchte, mir einen Überblick über die Hilfsprojekte zur Unterstützung der Flüchtlinge zu verschaffen und mußte feststellen, daß sie den Männern weit mehr zugute kamen als den Frauen. Es wurden unter anderem Fortbildungskurse und Arbeitsbeschaffungsprogramme für sie angeboten, während man ähnliche Einrichtungen für Frauen vernachlässigte. Es fehlte an ausgebildeten weiblichen Lehrkräften und entsprechenden Räumlichkeiten, um den Frauen Zusammenkünfte außerhalb des häuslichen Rahmens zu ermöglichen. Da der islamischen Tradition die Berufstätigkeit von Frauen zuwiderlief, hielt man es nicht für erstrebenswert, Frauen neue Fertigkeiten zu vermitteln. In ihren Häusern und Zelten gefangen, konnten die Flüchtlingsfrauen ihre verborgenen Talente nicht entwickeln. Während für erwachsene Frauen wenig Bildungschancen bestanden, so gab es für junge Mädchen schon weit mehr Möglichkeiten – ein erstes Anzeichen für eine positive Entwicklung. Die einzigen Fortschritte waren im Gesundheitswesen zu verzeichnen: zum erstenmal kamen viele Frauen in den Genuß medizinischer Versorgung.

Gemeinsam mit einer Freundin erkundete ich Möglichkeiten, die Handarbeiten der Flüchtlingsfrauen im Ausland zu vertreiben. Wir suchten eine afghanische Frauenorganisation auf, die in den Lagern Nähstuben eingerichtet hatte. Die Leiterin Khadijeh berichtete, daß sie eng mit den Widerstandsgruppen zusammenarbeiteten und darüber hinaus finanzielle Unterstützung von einer internationalen Hilfsorganisation erhielten. Ihr Büro – zwei bescheidene Zimmer und ein kleiner Hof – lag in einem ärmlichen Vorort der Stadt. Oben auf dem Dach, im spärlichen Schatten, wurde eine Gruppe von Lehrerinnen in der Koranlehre unterrichtet. Während der Pause versammelten sie sich unten und lauschten unserem Gespräch über die Aktivitäten der Organisation. Obwohl sich kein einziger Mann auf dem Gelände aufhielt, trugen die Frauen lange, düstere Gewänder und weiße Hosen und hatten Kopf und Hals dick mit einem einfachen weißen Baumwollschleier umwickelt. Ihr äußeres Erscheinungsbild strahlte feierlichen Ernst und Frömmigkeit aus. Sie erinnerten mich an Nonnen in grauer Ordenstracht und weißen Hauben. Stickige Luft und durchdringender Schweißgeruch erfüllten den Raum.

Khadijeh klärte mich auf, daß die Gruppe Koran-Schulen für Mädchen, Nähkurse und Koranunterricht für verheiratete Frauen eingerichtet hatte. Ein Aufsatz in ihrer Vierteljahres-Zeitschrift erregte mein besonderes Interesse. Der Titel lautete: «Was können wir Frauen zum Heiligen Krieg beitragen?» – eine Frage, die auch ich mir schon gestellt hatte. Khadijeh erläuterte, die Aufgabe der Frauen bestehe in verantwortungsbewußter Kindererziehung und vor allem in gewissenhafter, religiöser Unterweisung. Sie wirkte äußerst gelassen, drückte sich klar und präzise aus. Aus ihren stechenden grauen Augen sprachen Zähigkeit und Energie und eine tiefe innere Überzeugung. Den Frauen, so fuhr sie fort, obliege die Pflicht, die Reinheit der islamischen Lehre zu bewahren und jeden ketzerischen Gedanken in sich zu bekämpfen. Man nehme sich ein Beispiel am polnischen Volk, das ungeachtet der Präsenz der gottlosen Sowjets unbeirrt an seinem Glauben festhalte. Sie erzählte, daß die

Organisation für die Waisenkinder Pflegeeltern gefunden und diese finanziell unterstützt hatte. Sie zeigte mir Schwarzweißfotografien von Kindern, die mich ernst anblickten. Ein Gesicht folgte auf das andere.

Dann schilderte sie mir die Grausamkeiten, die man den Menschen in Afghanistan zugefügt hatte. Sie sprach mit gleichbleibend ruhiger Stimme, fixierte mich jedoch mit einem Blick, der mich verwirrte und zugleich in seinem Bann hielt. Sie erzählte von Dorfbewohnern, die man in Gebäude zusammentrieb, mit Benzin übergoß und anzündete – eine Greueltat, von der ich immer wieder hörte. Sie wußte von Soldaten zu berichten, die Kinder vor den Augen ihrer Mütter zerstückelten, mit den Worten: «Die werden doch nur *mojahedins*; also töten wir sie»; und von Kindern, die man an Kopf und Füßen an zwei Panzern festband und auseinanderriß. Die Worte sprudelten aus ihr hervor, und Tränen rannen ihr die Wangen hinunter. Wir alle weinten leise mit.

«Hast du das wirklich alles geglaubt?» wurde ich später in Karachi, dann in London, gefragt. «Das ist doch nur Propaganda.»

Doch der Schmerz angesichts solch unmenschlichen Leids und abgrundtiefen Hasses hatte mich derart überwältigt, daß ich nicht nach Fakten und Details fragte. Ich wußte, daß auf beiden Seiten Greueltaten begangen wurden und noch werden. 1979 wurden beim Aufstand in Herat, den Hakim mir beschrieben hatte, etwa fünfzig sowjetische Bürger von dem aufgebrachten Pöbel auf offener Straße gequält und umgebracht, manche wurden bei lebendigem Leib gehäutet. Im Sommer 1978 wurden Tausende von politischen Gefangenen in riesige Gruben gestoßen und dort lebendig begraben – direkt vor den Toren des Kabuler Pul-i Charkhi-Gefängnisses. Es gibt zahlreiche Berichte über die erbarmungslose Auslöschung vollständiger Dörfer und Augenzeugenaussagen über barbarische Foltermethoden in staatlichen Gefängnissen.

Schließlich kam Khadijeh zum Ende. Innerlich bebend, lief ich in den benachbarten Raum, um mir die Handarbeiten vorführen zu lassen und etwas Abstand zu gewinnen. Sie zeigten mir Stickereien, die Frauen in den Lagern angefertigt hatten – das meiste sicherlich schwer absetzbar und überteuert. Ich fand es enttäuschend, daß man nicht mehr für diese Frauen tat, als Stoff und Garn an sie zu verteilen und ihnen einen Hungerlohn dafür zu zahlen. Ich vermutete, daß man die Frauen dazu ermahnte, zu Hause zu bleiben, dem Islam die Treue zu halten und dankbar zu sein, daß sie filigrane Stickereien für Fremde ausführen durften. Obwohl ich die Organisierung von Frauen für begrüßenswert hielt, konnte ich mich mit den Zielen der Gruppe und ihrem fanatischen Fundamentalismus in keiner Weise identifizieren. Die schwere schwarze Einheitskleidung, die ihre jungen Schülerinnen von Kopf bis Fuß verhüllten, zeugte von repressivem Denken und übersteigertem Eifer. Von missionarischem Sendungsbewußtsein erfüllt, predigten diese Frauen Selbstverleugnung und propagierten ein extrem restriktives Frauenbild. Obgleich Khadijeh die Meinung vertrat, daß Frauen sich bilden und arbeiten und nicht untätig zu Hause sitzen sollten, konnte ich jedoch keine konkreten Anzeichen für die praktische Umsetzung dieses Anspruchs entdecken.

Meiner Ansicht nach bedurften die Frauen einer anderen Art der Hilfestellung und Ermutigung. Sie benötigten Anreize, aktiv zu werden und neue Fähigkeiten zu erwerben. Es bestanden vielfältige Möglichkeiten, den Widerstand in Afghanistan zu unterstützen – sich zur Krankenschwester, Ärztin oder Lehrerin ausbilden zu lassen; nützliche Kleidung zu schneidern, Schuhe herzustellen, Umhängetücher zu weben. Sie konnten auch Selbsthilfe praktizieren, indem sie sich die Grundbegriffe der Säuglingspflege und Geburtshilfe aneigneten. Um sich aus der lähmenden Umklammerung qualvoller Erinnerungen zu befreien, mußten die Frauen neue soziale Beziehungen aufbauen, ihre eigenen vier Wände verlassen und sich frischen Wind um die Nase wehen lassen.

Wie versprochen besuchte ich Hakims Familie, obwohl ich emotional inzwischen am Ende meiner Kraft war; ich scheute die erneute Begegnung mit afghanischen Frauen und die Konfrontation mit ihren Problemen. John und ich fuhren gemeinsam in die ärmliche Vorstadtsiedlung, in der Hakim und Rustam mit ihren Familien lebten. Unsere Rikscha brachte uns bis zur Straßenecke. Ich zog meinen schwarzen Schleier fester um mich. Obwohl es noch früh am Morgen war, lag schon eine brütende Hitze über der Stadt. In dem kleinen Innenhof hatten sie ein zerfleddertes Zelt aufgestellt, das den Frauen während des Tages Schatten spendete und Zuflucht vor den Blicken fremder Besucher bot. Außer der Fläche rund um das Zelt, wo die Frauen kochten und arbeiteten, besaßen sie noch einen Raum am hinteren Ende des Hofs, der Rustam und Hakim mit ihren Familien beherbergte.

Ich saß gegenüber der Tür, der einzigen Lichtquelle, und nahm die neue Umgebung in mich auf, während ich die Begrüßungsworte der Familienmitglieder lächelnd erwiderte. Trotz seiner Enge und Düsternis war das Zimmer wohnlich. Die Wände hatte man ringsherum mit Zeitungspapier tapeziert, und mit Fotografien und bunten Plakaten dekoriert. An der Decke hingen an Schnüren verblaßte Papierwimpel, die noch von Hakims Hochzeitsfest im vorigen Jahr herrührten. Die beiden Betten, die Wiege, die Koffer und Bündel von Bettzeug ließen kaum ein Eckchen zum Sitzen frei.

Hakims Frau Meyna, ein hübsches fünfzehnjähriges Mädchen, war ganz in Rosa gekleidet und trug einen weiten Schleier aus dünnem, glänzendem Material, ebenfalls in Rosa und Gold. Sie schien durch ihre Entbindung vor vier Tagen noch sehr geschwächt – zudem war sie am Vorabend erkrankt.

«Hakim und mein Mann waren beide nicht zu Hause», erzählte Mutter von Meyna, eine energische, patente Frau. «Ich mußte nach dem Doktor schicken. Sie schrie vor Schmerzen. Er hat ihr dann zwei Spritzen gegeben.»

Ich drängte Meyna, sich hinzulegen und auszuruhen und wegen mir keine Umstände zu machen. Doch sie blieb eine ganze Weile bei uns sitzen, bis sie sich schließlich überreden ließ, sich auf dem Bett auszustrecken. Sie sprach kaum ein Wort und verhielt sich zurückhaltend. Das Neugeborene, die kleine Sadiqeh, frisch gewickelt und mit einem Häubchen auf dem Kopf, die Augen schwarz geschminkt, lag regungslos unter einem dünnen Gazeschleier, der die Fliegen abhielt. Der Mullah hatte den Koran an einer beliebigen Stelle geöffnet und mit dem Finger auf diesen Namen gedeutet.

Hakim stellte mich Rustams Eltern vor, einfachen, freundlichen Leuten aus Jalalabad, die in der Nachbarschaft wohnten. Den ganzen Tag über herrschte ein reges Kommen und Gehen; ich freute mich, daß sie so viel Besuch erhielten. Eine alte Frau beobachtete uns schweigend, Rustams Großmutter, wie sich herausstellte – somit hatten sich fünf Generationen unter einem Dach versammelt. Hakim setzte sich wieder zu John in den Hof, nicht ohne die Frauen vorher genau zu instruieren: serviert Farahnaz den Tee, fächelt ihr kühle Luft zu, sorgt dafür, daß sie sich hier wohl fühlt.

Mutter von Meyna erzählte mir, daß sie ihre Tochter deshalb mit Hakim verheiratet hatten, damit sie sich nicht von ihr trennen mußten. Man hatte ihnen beachtliche Summen Brautgeld angeboten, doch ihnen kam es darauf an, die Familiengemeinschaft zu erhalten. Hakim sei ein guter Mensch, betonte sie, was Meyna mit einem Lächeln bestätigte.

«Du hast Glück», versicherte ich Mutter von Meyna, «zumindest ist deine Tochter bei dir, und eure Verwandten kommen regelmäßig zu Besuch. Ich habe Flüchtlinge kennengelernt, die keinen Menschen mehr haben und sehr unter ihrer Einsamkeit leiden.»

«Ja, wir haben, Gott sei Dank, Glück gehabt», stimmte sie mir nachdenklich zu. «Aber es sind alles Verwandte meines Mannes. Aus meiner Familie ist niemand hier. Vor allem meine Schwester fehlt mir sehr. Sie sind alle in Jalalabad geblieben.» Mir wurde klar, daß gewöhnlich die Frauen am meisten litten, wenn Familien auseinandergerissen wurden, weil sie ihren Männern folgten. «Wir haben uns noch nicht an das Leben hier gewöhnt», fuhr sie fort. «Wir fühlen uns noch sehr fremd. Wir schämen uns, vor die Tür zu gehen und finden uns in der Stadt nicht zurecht. Wir sind eben nicht von hier; wir sind hier nicht aufgewachsen.»

Ich fragte sie, ob es Schreine gäbe, die sie zum Gebet aufsuchen könnten, oder einen *hamam*, wo sie andere Frauen treffen würden. Sie besuchten manchmal eine heilige Stätte, doch *hamams* gab es keine. Sie wuschen sich im Hof hinter einem Vorhang. Augenscheinlich gab es für sie – anders als für Hakim und Rustam – kaum Möglichkeiten, sich in das soziale Umfeld außerhalb des Familienkreises zu integrieren.

Überstürzt verließ ich Peshawar, aufgewühlt und deprimiert, von so viel menschlichem Leid und Elend überwältigt. Der Krieg war sehr nah und sehr real. Überall begegnete ich Widerstandskämpfern: alte Männer, junge Männer, sogar Kranke. Manche hatten einen gehetzten Blick und sprachen kaum ein Wort. Auf den Straßen sah man Amputierte auf Krücken, die ihre Körper unverdrossen über das Pflaster schwangen. Täglich trafen neue Flüchtlinge mit Schreckensnachrichten über Massaker und Verwüstungen ein.

Einige Tage nach meiner Abreise erfuhr ich, daß Hakims Baby erkrankt war. Sie brachten es ins Krankenhaus, wo es wegen Gelbsucht und Dehydrierung behandelt wurde, aber es starb.

An jenem Tag, als ich Hakims Familie besuchte, lernte ich auch Nazieh, ein sehr schönes Mädchen von elf oder zwölf Jahren, kennen. Obwohl ihre Mutter in Jalalabad zurückgeblieben war, wirkte sie sorglos und unbekümmert, erfrischend unberührt von all dem Leid. Sie sang und tanzte damals für mich, einen roten Schal um den Kopf; ihre Gesten beim Singen waren sehr anmutig. Das Lied handelte von Liebe und Sehnsucht, und gelegentlich hörte ich das Wort *mojahed* heraus. Man besang nun nicht mehr den Liebsten, sondern Heilige Krieger!

Möge Nazieh den Tanz meiner drei Freundinnen aus Herat fortführen, nun, da sie vermißt sind. Wie ist es ihnen ergangen? Ich habe keinerlei Nachrichten und vermisse sie schmerzlich. Sind sie tot oder lebendig, krank oder gesund? Eines ist gewiß: sie haben Furchtbares durchlitten. Nazieh, von Traurigkeit unberührt, ohne Scham, ihre weibliche Schönheit darzubieten, wird ihre Tradition fortsetzen. Sie ist noch jung: möge ihr ein langes und erfülltes Leben beschieden sein.

Vielleicht haben Mariam, Mutter von Nebi, Shirin und meine übrigen afghanischen Freundinnen meinen Erfahrungsbericht über Peshawar für den BBC-World-Service im Radio gehört. Ich hoffe, sie haben das alte afghanische Lied, das ich ihnen widmete, vernommen und wissen, daß ich sie nie vergessen werde. Ich wählte einen Text, der den Gefühlen aller Afghanen entspricht, der dem Schmerz der Trennung und der Sehnsucht nach der Heimat und nach den geliebten Menschen Ausdruck verleiht und der Gottes Hilfe und Trost erfleht:

Unsere Wege trennten sich – ach!
Freundin, du gingst einen anderen Weg – ach!
Freundin, du gingst von mir in weite Ferne
Gott hat dir deinen Platz in weiter Ferne bestimmt – ach!

Glossar

Afghani — afghanische Währung (1 DM entspricht 22 Afghanis)

Agha — «Vater», heiliger Mann, auch Geistheiler

«Allah Hu» — «Er ist Gott»; sufistische Anrufung Gottes

ambejin — Verwandtschaftliche Beziehung zwischen den Ehefrauen von Brüdern

arusi — (*arus*: Braut) feierliche Überführung der Braut in ihr zukünftiges Heim; Hochzeitsfeier

atan — Kreistanz, besonders an Hochzeiten aufgeführt

barakat — heilender Segen oder Lebenskraft, von einer heiligen Person, Stätte oder Schrift ausgehend

«Bismillah» — «Im Namen Gottes»

Brautgeld — Geldsumme, die der Bräutigam dem Vater (oder Vormund) der Braut vor der Hochzeit zahlt

burqa — traditioneller, vor allem in Städten getragener Schleier, der Kopf und Körper völlig verhüllt

Tschadar — iranischer Schleier (in Herat als «Gebetsschleier» bekannt), der Kopf und Körper vollkommen bedeckt, aber nicht das Gesicht

charbeiti — volkstümlicher Vierzeiler; reich ornamentierter Gesangsstil

daireh	große Rahmentrommel, häufig mit Schellen und Ringen an der Innenseite
djinn	Geistwesen, der islamischen und vorislamischen Weltsicht zufolge Verursacher von Krankheiten, Geistesverwirrung und Tod
doa	spontane, individuelle Fleh- und Bittgebete, an Gott oder einen seiner stellvertretenden Heiligen gerichtet
dohol	zweifellige Trommel, mit Schlegel gespielt, Begleitinstrument zur *sorna*
dutar	Langhalslaute
Eid	religiöses Fest: Eidi Ghorban, Opferfest, am Ende der Pilgerfahrt nach Mekka; Eidi Ramadan, zum Abschluß des Fastenmonats Ramadan
gadi	Pferdekutsche
hakim	traditioneller Heiler
halwa	rituelle Süßspeise, als Almosen verteilt
hamam	öffentliches Badehaus
Harmonium	indisches Tasteninstrument, dessen Klaviatur mit der rechten Hand gegriffen wird, während die linke den Balg bedient
Jat	abwertende Bezeichnung für die Gesellschaftsgruppe der Barbiere, *sazdohol*-Musiker, Beschneider, Korbflechter, Trommelbauer, Puppenspieler und Komödianten, die volkstümliche Possen aufführen
khaneqah	Versammlungsort der Sufis
kursi	niedriger Tisch, über den eine wattierte Decke gebreitet ist, um die Wärme der Glut aus einer Kohlenpfanne einzufangen
maraz	«die Krankheit», besonders «Besessenheit»
meleh	Picknick; großes Frühlingsfest unter freiem Himmel

Moharram	nach dem Mondkalender schiitischer Trauermonat zum Gedenken der Märtyrer
mojahedin	«Heilige Krieger», Widerstandskämpfer
mullah	islamischer Geistlicher; der islamischen Lehre Kundiger
«Nadel und Faden»	symbolische Geschenke des Vaters (oder Vormunds) der Braut als Zeichen der Einwilligung in die Heirat
namaz	die zu den fünf täglichen Gebetszeiten vorgeschriebenen Kniefälle und Koranrezitationen
nazr	«Gelöbnis»; süßer Milchreis, der im Monat Safar zubereitet wird.
nekah	religiöse Trauungszeremonie
pilau	zu festlichen Anlässen gereichtes Reisgericht
qadifeh	durchscheinender Kopfschleier
Ramadan	Fastenmonat, in dem vom Morgengrauen bis zum Einbruch der Dunkelheit jegliche Nahrungsaufnahme verboten ist
rowzeh	schiitisches Klagelied zum Gedenken der Märtyrer; schiitische Moharram-Predigt; Heiligenschrein
rubab	afghanische Kurzhalslaute
sazdohol	*sorna*- und *dohol*-Spiel
Schia	eine der beiden Hauptrichtungen des Islam: afghanische Sekte, iranische Staatsreligion
Schiiten	Anhänger der Schia
sheikh	heiliger Mann, Heiler
sorna	Doppelrohrblatt-Oboe, Begleitinstrument zur *dohol*
«Süßes Essen»	Verlobungsfeier
Sunniten	Anhänger der anderen Hauptrichtung des Islam

tabla	zweihändig gespieltes indisches Trommelpaar
tawiz	heilende oder schützende Gebetstexte, als Amulett getragen
ustad	Meister, Lehrer; Ehrentitel
«Wah wah!»	Ausruf des Entzückens und der Bewunderung
zikr	Gottesgedenken der Sufis; rituelle Zusammenkunft

neue frau

Eine Auswahl

Tove Jansson
Die ehrliche Betrügerin
Ein Märchen für Erwachsene (5694)
Die Tochter des Bildhauers
Roman (5903)

Anna Kavan
Wer bist du?
Roman (5792)

Susanna Kaysen
Der Mann ohne Seele
Roman (12365)

Margot Lang (Hg.)
Mein Vater
Frauen erzählen vom ersten Mann ihres Lebens (4357)

Doris Lessing
Der Sommer vor der Dunkelheit
(4170)

Sarah Lloyd
Eine indische Lieben
(5586)
China erfahren
Ein Reisebericht (12339)

Margaret Mead
Brombeerblüten im Winter
Ein befreites Leben (4226)

Daphne Merkin
Die Prinzessin von New York
Roman (12303)

neue frau

Eine Auswahl

Kerstin Thorvall
Die Verschwundene
Roman (12180)

Märta Tikkanen
Wie vergewaltige ich einen Mann?
(4581)
Die Liebesgeschichte des Jahrhunderts
Roman in Gedichten (4701)
Aifos heißt Sofia
Leben mit einem besonderen Kind (5166)
Der Schatten, unter dem du lebst
Eine Erzählung in Gedichten (5558)
Ein Traum von Männern, nein, von Wölfen
Roman (5946)

Esther Tusquets
Die Liebe ist ein einsames Spiel
Roman (4989)

Alice Walker
Die Farbe Lila
Roman (5427)

Fay Weldon
Briefe an Alice oder Wenn du erstmals Jane Austen liest (5896)

Maria Wimmer
Kindheit auf dem Lande (4291)

Andrea Wolfmayr
Spielräume
Roman (5335)

Sandra Young
Ein Rattenloch ist kein Vogelnest
Eine Jugend in den Slums von Baltimore
(5188)